4 이화다문화총서 교육

한국어 발음 평가 연구

이 향

지식과교양

발간사

20세기 후반기를 거쳐 21세기에 접어들면서 우리 민족과 국가는 세계사에서 새로운 위치를 가지게 되었습니다. 세계에 존재하는 수백의 국가 혹은 수천의 민족 중에서 경제적인 측면이나 언어 사용의 인구수적인 측면에서 우리 민족과 국가는 전체적으로는 세계 10위 내외의 서열에 자리매김하는 도약을 이루고, 그것을 공고히 하는 토대를 구축하였습니다. 더 나아가 몇몇의 분야에서는 세계 최고라는 위치까지 자리매김하게 되었습니다. 그 결과, 인근에 있는 국가에 국적을 두고 있는 있는 많은 사람들의 머리 속에 〈새로운 인생의 구상은 한국의 노동자 생활에서부터〉 혹은 〈새로운 인생의 구상은 한국인과 결혼함으로써〉라는 구상이 자리잡게 되었습니다. 이로 인해 〈Korean Dream〉을 이루려는 많은 외국 여성들이 한국에 시집을 와서 한국의 가정을 이루거나, 외국 남성들이 한국의 노동자로 와서 하나의 집단사회를 이루는 상황이 생성되어, 세계에 유례를 찾아 볼 수 없는 〈한국적 다문화 사회〉가 이루어졌습니다.

이러한 우리의 현재는 과거로부터 물려받은 유산이지만, 과거에 항상 이러한 모습을 가지고 있었던 것은 아니었던 것같습니다. 지구상의 많은 언어와 민족이 생멸을 하거나, 혹은 분열과 통일을 반복하면서 축소와 확장을 하게 되는데, 우리 민족 역시 예외가 아니었습니다. 한반도와 만주 일원에 살던 종족이 (고)조선의 등장으로 단일민족에 의한 언어공동체를 생성한 후 한 민족 둘 이상의 국가라는 분열된 양상과 한 민족 한 국가라는 통일된 양상을 되풀이해 왔습니다. 최초의 분열은 한사군의 설치로 인해 남북 언어의 분열이었을 것입니다. 이 분열은 통일신라에 의해 하나의 언어공동체로 재통일되었습니다. 하나의 언어공동체로 지내오다가 20세기 중반에 다시 남쪽과 북쪽으로 분열되는 양상에 처하게 되었습니다. 이러한 분열된 양상에도 불구하고, 한반도의 남쪽은 20세기 후반을 거치면서 비약적인 발전을 거듭하여 21세기 초반기에 이르러 세계사의 한 축으로 발돋음하기에 이르렀습니다. 그 결과 〈Korean Dream〉을 이루려는 많은 외국인들이 한국에 몰려 오는 상황이 생성된 것입니다.

이러한 새로운 사회의 생성에 능동적으로 대처하기 위해 이화여자대학교에서는 다문화연구소를 만들게 되었습니다.

이화여자대학교 다문화연구소는, 동화주의를 넘어서는 문화적 권리의 상호인정를 인정하고, 학술연구와 현장실천을 잇는 연구 · 교육 · 정책의 순환적 모델을 구축하고자 합니다. 더 나아가 현재와 미래의 다문화 현상에 대한 연구 · 정책개발을 위해 다문화와 관련된 DB를 구축하고, 교내 연구 · 교육 자원의 네트워크를 통한 다문화 연구 · 교육역량을 극대화하면서 국내외 유관기관과의 교류를 통한 파트너십 구축하고자 합니다.

그러하여 우리 연구소는 문화적 역량으로 사회통합을 이끄는 21세기 다문화전문 연구기관이면서, 다문화 시대의 한국 사회 · 문화 발전을 선도하는 학제간 종합 연구기관이 되고자 합니다. 동시에 다문화 사회에서 소통과 공존을 선도하는 다문화 연구 · 교육 공동체가 될 것입니다.

이러한 일을 효과적으로 수행하고자 이화여자대학교 다문화연구소에서는 《다문화연구》라는 학술지와 《이화다문화총서》를 간행하고자 합니다. 《이화다문화총서》는 우선 언어, 사회, 의학, 교육의 네 분야로 나누어 출간됩니다. 한국의 다문화사회를 진단하고, 공존과 조화의 길을 찾기 위해 〈언어〉에서는 언어와 문화의 상관관계, 언어의 보편성과 개별성의 관계, 언어간 비교 대조의 문제 등을 다루게 될 것입니다. 〈사회〉에서는 다문화 사회를 진단하고 사회통합프로그램을 구축할 수 있는 사회적 역량을 구축하고, 이를 제도화할 수 있는 방안을 연구하고 실천할 것입니다. 〈의학〉에서는 이주민의 건강과 관련된 문제 즉 이주민과 원주민의 면역체계, 다문화가정 자녀와 한국인의 면역체계, 다문화가정을 위한 임신출산 등 다문화 가정과 의료 건강 분야에 관한 것이 다루어지게 될 것입니다. 〈교육〉에서는 이중언어사회에서의 언어교육에 관한 문제, 특히 국내의 경우 다문화가정과 그 자녀을 위한 한국어교육의 문제, 국외의 경우 동포들의 자녀에 대한 한국어 교육, 외국인을 대상으로 한 한국어교육 등의 문제가 주로 대상이 될 것입니다.

우리 연구소에서는 현재보다 더 나은 사회를 구축하는 데 약간의 도움이 되기 위해 이 책을 간행합니다. 현재보다 미래가 좀더 밝은 민족, 현재보다 좀더 강력한 국가가 되고, 그 속에 살고 있는 모든 사람이 다같이 더불어 살아가는 사회가 되기 위한 조금의 밑거름이 되기를 희망하면서 이 책을 간행합니다. 좀더 많은 사람이 이 분야에 애정어린 관심을 기울여 주시기를 기원합니다.

2017년 2월

이화여자대학교 다문화연구소장 박 창 원

저자의 말

이 책은 저자의 2013년 2월 이화여자대학교 박사학위 논문인 "한국어 말하기 수행 평가의 발음 범주 채점에 대한 타당성 검증"을 다소 수정한 것이다. 한국어 말하기나 발음과 관련된 연구들 더 하고 싶은 마음에 박사 과정에 들어왔으나 오랫동안 구체적인 연구 주제를 잡지 못하고 고민만 하고 있던 어느날 저자는 정말 우연히 다국면 라쉬 모형을 활용한 영어 평가 연구를 읽게 되었다. 그리고 그날의 흥분은 절대 잊지 못할 것이다. 다국면 라쉬 모형과 일반화가능도 이론을 활용하면 말하기나 발음처럼 주관적 평가가 필수불가결한 영역에 대한 타당성 검증이 가능하다는 것은 지금까지와는 다른 시각과 방법으로 한국어 말하기나 발음과 관련된 연구를 해 볼 수 있다는 것이었기 때문이다. 그 후 몇 년 동안 한국어 교육에서 미진하게 발전되어 왔었던 평가 분야를 공부해 나가면서 저자의 학문이 얕음을 실감하기도 하였으나, 한국어 교육에서 미개척 분야인 발음 평가 영역에 조금이나마 학문적인 도움이 될 수 있겠다는 생각과 박사 논문이 저자의 연구의 끝이 아닌 시작이라는 마음으로 연구를 진행하였다.

본 연구는 말하기 수행 평가의 발음 범주 채점에 있어서 타당성을 확보하기 위한 방안을 제시하고자 하는 데 그 목적이 있다. 먼저 1장에서는 지금까지 한국어 교육에서 이루어진 말하기 평가, 발음 평가와 관련된 연구들을 정리해 보았다. 그리고 그 결과 한국어 교육에서는 객관적인 검증 과정을 거친 말하기 평가에 대한 연구가 거의 없음을 확인하였다. 그리고 2장에서는 외국어 교육 연구들에서 제안한 말하기 수행 평가의 정의와 평가 도구들을 살펴보고 외국어 평가에서의 타당도의 개념과 함께 타당화 과정의 개념을 살펴보았다. 3장부터는 앞장에서 살펴본 말하기 평가의 타당화 과정을 발음 범주에 적용하여, 3장에서는 이론 기반 타당도 검증과 채점 타당도 검증을 실시하고, 4장에서는 사후 채점 타당도 검증을 실시하였다. 먼저 3장에서는 지금까지 외국어 교육과 한국어 교육의 연구들을 정리하여 말하기 평가에서의 발음 범주의 위치를 확인하고 발음 평가 구인들에 대한 이론 타당도를 검증해 보았다. 그리고 그 다음으로 발음 범주 채점 기준과 채점자, 채점 과제, 채점 방식과 채점 척도에 대한 사전 채점 타당도 검증을 실시하였다. 4장에서는 3장에서 지금까지 이루어진 연구들을 기반으로 검증한 발음 범주 평가 방안을 바탕으로 사후 채점 타당도 검증을 실시하였다. 이를 위하여 한국어 학습자들을 대상으로 컴퓨터 기반 말하기 수행 평가를 실시한 후 한국어 교육 경험이 있는 한국어 교사들에게 채점을 하게 하였다. 그리고 그 채점 결과를 사용하여 다국면 라쉬 모형과 일반화가능도 이론에 근거한 사후 채점 타당도 검증을 실시하였다. 마지막 5장에서는 앞선 일련의 타당화 과정을 통하여 검증된 결과를 분석하고 타당성을 갖춘 발음 범주 채점 방안을 제안해 보았다.

학문을 하는 데 부족함이 많은 저자가 이 책을 세상에 내놓게 되기까지는 많은 분들의 도움이 있었다. 국어학자로서의 자질을 갖추지 못한 필자를 학부 때부터 지도해 주시고 학문뿐만 아니라 학자로서 갖추어야 하는 기본 소양까지 가르쳐 주신 박창원 선생님의 은혜는 잊을 수 없을 것이다. 또 학위논문 심사를 해 주신 허용 선생님, 강현화 선생님, 최형용 선생님은 초라한 내용의 학위 논문 원고를 읽어주시고 저자가 미처 생각지 못했던 부분들에 대한 세심한 조언과 비판을 아끼지 않으셨다. 또한 가정과 학문을 균형 있게 병행하는 여성으로서, 학자로서 존경하는 멘토가 되어 주시고, 한결같은 애정으로 조언을 아끼지 않으셨던 전혜영 선생님, 석사 시절 한국어 교육에 대한 지식이 전무하였던 필자의 학문적인 기초를 닦아주신 이혜영 선생님, 한국어 교사로서 갖추어야 하는 자세와 교수법들을 인내심을 가지고 지도해 주신 현윤호 선생님과 이미혜 선생님을 만나지 못했더라면 저자의 연구는 불가능했을 것이다. 또한 석사를 국어학이 아닌 한국어 교육을 공부하여 박사 과정에서 늘 부족함이 많았던 필자에게 한국어 교육의 기본이 되는 국어학 지식을 가르쳐 주시고, 필자가 공부와 육아 사이의 균형을 못 잡고 나태해지거나 힘들어 할 때 항상 격려와 조언을 아끼지 않고 해 주신 구본관 선생님과 이선웅 선생님께도 진심으로 감사드린다. 끝으로 정신적 멘토이신 외할머니, 그리고 항상 든든한 지원자가 되어주신 부모님과 가족들, 특히, 아들 민승찬과 딸 민유경에게 늘 고맙고 사랑한다고 전하고 싶다.

2001 7년 6월 12일

이향 삼가 적음

차례

Ⅰ. 서론 ······ 11

가. 연구의 필요성 및 목적 ······ 11

나. 선행 연구 검토 ······ 15

1. 한국어 교육에서의 말하기 평가에 대한 연구 ······ 15
2. 한국어 교육에서의 발음 교육과 평가에 대한 연구 ······ 25
3. 말하기 수행 평가의 타당성 검증에 대한 연구 ······ 30

다. 연구 문제 및 연구 방법 ······ 37

Ⅱ. 말하기 수행 평가와 타당화 과정 ······ 41

가. 말하기 수행 평가와 평가 도구 ······ 43

1. 말하기 수행 평가의 개념 정의 ······ 44
2. 말하기 수행 평가의 평가 도구 ······ 52

나. 말하기 수행 평가에서의 타당도와 타당화 과정 ······ 59

1. 말하기 수행 평가에서의 타당도 개념 ······ 60
2. 말하기 수행 평가의 타당화 과정 ······ 66

Ⅲ. 발음 범주 채점의 이론 기반 타당도와 사전 채점 타당도 검증 ······ 87

가. 발음 범주 채점의 이론 기반 타당도 검증 ······ 90

1. 말하기 수행 평가에 있어서의 발음 범주 ······ 90
2. 발음 평가 구인 ······ 103

나. 발음 범주 채점의 사전 채점 타당도 검증 ······ 119

1. 채점 기준 ······ 120
2. 채점자 ······ 150
3. 평가 과제 ······ 157

4. 채점 방식과 채점 척도 · · · 169

Ⅳ. 발음 범주 채점의 사후 채점 타당도 검증 · · · 179
가. 사후 채점 타당도 검증을 위한 실험 방법 · · · 182
1. 실험 방법 · · · 182
2. 사후 채점 타당도 분석 방법 · · · 194
나. 발음 범주 채점의 사후 채점 타당도 검증 · · · 206
1. 다국면 라쉬 모형에 근거한 채점 타당도 검증 · · · 206
2. 일반화가능도 이론에 근거한 채점 타당도 검증 · · · 236

Ⅴ. 결론 · · · 257
가. 요약 · · · 259
나. 연구의 의의 및 앞으로의 과제 · · · 264

참고 문헌 · · · 269
부록 1. 2차 사후 채점 타당도 검증 수험자 출력 정보 · · · 302
ABSTRACT · · · 303
찾아보기 · · · 308

표 목차

〈표 1〉 전통적 평가와 말하기 수행 평가와 관련한 평가 용어들과 그 특성 · 45
〈표 2〉 평가 유형 분류 · · · 48
〈표 3〉 Cumming이 정리한 Missicks의 구인 타당도 · · · 64
〈표 4〉 Harris의 16개의 언어 능력 구성 요소 · · · 92
〈표 5〉 현행 외국어 말하기 평가와 평가 범주의 예 · · · 98

〈표 6〉 한국어 말하기 능력 평가 범주에 관한 연구들 ············ 100
〈표 7〉 한국어 말하기 평가 연구의 발음 범주 평가 구인들 ········ 103
〈표 8〉 한국어 말하기 평가 연구의 발음 범주 평가 기준들 ········ 122
〈표 9〉 이해명료성과 이해 가능성 그리고 외국인 악센트 ········ 141
〈표 10〉 말하기 수행 평가 과제의 특성 ················ 160
〈표 11〉 말하기 평가의 유형 및 급별 활용 가능성 ·········· 164
〈표 12〉 CBT/IBT 기반 말하기 평가 과제의 등급별 유형 ········ 165
〈표 13〉 총체적 채점 범주와 분석적 범주의 비교 ·········· 170
〈표 14〉 말하기 수행 평가에서의 발음 범주 채점 기준표 ········ 173
〈표 15〉 채점자 특성 ························ 184
〈표 16〉 실험에 사용된 과제 유형 ·················· 189
〈표 17〉 채점 기준표 ························ 192
〈표 18〉 다국면 라쉬 모형 공식 ·················· 197
〈표 19〉 일반화가능도 이론과 다국면 라쉬 모형의 분석 ········ 203
〈표 20〉 1차 타당도 검증을 위한 채점자 적합도 분석 ·········· 209
〈표 21〉 수험자 국면 출력 정보 ·················· 220
〈표 22〉 채점자 국면 출력 정보 ·················· 221
〈표 23〉 평가 과제 국면 출력 정보 ················ 225
〈표 24〉 채점 기준 국면 출력 정보 ················ 228
〈표 25〉 채점 척도 국면 출력 정보 ················ 230
〈표 26〉 시험 점수에 영향을 미친 변산원 ·············· 238
〈표 27〉 분산성분 분석 결과 ···················· 238
〈표 28〉 정확성 기준 분절음 구인의 결정연구 결과 ·········· 242
〈표 29〉 정확성 기준 초분절음 구인의 결정연구 결과 ·········· 245
〈표 30〉 이해명료성 기준 분절음과 초분절음 구인의 결정연구 결과 ··· 249
〈표 31〉 유창성 기준의 발화 속도와 휴지 구인의 결정연구 결과 ····· 252

그림 목차

〈그림 1〉 말하기 수행 평가의 특성 · · · · · 50
〈그림 2〉 말하기 수행 평가 개념의 도식화 · · · · · 51
〈그림 3〉 말하기 숙달도 평가 도구의 변화 · · · · · 53
〈그림 4〉 말하기 평가의 타당화 과정 · · · · · 69
〈그림 5〉 본고에서의 발음 범주 타당화 과정 · · · · · 81
〈그림 6〉 Hymes의 의사소통 능력 모형 · · · · · 92
〈그림 7〉 Canale(1980)의 의사소통 구성 요소 모형 · · · · · 93
〈그림 8〉 Canale(1983b)의 의사소통 구성 요소 모형 · · · · · 94
〈그림 9〉 Bachman의 의사소통 모델 · · · · · 95
〈그림 10〉 발음 범주의 평가 항목과 평가 기준 · · · · · 150
〈그림 11〉 언어 평가 과제에 있어서의 해석 방법 · · · · · 163
〈그림 12〉 Enhance Oral Testing Software window version 1.1' 화면 · · 185
〈그림 13〉 1차 채점 타당도 검증의 문항특성 곡선 · · · · · 208
〈그림 14〉 2차 채점 타당도 검증의 문항특성 곡선 · · · · · 213
〈그림 15〉 수험자×채점자×평가 과제×평가 기준 분포도 · · · · · 215
〈그림 16〉 6점 척도의 확률 곡선 · · · · · 231
〈그림 17〉 6점 척도의 모형특성 곡선 · · · · · 231
〈그림 18〉 6점 채점 척도의 100분위 환산 점수 · · · · · 232
〈그림 19〉 정확성 기준 분절음 구인의 결정연구 결과 · · · · · 244
〈그림 20〉 정확성 기준 초분절음 구인의 결정연구 결과 · · · · · 247
〈그림 21〉 이해명료성 기준 구인의 결정연구 결과 · · · · · 250
〈그림 22〉 음운 유창성 기준 구인의 결정연구 결과 · · · · · 253

I

서 론

I
서 론

가. 연구의 필요성 및 목적

70년대 이후 의사소통 교수법이 대두되면서 외국어 평가에서는 수험자의 의사소통 능력 측정을 강조하게 되었다. 이러한 변화는 90년대 이후 언어 '수행' 능력을 측정하고자 하는 '말하기 수행 평가(performance assessment)'의 부각으로 이어졌다. 한국어 교육에서도 의사소통 능력에 대한 관심이 높아지면서 의사소통 상황에서의 말하기 능력 평가에 대한 연구가 늘어나고 있다. 하지만 대부분의 논의들이 아직 총론 수준을 벗어나지 못하고 있으며, 몇 안 되는 말하기 수행 평가에 관한 연구들 또한 대부분이 연구자나 평가자의 경험과 직관에 의존하거나 국외에서 개발된 말하기 능력 측정 등급 기술표나 채점 방안에 일방적으로 의존하고 있다. 또한 2017년 현재 한국어 능력 시험(TOPIK)시험에서도 말하기 영역은 제외되어 있으며, 대규모의 공인된 말하기 평가는 연세대학교 한국어학당에서 문제를 출제하고 YBM에서 주관 관리하는 KPT(Korean Proficiency Test) 한국어 능력 시험이 유일하다.

이처럼 한국어 교육에서 타당성이 검증된 말하기 수행 평가가 아직까지 제대로 실시되고 있지 못하고 있는 것은 많은 연구들에서 '말하기 수행 평가'의 단점으로 지적되어 온 채점의 타당성과 신뢰성 확보의 어려움, 시간과 비용과 관련한 실용성의 문제로 인한 것으로 볼 수 있다. 그러나 최근 외국어 평가계에서는 '타당도' 개념의 변화와 통계적 분석 기술의 발달로 이를 기반으로 한 객관적, 실증적으로 검증된 말하기 수행 평가 개발을 위한 연구들이 활발히 진행되고 있다. 특히 타당도의 개념이 구인 타당도로 단일화되면서 평가의 타당성이라는 것이 평가 개발, 평가 점수의 해석, 평가의 사용 전 과정에 걸친 타당성에 대한 증거 수집 과정으로 정의되면서 다양한 방법으로 평가의 타당성을 검증하려는 노력이 진행되고 있다. 또한, 이러한 타당화 과정이 평가 점수가 궁극적으로 측정하고자 하는 구인을 어떻게, 얼마나 타당하게 평가하고 있는가에 초점이 맞춰짐으로써 말하기 평가에 있어서 구인이 타당하고 설득력 있게 선정되고 정의되어야 그 후의 논의가 의미를 가지게 되었다. 이로 인하여 이들 구인을 채점하는 방법과 채점 과정에 대한 타당도 검증을 통하여 수집된 정보는 평가 점수의 타당성을 검증하기 위한 중요한 증거로 필요로 하게 되었다. 특히 채점자, 채점 기준, 평가 과제, 채점 방식 및 채점 척도는 말하기 수행 평가의 결과에 영향을 미치는 요인들로 지적되어 왔으며 채점 과정에 있어서의 이들 요인들에 대한 이론적, 경험적인 타당성 증거의 확보는 말하기 수행 평가의 타당도를 검증하기 위하여 반드시 거쳐야 하는 단계로 인식되고 있다.

Weir(2004)는 말하기 수행 평가에서 이러한 일련의 타당화 과정을 '이론 기반 타당도 검증, 정황 타당도 검증, 채점 타당도 검증, 결과 타당도 검증, 준거 타당도 검증' 다섯 단계로 제안하였다. 이 중 이론 기반 타당도 검증 단계는 평가하고자 하는 구인에 대하여 이론적 증거를 바탕으로 그 타당성을 추론하는 단계이며, 채점 타당도 검증 단계는 이러한 구인들에 대한 채점 방법과 채점 과정에 있어서의 일관성을 추론하는 단계를 의미한다. 또한 채점 타당도 검증 단계는 이론과 직관을 바탕으로 한 타당성 검증과 통계적 방법을 통한 객관적 타당도 검증 단계를 모두 포함한다. McNamara(1990) 또한 일찍이 Bachman(1990)이 제안한 의사소통 언어 능력 모델을 그대로 적용하는 것은 실제 평가 상황에 불충분하다고 지적하며, 이론을 근간으로 한 타당도 검증만으로는 불충분하며, 객관적 검증 과정 또한 반드시 이루어져야 한다고 하였다. 이를 위하여 최근 연구들에서는 다국면 라쉬 모형과 일반화가능도 이론 모형이 외국어 말하기 수행 평가 데이터를 이해할 수 있는 설득력 있는 분석 모델이라고 보고, 평가의 객관적 타당도 검증을 위하여 자주 사용하고 있다. 이들 연구들에서는 이 두 방법과 기존의 분석적 방법들을 조합하여 적용할 경우 보다 효과적으로 외국어 말하기 수행 평가 데이터를 이해할 수 있으며, 시험의 타당화 과정에서 유용한 정보를 제공 받을 수 있다고 본다(Bachman et al. 1995, Lynch & McNamara 1998, 신동일 2001a, 2001b). 그러나 아직까지 한국어 교육에서는 말하기 수행 평가 전반에 있어서 과학적으로 검증된 측정 도구 개발을 위한 실증적인 연구 사례가 미미하며, 좀 더 과학적이고 실제 데이터에 근거한 연구가 활성화될 필요가 있다. 평가 채점자나 개발자의 직관과 경험 역시 시험이 만들어져 운영되기까지 중요한 정보를 제공하지만 한국어 교육 현장이라는 특수성에 맞는 실증적이고 객관적인 말하기 수행 평가 채점 방안이 필요하다.

본고에서는 이러한 필요에 따라 한국어 말하기 수행 평가 채점에서 타당성을 확보하기 위한 일련의 타당화 과정을 보여 주고자 한다. 그러나 본 연구는 말하기 수행 평가 범주 중 발음에 한정하여 Weir(2004)가 제안한 타당화 과정 중 '이론 기반 타당도'와 '채점 타당도'를 검증을 하고 이를 바탕으로 객관적으로 검증된 채점 방안을 제안하는 데 그 목적을 두고자 한다.

이를 위하여 본 연구에서는 기존의 발음 평가와 관련한 이론과 연구들을 살펴봄으로써 말하기 수행 평가에서의 발음 능력 평가의 위치와 필요성을 재고하고, 발음 능력 추정을 위하여 필요한 평가 구인과 채점 방안을 제안해 볼 것이다. 그리고 실제 말하기 수행 평가를 실시하고 채점을 한 후 이에 대한 객관적인 검증 과정을 거쳐, 제안하고자 하는 평가 방안의 타당도를 검증해 보도록 할 것이다. 본 연구는 비록 발음 범주[1]에 한정한 연구이나, 본고에서 사용한 연구 방법을 향후 다른 평가 범주에도 확장 적용함으로써 이를 말하기 수행 평가 전반에서 높은 타당도를 확보하기 위한 검증 방법으로 활용하도록 하는 데

1) 사전적 의미로 '범주'란 동일한 속성을 가진 부류나 범위를 의미한다. 본고에서의 발음 범주라는 용어로 발음 관련된 구인들을 모두 포괄하는 범위를 의미하고자 한다. 즉, 분절음(자음, 모음, 음운 변동), 초분절음, 발화 속도와 휴지를 모두 포함하는 범위를 의미한다.

그 궁극적인 목적이 있다.

나. 선행 연구 검토

1. 한국어 교육에서의 말하기 평가에 대한 연구

한국어 말하기 평가에 대한 연구는 크게 세 가지 방향으로 이루어져 왔다. 첫째, 한국어 능력 시험(TOPIK), 세계 한국말 인증 시험(KLPT) 등의 공인된 평가 틀에 적용할 수 있는 평가 방안에 대한 연구, 둘째, 대학의 한국어 교육 기관과 같은 한국어 수업 교과과정 내에서의 말하기 평가 방안에 대한 연구, 그리고 마지막으로 최근의 컴퓨터를 기반으로 한 말하기 평가 도구 개발에 대한 연구이다.

공인된 한국어 말하기 평가에 대한 기준과 방안을 제시한 연구들은 주로 ACTFL(American Council on the Teaching Foreign Language) 숙달도 지침[2]이나 FSI(U.S. Department of State Foreign Service Institute)의 숙달도 등급[3]을 활용하여 말하기 기준과 방안을 마련하는 데 초점을 맞추고 있다. 노대규(1983)는 FSI 평가를 활용한 한

2) ACTFL 숙달도 지침은 수십년간 OPI(Oral Proficiency Test)로 축적된 경험적인 자료들에 근거하여 수립되어 1980년대 이후 숙달도 중심의 교수법의 방향을 주도해 왔다(원진숙 1992: 107). ETS사의 TOEFL, TOEIC 등의 시험들이 이 지침에 기반을 두고 있다(Fulcher 2003).

3) FSI는 오늘날 공식적인 연구 용어로 ILR(Interagency Language Roundtable)로 불리며 오늘날의 미국의 Depend Language Institute에서 정보 계통에 종사하는 군인들에게 필요한 언어 능력을 평가하기 위한 DLI 평가 기준과 ACTFL Generic Guideline의 근간이 되었다(원진숙 1992: 106).

국어 능력 평가 방안을 제시하였는데, 여기서는 말하기 능력 평가 9등급을 설정하고 평가 범주를 '통사 부분의 정확성, 음운 부문의 자연성(naturalness), 발화 속도에 있어서의 유창성, 의미 부문의 다양성(variety)'으로 제안하였다. 정화영(2000)도 FSI 말하기 시험(FSI Oral Proficiency Test)을 바탕으로 한국어 말하기 숙달도 시험(KSPT: Korean Speaking Proficiency Test) 평가 도구를 설계하였다. 김정숙 외(1993), 공일주(1993)는 ACTFL 숙달도 지침과 한국어 말하기 숙달도 지침을 바탕으로 통합적인 숙달도 평가를 위한 수정된 한국어 숙달 지침을 제시하였고, 정광 외(1994)도 ACTFL 숙달도 지침을 바탕으로 숙달도 평가[4]를 위한 4등급(초, 중, 고, 최상급)의 기준을 제시하였다. 여기서는 기존의 연구들이 평가 범주의 제시에서 그친 반면 말하기 평가의 단계로 '예비, 수준 검색, 정밀 검사, 수합'의 네 단계를 제안하고, 구체적으로는 평가자는 중급 수준으로 시작하여 수험자의 능력에 맞추어 평가자가 초급이나 고급 질문으로 진행해야 한다고 하며 말하기, 듣기, 읽기 쓰기의 평가 유형들을 제시하였다. 박성원(2002)은 한국어 인터뷰 시험에 대한 논의로 ACTFL OPI(Oral Proficiency Interview) 시험을 한국어 학습자에게 적용한 후 수험자와 대담자 간의 인터뷰 자료를 분석하여 OPI 인터뷰 시험의 문제점을 지적하고 해결 방안으로 동료 수험자의 대화 참여와 평가 참여, 다

4) 일반적인 외국어 능력 평가 유형은 실시 목적과 내용에 따라 성취도 평가, 숙달도 평가, 적응도 평가, 진단 평가로 나눌 수 있다. 숙달도 평가란 교과과정에서의 교육 내용에 대한 확인인 성취도 평가와는 달리 목표어인 한국어에 어느 정도 숙달되었는가를 평가하는 실제적인 언어에 대한 평가로 어느 커리큘럼으로 공부했는가와는 상관 없이 현실적인 의사소통 상황에서 요구되는 실제적인 언어 능력을 평가한다(정광 외, 1994: 485).

양한 유형의 상호 작용 과제 개발의 필요성을 제안하였다. 전나영 외(2007)는 기존에 영어 교육에서 실시되고 있는 시험들의 유형을 비교 분석한 후, 표준화된 대규모 한국어 말하기 시험에 적용할 수 있는 평가 문항의 유형과 평가 기준의 예를 제시하였다. 이 연구에서는 기존의 연구들이 평가의 범주의 설정에 그친 것에서 나아가 실제적인 문항의 예와 구체적인 평가 기준표의 서술, 그리고 배점까지 제안하고 있다. 그러나 이를 실제로 적용해 보고 제안한 방안들을 객관적으로 검증해 보려는 노력은 이루어지지 못했다.

이 외에도 ACTFL이나 FSI를 그대로 받아들여 한국어 말하기 평가에 적용하는 것에 대한 문제점을 지적한 논의들도 있었다. 김정숙 외(2007)에서는 기존의 연구들이 ACTFL에 기반을 둔 표준화된 평가 기준 설정에 초점이 맞춰져 있음을 문제로 지적하고 말하기 평가 개발 과정을 상술하였다. 이 논문은 한국어 말하기 평가 개발 전 단계로서 모의 인터뷰의 학습자 담화 분석을 실시하여 평가 도구 개발의 지침을 제시하는 것을 그 목적으로 평가 등급, 등급 기술, 평가 범주와 평가 기준을 제시하여 한국어 평가 모형을 제시하였다. 전은주(1997)는 ACTFL 평가 기준과 방법의 타당성과 한국어 교육 상황에 적합성 여부를 검토 한 뒤 문제점을 지적하고 객관적인 한국어 말하기 능력 평가 범주를 제시하였다. 여기서는 말하기 능력 평가를 '문법 능력, 어휘능력, 발음 능력, 구성력, 사회언어학적 능력, 의사소통적 전략과 상호작용, 과제수행력' 일곱 범주로 나누고, 각 범주별로 수행 정도의 기준을 네 단계로 설정한 후, 이 세부 기준에 따라 점수를 주고 점수를 총합하여 이것을 수험자의 말하기 능력 레벨을 부여하는 방안을 제시하였다. 이 외에 ACTFL 이나 FSI가 아닌 일반적 언어 이론을 바탕으로 평가 범주를 설정한 연구들도 있는데 원진숙(1992)은 의사소통 능력의 개발을 목표로 Canale and Swain(1980)의 의사소통 모델 중 '전략적 능력'을 제외한 '문법적 언어 능력, 담화 구성 능력, 사회언어학적 능력'으로 언어 능력이 구성된다고 보고 이들을 범주의 기준으로 삼고, IAKLE에서 손연자, 김정숙, 원진숙이 공동으로 연구한 대학 언어 교육 기관들의 배치고사 분석과 교재 분석을 통한 결과를 바탕으로 최저급에서 최고급에 이르는 8단계의 평가 레벨을 구체적으로 제안하였다. 김정숙 외(1993)는 한국어의 특수성을 최대한 반영하며 객관적인 말하기 능력을 측정할 수 있는 평가 기준의 필요성을 언급하며 Canale and Swain(1980)의 언어 능력 개념에 기초한 '문법적 언어 능력, 담화 구성 능력, 사회언어학적 능력' 세 가지를 제시하고 초급, 중급, 고급 각 등급 마다의 평가 범주의 특성을 기술하였다. 또한 연구자는 말하기 평가 범주가 학습 단계에 따라 상대적인 비중이 다르고 이에 따라 단계별 교육이 이루어져야 한다고 주장하였다.

위에서 살펴본 바와 같이 지금까지 공인된 말하기 평가 방안으로 언어 교육에서의 대표적인 언어 이론(혹은 의사소통 이론)이나 기존의 영어 교육에서 사용되는 ACTFL 숙달도 지침 혹은 FSI 등급 기준을 이용한 말하기 평가 범주는 다양하게 제시되어 왔다. 그러나 이들 연구들은 모두 평가 범주나 평가에 사용할 수 있는 유형들의 제시에만 그칠 뿐 실제로 그 평가 범주들을 어떻게 적용할 수 있는지, 몇 개의 평가 유형을 어떤 학습자에게 어떤 유형을 사용해야 할지, 그리고 어떤 채점자에게 어떻게 채점을 할지에 대한 실험적인 연구가 결여되어 있다. 그래서 이들 범주나 평가 방안에 대한 타당성과 신뢰성 여부를 판단하기 어렵다. 또한 ACTFL OPI, FSI 말하기 시험의 경우 훈련된 채점자가 참여하여야만이 제대로 된 시행이 될 수 있으나 적용해 본 연구들은 제대로 된 채점자 훈련을 거친 평가자들에 의하여 이루어진 경우가 아니므로 평가 전체의 신뢰성에 문제가 있다고 볼 수 있다. 또한 이들 연구 중 제한적으로나마 평가 방식에 대한 검증을 한 경우라고 해도 그 검증 과정이 이론적인 비판이나 질적인 분석, 혹은 설문지를 통한 추정으로 이루어져 객관적이고 종합적인 타당도를 검증했다고 보기는 어렵다.

지금까지 살펴본 연구들이 표준화된 숙달도 평가를 대상으로 했다면, 한국어 교육만의 특수성이나, 교과과정의 특수성을 반영한 말하기 평가 방안을 제시한 연구들이 있다. 김양원(1993)은 말하기 능력을 의사소통 능력으로 보고 말하기 평가를 교과과정 내에서 반영하기 위한 방안을 마련하면서 말하기 과제의 중요성을 강조하고, 말하기 평가 과제의 유형을 제시하고 교과과정 내에서 사용할 수 있는 평가 과제(유형)별 평가표와 종합적 평가표를 제시하였다. 이 연구는 교과 과정 내에서 진행 될 수 있는 말하기 평가 유형을 제시한 데 의의가 있다. 이영식(2004)은 의사소통의 본질이 정보 차이(information gap)와 과제 중심적인 성격을 가졌음을 강조하며 짝 혹은 소그룹의 정보 차이 활동에 의한 말하기 시험의 평가 유형과 채점 방안을 제안하였다. 지현숙(2004)은 지금까지 한국어 평가에 대한 연구들 중 학습자 중심 평가에 대한 연구가 미흡했다고 지적하면서 표준화된 시험 방식에서 탈피하여 학습을 돕기 위한 일체의 평가 방안인 '대안적 평가'로 말하기 수행 평가, 포트폴리오, 동료 평가, 활동 관찰일지, 프로토콜 분석 등의 중요성을 주장하면서 말하기 평가에서 사용할 수 있는 역할극과 동료 평가의 유형을 제시하였다. 이희경(2002), 강유리

(2005), 박성경(2007), 이진영(2009)은 성취도 평가 형식의 말하기 평가에 대한 연구를 진행하였다. 이희경(2002)은 연세대학교 한국어 학당 성취도 평가 모형 개발을 위하여 영역 별 평가 목표, 평가 범주, 시간, 급별 말하기 수행 평가의 기준, 실제 자료 반영 비율, 평가 방법, 각 영역별 성취도 평가 유형 등의 아주 구체적인 방안을 제시하였다. 비록 이 모형은 모든 한국어 교육에 적용시키기는 힘들겠지만 기관별로 수정·적용해 볼 수 있는 평가 안이라는 데 의의가 있다. 강유리(2005)는 여러 대학의 한국어 교육 기관의 성취도 평가의 현황을 설문 조사를 통하여 조사 한 후 급별 평가 유형 및 말하기 평가의 신뢰도와 타당도에 대한 인식을 조사하고 효과적인 성취도 평가 방안과 개선점을 제안하였다. 박성경(2007)은 말하기 평가와 듣기 평가가 분리되어 이루어져야 한다고 보고 부산외국어 대학교의 성취도 평가의 실례를 제시하고 성취도 평가의 유형별로 다른 채점표를 제시하였다. 이진영(2009)은 말하기 성취도 평가 현황을 조사하여 교육 현장에서의 말하기 평가의 문제점을 토대로 개선점을 정리한 후 성취도 평가의 실례를 제시하고 평가 기준을 제안하였다. 강승혜(2005)는 고급 단계의 말하기 활동에 대한 연구가 초급 단계에 비해 미흡함을 지적하고 고급 수준의 말하기 활동 중 토론 활동을 중심으로 고급 말하기 활동 프로그램 개발 방안을 제안함과 동시에 이를 실제 운영해 보고, 고급 말하기 활동의 평가 도구 개발 방안을 제시하였다. 장준호(2010)는 과정 중심 말하기 능력 평가 도구 개발에 대한 방안으로 S-TOPIK 말하기 능력 평가 등급 기술을 제안하고 이를 초/중/고급 학습자들에게 적용하여 평가 점수를 분석하고, 학습자들 발화 전사자료 분석을 통하여 각 영역의 평가 지침에 대한 평가 오류 상황 비

율을 분석하였다. 그 결과 평가 신뢰도가 92%(오차±3%)로 나타났다고 하였다.

이러한 특수한 상황의 말하기 평가들에 대한 연구들은 대규모의 표준화된 숙달도 시험에 대한 연구들보다는 좀 더 적용 가능성이 높은 세부적인 방안들, 즉, 구체적인 평가 범주뿐만 아니라 평가 유형과 채점표까지도 까지 제시하고 있다. 그러나 그럼에도 불구하고 채점 범주의 설정의 이론적인 근거, 실제 채점에 있어서 채점 영역별 기준과 그 근거, 채점 방식에 대한 타당도 추정에 대한 논의들은 거의 이루어지지 못하였다. 하지만 아주 최근 들어 평가 방안에 대한 객관적인 검증을 시도한 연구들이 나타나고 있다. 김경선 외(2010)는 한국어 교육기관에서 한국어 말하기 성취도 평가를 실시한 후 그 채점 결과를 이용하여 일반화가능도 이론을 사용하여 오차 요인을 분석하고 조건에 따른 일반화 계수를 추정한 후 효율적인 측정 조건을 찾고자 하였다. 그 결과 기존의 말하기 평가의 연구 결과들에서는 수험자 능력 변인이 가장 큰 오차 변량으로 나타났으나, 이 연구에서는 한국어 말하기 성취도 평가에서 과제 요인이 가장 큰 변량을 차지하는 것으로 나타나 기존의 연구 결과와는 다른 결과를 보여 주었다. 또한 평가 영역, 채점자 수, 과제 수 증가 모두를 통하여 일반화 계수를 높일 수 있으나 과제 수 증가를 통하여 효과적인 일반화 계수를 증가 시킬 수 있다고 하였으며, Cronbach α보다 일반화가능도 계수가 측정 구조를 적절히 반영할 수 있다고 하였다.

마지막으로 최근에 언어 평가에서 컴퓨터의 역할이 확대되면서 한국어 교육에서도 컴퓨터를 기반으로 한 한국어 말하기 평가 도구 개발 방안에 대한 소수의 연구를 찾아 볼 수 있다. 앞에서 제시한 정광 외(1994)에서는 평가 예산과 인력의 절감을 위해 컴퓨터 기반 평가(CBT :Computer based Test)[5] 방식을 도입할 수 있음을 제안하며, '지능형 한국어 숙달 정도 평가 시스템'의 도입에 대하여 언급하였다. 박승재(2009)는 기존의 영어 교육에서 실시되고 있는 웹 기반 언어 평가와 한국어 교육의 KPT 시험을 분석하여 초급 단계의 웹 기반 말하기 능력 평가의 예를 제시했다. 한상미 외(2009)는 대규모 말하기 숙달도 시험의 방안으로 컴퓨터 기반 평가를 제안하면서 KPT(Korean Proficiency Test)[6] 개발 사례를 소개하고 이를 중심으로 말하기 숙달도 평가 도구의 구성 원리를 제시하였다. 여기서는 컴퓨터 기반 평가 방식과 관련된 특성을 살펴봄으로써 대규모 말하기 숙달도 평가의 가능성을 모색하였다. 김상경(2010)은 한국어 교육의 KPT와 영어 교육의 MATE시험 형식을 수정하여 직접 한국어 교육을 위한 CBT 형식의 프로그램을 개발하여, CBT 시험 자료와 인터뷰 시험 자료의 수험자 발화를 분석/비교하였다. 이 연구는 실제 CBT 형식의 프로그램을 수험자들에게 실시하여 그 결과를 질적으로 분석하고 그 결과를 바탕으로 CBT 평가 도구의 개발 방향을 제시한 몇 안 되는 질적인 연구로서 의미를 가진다. 그러나 이들 연구들은 도구의 개발이나 평가 유형 개발에 대한 방안만을 제시하고 있을 뿐 평가의 전 과정인 채점이나 채점 방식에 대한 연구는 실시하지 않았다. 말하기 평가가 말하기 수행 평가의 성격을 지님으로써 평가의 채점자에 의한

---

5) CBT는 반직접 평가(Semi-direct)로도 불리며 컴퓨터를 매개로 진행되는 모든 평가를 포함한다.

6) KPT시험은 연세대학교 언어연구교육원 한국어학당이 개발하고 YBM/Si-sa가 시행 주관하는 컴퓨터 웹 기반 한국어 숙달도 평가이다.

신뢰도와 타당도 검증이 필수 요건임을 고려한다면 본 연구들이 사전에 검증했어야 하는 전제가 되는 과정이나 이들 연구에서는 이루어지지 않았다. 이외에 김정태(2008)는 지금까지의 논의들이 한국어 말하기 평가 개발 모형을 제시하고는 있으나 평가 세트, 개별 문항의 개발, 시험 시행 및 타당도 검사에 대한 큰 그림은 제시하지 못하고 있음을 지적하며 한국어 말하기 평가의 시험 타당도를 검증하는 방안으로 ADDIE 모형을 기반으로 한국어 말하기 평가 개발 과정과 방법론을 제시하였다. 비록 이 연구는 실제 실험은 진행하지 않은 채 방법론 제시에 그쳤지만 기존의 논의와는 달리 말하기 평가의 전체 과정에 걸친 객관적인 타당도의 확보와 검증의 필요성을 논한 몇 안 되는 논문으로서의 의의가 있다.

지금까지 한국어 교육에서의 말하기 평가와 관련한 선행 연구들을 살펴보았다. 이제까지 살펴본 한국어 교육에서의 말하기 평가에 대한 연구의 문제점 및 한계를 정리하면 다음과 같다.

1. 기존의 영어 교육에서 사용하고 있는 말하기 평가 틀에 의존하여 제시된 말하기 평가 방안이 다수이다. 한국어만의 특수성에 대한 고민보다는 영어 교육에서 사용하고 있는 말하기 평가 틀에 한국어를 적용할 수 있는 가능성에 초점을 둔 연구들이 대부분이다.
2. 대부분의 연구는 영어 교육에서 사용되는 말하기 평가 틀을 사용하여 한국어의 평가 범주와 평가 기준을 제시하는 데 그쳤을 뿐 객관적이고 실제적인 검증에 대한 연구는 아주 소수의 연구

만을 찾을 수 있었다. 즉, 말하기 능력 평가가 본질적으로 갖고 있는 '수행 평가'의 특성을 반영한 평가 신뢰성과 타당성에 대한 검증이 이루어진 연구는 진행되지 못했다.

3. 한국어 말하기 평가가 지향해야 할 대규모의 표준화된 말하기 시험 실시를 위한 실용성과 유용성을 갖춘 말하기 평가 도구 개발 방안에 대한 연구가 미흡하다.
4. 한국어 말하기 평가의 큰 틀을 제안하는 논의는 많으나 실제 각각의 평가 범주에 대한 이론적인 기반이나 그에 대한 검증이 전무하다. 즉, 말하기라는 것이 하나의 능력이 아닌 여러 가지의 복합적인 능력들의 총체라고 볼 때 각각의 능력들에 대한 세부적인 검증이 이루어지지 못했다.
5. 채점 범주와 채점 기준을 제시한 경우라도 구체적인 채점 방식, 과제 유형, 채점자 등 말하기 수행 평가의 신뢰도와 타당도에 영향을 미칠 수 있는 요인들에 대한 객관적 검증이 전무하다.

그러므로 본고에서는 말하기 능력 중 발음 능력을 중심으로 말하기 수행 평가에 있어서 발음 범주에 대한 채점 방안을 제시한 후, 이 방안에 대한 객관적인 타당성 검증을 함으로써 궁극적으로 말하기 능력을 평가하는 데 기여할 수 있는 타당성을 갖춘 발음 평가 방안을 마련하고자 한다.

2. 한국어 교육에서의 발음 교육과 평가에 대한 연구

한국어 교육에서 발음 교육에 대한 연구는 다른 분야에 비하여 늦게 시작되었으며, 2000년 이후에서야 본격적으로 이루어지기 시작하였다(정명숙 2011).[7] 본고에서는 발음 교육에 대한 연구를 분절음에 대한 연구, 초분절음에 대한 연구, 음운적 요인에 대한 연구로 나누어 살펴보도록 하겠다. 먼저 발음 교육에서 가장 먼저 그리고 가장 많은 관심의 대상이 되어 온 것은 분절음에 대한 연구이다. 일반적으로 한국어 교육에서 발음 교육에 대한 연구는 노대규(1986)로 시작되었다고 본다(정명숙 2011). 여기서는 발음 교육의 범위와 내용, 교육 단계와 방법을 제안하고 그 예를 제시하였으며, 발음 교육의 범위를 자음과 모음으로 보고 그 방법을 제안하였다. 이 연구는 외국어로서의 한국어 발음 교육에 대한 구체적인 방안을 제안한 첫 연구이며, 한국어 분절음에 대한 교육의 필요성과 그 방안을 제안한 첫 연구로서 그 의미가 크다고 하겠다. 이현복(1997)은 한국어 발음 교육을 위한 한국어 발음법에 대한 연구를 하였는데 이 연구는 한국어 분절음에 대한 발음 교수 모형을 제안하였다. 정명숙(2009)은 발음 교육의 항목 선정 및 배열 원칙에 관한 연구를, 장향실(2008)은 교육용 음운 규칙 항목의 선정에 관한 연구를 진행하였다.

또한 분절음 교육에 대한 연구는 이와 같이 발음 교육 방법을 제

7) 정명숙(2011)에서는 2011년까지의 한국어 발음 교육과 관련한 연구들뿐만 아니라 발음과 관련한 대조 분석, 오류 분석, 평가에 대한 연구들을 정리하였다. 본고에서는 발음 교육과 평가에 관련한 연구들만을 정리하였으나 발음 교육에 전반에 대한 연구사는 정명숙(2011)을 참고할 수 있다.

안하기 위한 연구 외에도 학습자의 모국어와의 대조 분석을 통한 발음 교육의 방법을 모색하고자 하는 연구들에서도 다수 찾아볼 수 있다. 전재호(1989)는 한국어와 영어의 자음 체계를 비교하며 이에 대한 발음 교육 방안을 제안하였다. 이 연구는 학습자의 모국어와 한국어의 대조를 통하여 발음 교육에 대한 방법을 제안하는 연구 영역을 제시한 첫 연구로 그 의의가 있다. 이와 같은 언어 대조를 통한 발음 교육 방법을 모색하는 연구는 최근까지도 꾸준히 이루어지고 있다. 박시규(1998), 황현숙(1998), 김선정(1999b)은 영어권 학습자를 대상으로, 권현주(1995), 하세가와 유키코(1997), 우인혜(1998), 이경희· 정명숙(1999)은 일본어 학습자를 대상으로, Elias(1996), 이남희(1999)에서는 인도네시아인 학습자를 대상으로 한 발음 교육 방안을 제안하였다. Paradowska(2002)는 폴란드인을 위한 발음 교육을 제안하고, 김빅토리아(2004)는 러시아인, 김영선(2004)는 베트남인을 위한 발음 교육 방안에 대한 연구를 진행하였다. 특히 문연희(2002), 란샤오샤(2007), 추이진단(2001) 등 국내에서 학습자가 가장 많은 중국인 학습자를 위한 연구들이 활발히 이루어져 왔다. 이 연구들은 학습자의 모국어와 한국어의 대조 분석을 통한 발음 교육 방안을 제안하였으며 그 분석 대상은 모두 음운 변화를 포함한 분절음에 한정하고 있다.

한국어 발음 교육에 있어서 초분절음에 관심을 가진 것은 1990년대에 이르러서이다. 신경철(1990)은 지금까지 한국어 교육 현장에서의 발음 교육이 분절음 차원에서만 이루어져 왔음을 지적하며 초분절음에 관심을 기울일 것을 제안하고 한국어 교육에서 다루어야 하는 초분절음 중 억양을 정리하여 제안하였다. 이 연구는 발음 교육에서 초분절음에 관심을 기울인 첫 연구로 의의가 있다. 이와 같은 초분절음에 대한 관심은 오미라·이해영(1994)으로 이어져 이 연구에서는 초분절음 억양의 구체적인 교육 방안을 제시하였다. 정명숙(2002)은 한국어 억양 규칙을 적용한 한국어 억양 교육 방안을 제안하였으며, 정명숙(2003a)에서는 일본인과 중국인 학습자의 모국어 억양과 한국어 억양을 비교하여 모국어 억양이 한국어 억양에 미치는 영향에 대한 연구를 진행하였다. 이처럼 한국어 발음 교육에 대한 연구들 중 초분절음을 다룬 연구들은 주로 한국어의 억양에 대한 연구들이 그 주를 이루와 왔으며 이들 연구들은 학습자의 억양을 분류하고 이를 교육 시키는 방안에 대한 연구와 학습자의 모국어의 영향이 한국어 억양에 미치는 영향에 대한 연구 두 방향으로 진행되어 왔다.

또한 아주 최근들어 유창성에 대한 관심이 늘어나면서 한국어 학습자의 발음에 있어서의 유창성에 대한 연구들이 나타나기 시작하였다. 김상수(2008)의 연구는 한국어 학습자의 발화에 나타난 다양한 유창성 변인과 이러한 변인들이 청자의 유창성 판단에 어떻게 작용하는지를 살펴보았으며, 이정희(2010)는 일반인과 전문가들의 유창성에 대한 인상 평가 방식을 통해 유창성을 구성하는 요인을 조사하였다. 강석한(2012)은 영어와 일본어권 학습자들의 유창성 습득에 있어서의 차이를 비교하는 연구를 진행하였다. 이처럼 유창성에 대한 관심은 발음 교육에 있어서 분절음과 초분절음뿐만이 아닌 음운 유창성 즉 발화 속도나 발화 휴지 등에도 관심을 가지게 하였으며 이와 같은 연구들은 궁극적으로 학습자들의 음운적 유창성 향상을 위한 교육의 필요성을 시사하고 있다.

이처럼 한국어 발음 교육에 관한 연구는 과거의 정확성을 강조하는 교수법의 시대의 분절음에 대한 연구에서 의사소통 중심의 교수법의 대두와 함께 초분절음에 대한 연구로, 최근의 숙달도에 대한 관심으로 유창성에 대한 관심이 대두되면서 음운적 유창성 요인에 대한 관심으로 이어지고 있다. 그러나 한국어 발음 평가에 대한 연구는 발음 교육에 비하여 상대적으로 아주 미진하게 진행되고 있다고 할 수 있다. 발음 평가에 대한 연구는 발음 자체를 평가하는 진단 평가 유형의 평가와 말하기 평가에서의 발음 범주에 대한 평가에 관한 연구로 나눠 볼 수 있다. 한국어 교육에 있어서 발음 평가와 관련한 진단 평가 유형을 다룬 연구는 김은애(2006)가 거의 유일한 것으로 보인다. 여기서는 한국어 발음 진단 평가에 대한 연구를 진행하여 발음 진단 평가의 구인과 평가 방법의 예를 아주 구체적으로 제안하고 있다. 그러나 이 연구를 제외하고는 발음만을 평가하는 방안에 대한 연구는 거의 전무하다고 볼 수 있다. 말하기 평가에서의 발음 범주에 대한 연구로는 이향(2012a, 2012b, 2012c)가 있다. 이향(2012a)은 한국어 말하기 수행 평가에서의 발음 범주 채점에 있어서의 정확성을 기준으로 한 총체적 채점과 분석적 채점의 차이와 최적화 방안을 일반화가능도 이론을 바탕으로 탐색하였다. 그 결과 분석적 채점 방식이 총체적 채점 방식보다 신뢰도가 높았으며, 채점자 수의 증가가 과제 수의 증가보다 신뢰도 향상에 민감한 반응을 보이는 것으로 나타났다. 이향(2012b, 2012c)에서는 이향(2012a)과 같은 실험 데이터를 다국면 라쉬 모형으로 분석하여 총체적 채점과 분석적 채점 두 가지 채점 방식별로 채점 신뢰도를 검증해 보았다. 이를 통하여 채점 방식에 따라 수험자의 능력이 다르게 추정되며, 발음 능력을 채점하는 데 있어서는 평가 과제별로 난이도의 차이는 없으나 평가 영역의 난이도나 채점자의 엄격성에 있어서는 차이가 있다는 것을 확인하였다. 또한 채점에 사용된 6점 채점 척도에 있어서 분석적 채점은 비교적 동간으로 사용되나 총체적 채점에 있어서는 6점 척도 중 5점 구간을 좀 더 세분화함으로써 채점 신뢰도를 높일 수 있다는 것을 확인하였다.

지금까지 한국어 교육에서의 발음 교육과 평가에 관한 선행 연구들을 살펴보았다. 이제까지 살펴본 선행 연구의 문제점 및 한계를 정리하면 다음과 같다.

1. 발음 교육에 관한 연구들에서는 발음을 이루는 구성 요인들 즉 분절음, 초분절음, 음운적 유창성에 관한 연구들이 꾸준히 진행되어 왔으며 이들 요인들에 대한 교육 순서나 방법을 다룬 연구들이 활발히 이루어져 왔음을 확인할 수 있었다. 그러나 상대적으로 발음 평가에 대한 연구는 극히 미흡한 것으로 나타났다. 평가는 역류 효과를 갖는다. 평가가 교육 현장에서의 교육 내용을 반영하는 것이기도 하지만 반대로 평가가 교육 내용에 영향을 미치기도 하는 것이다. 그러므로 제대로 된 발음 평가에 대한 연구는 결국 발음 교육 현장에 긍정적인 영향을 미칠 수 있으며, 발음 평가가 제대로 이루어지지 않으면 교육 현장에서의 발음 교육이 방향을 못 잡거나 아예 사라져 버릴 수도 있는 것이다. 그러므로 교육 현장에 긍정적인 영향을 미칠 수 있는 한국어 발음 평가에 대한 연구가 더욱 활발하게 이루어질 필요가 있다.
2. 몇 안 되는 한국어 발음 평가에 대한 연구들이 있지만 말하기 수행 평가의 다양한 측면들을 고려한 연구가 이루어지지 못하였

다. 말하기 수행 평가 내에서의 발음 평가는 말하기 수행 평가 특성의 영향을 받는다. 즉, 발음 평가의 결과에는 발음 평가 구인, 구인들에 대한 평가 기준, 평가 과제, 평가 척도 등이 영향을 미친다. 그러나 아직까지 이들 요인들이 말하기 수행 평가에서의 발음 범주의 채점 결과에 어떤 영향을 미치는지에 대한 객관적으로 검증된 연구가 없다.

본고에서는 아직까지 한국어 교육에서 미진한 연구 영역인 말하기 수행 평가에서의 발음 범주 채점에 관한 연구를 진행함으로써 발음 채점 방안을 제안하고 채점 결과에 영향을 미칠 수 있는 다양한 국면들이 채점 결과에 어떤 영향을 미치고 있는지를 분석함으로써 말하기 수행 평가에서의 객관적으로 검증된 발음 평가 방안을 제안해 보도록 할 것이다.

3. 말하기 수행 평가의 타당성 검증에 대한 연구

최근 외국어 교육에서는 최근들어 말하기 수행평가의 중요성이 강조되면서 평가 과정 전반에 대한 타당성 검증이 평가 개발 및 수정 보완에 있어서 반드시 필요한 과정으로 간주되고 있다. 이런 타당성 검증에 대한 연구들은 말하기 수행 평가를 실시하기 이전에 객관적인 평가 방안을 제안하기 위한 연구와 이미 개발되어 있는 말하기 수행 평가의 타당성을 검증하는 연구 두 가지 방향으로 진행되고 있다. 특히 이러한 최근의 타당도 검증에 대한 연구는 이론적 검증뿐 아니라 경험적인 검증 과정을 포함하여 이루어지고 있는 추세이다.

Upshur & Turner(1995)는 지금까지도 제2 언어 교육에서 사용되고 있는 EBB방식[8]으로 의사소통 능력과 문법 능력을 평가하기 위한 채점 척도 개발 방안을 제시한 연구를 진행하였으며, Chalhoub-Deville(1995) 또한 경험적 연구 방법으로 채점 척도 개발 방안을 제시하였다. 이 연구에서는 인터뷰, 서술하기, 큰 소리로 읽기 세 가지 과제를 사용하여 모국어 채점자로 하여금 총체적 채점과 문법-발음(Grammer-pronunciation), 정보 표현에 있어서의 창의성(creavity in presenting information), 상세함의 양(amount of detail provided)의 삼차원(three dimension)에 대한 채점을 진행하였다. 그 결과 세 가지 과제에 모든 차원이 동일하게 유의미한 해석이 다르다는 것을 발견하였다. 연구에 따르면 문법과 발음 차원은 세 개의 과제 모두에서 의미있는 해석이 가능한 반면, 정보 표현에 있어서의 창의성 차원과 상세함의 양 차원은 큰 소리로 읽기보다 인터뷰하기와 서술하기 과제에서 더 의미있게 해석된다고 하였다. Fulcher(1996a)는 지금까지의 응용언어학과 언어 습득론자들의 연구들을 통하여 언어 능력이나 언어 수행을 기술하려는 노력을 하였으나 이들 연구 결과들은 실제 언어 평가자들이 사용하기에는 다루기 어렵다고 지적하며 유창성 범주에 한하여 양적, 질적인 연구 방법을 통하여 평가 구인을 기술하였다. 그의 연구에서는 먼저 ELTS 말하기 시험을 실시한 후

8) 이는 EBB 혹은 'empirically derived, binary-choice, boundary-definition scale'이라고도 한다. 이 척도는 언어 능력에 관한 이론 기반이 아닌 수험자들의 실제 수행을 기반으로 하며, 채점자들은 이를 기반으로 수험자들의 능력을 구분 짓는 경계선에서 이분법적 의사판단에 의존하여 양자선택을 하게된다. 이 척도는 특수한 과제를 위하여 개발 된 것으로 하나의 척도로 여러 개의 과제를 동시에 채점하지는 못한다는 단점이 있다.

수험자들의 발화 데이터에 나타난 유창성과 관련된 특성을 포함하여 전사한 후 전사 결과를 보고 수험자들의 단계별로 나타난 유창성 특성을 기술하고, 이를 1-5점 척도로 채점을 한 결과와 비교하여 이를 확인하였다. 그리고 이러한 유창성 특성을 실제 유창성 평가를 위한 채점 척도를 기술하는 데 활용할 수 있음을 확인하였다. North & Schneider(1998)는 먼저 교사들과 연구팀이 함께 기존의 등급 기술표들을 수집하고 수정하여 만들어진 기술자 은행(descriptor bank)[9]을 기반으로 한 언어 능숙도 채점 척도 개발을 위한 연구를 진행하였으며, 양적 분석 방법으로 라쉬 모델에 근거한 데이터 분석을 실시하여 그 값을 바탕으로 등급 간 범위를 결정하고 기술표의 타당성을 확인하였다. Lynch & McNamara(1998)는 호주 이민자를 대상으로 한 말하기 능숙도 시험(ACCES: Austrian Assessment of Communicative Eglish Skill)을 위한 채점 척도 개발을 위하여 일반화가능도 이론과 라쉬 모형을 사용한 연구를 진행하였다. 본 시험은 워밍업, 묘사하기, 서술하기, 역할극, 도표 묘사하고 해석하기, 토론하기의 다섯 개의 과제로 이루져 있으며 워밍업을 제외한 각각의 과제는 각각 다른 평가 영역으로 채점하게 하였다. 즉, 묘사하기는 유창성, 문법, 어휘 세 영역, 서술하기는 유창성, 문법, 어휘, 응집성, 역할극은 유창성, 문법, 적절성, 도표 묘사하고 해석하기 과제는 유창성과 문법, 토론하기 과제는 유창성, 문법, 어휘 영역으로 평가하였다. 이 채점 방안으로 채점한 결과를 일반화가능도 이론으로 결정연구를 실시한 결과 실시한 평

9) 여기서의 기술자 은행이란 평가 등급 기술표를 서술하는데 사용하는 용어들의 집합을 의미한다.

가보다 시험 과제를 더 줄여도 신뢰도를 갖춘 일반화가능도 계수를 확보할 수 있음을 발견하였으며, 채점자 또한 두 명만 있어도 만족할 만한 신뢰도 계수를 확보할 수 있음을 발견하였다. 또한 다국면 라쉬 모델로 각각의 국면들을 살펴본 결과 채점자 한 명의 채점이 일관성이 결여되어 있는 것으로 나타나 채점자 훈련을 거치거나 그 채점자를 평가에서 제외하여야 하는 필요성을 발견하였다. 신동일(2003a)은 고등학교 영어과 말하기와 쓰기 수행 평가를 위한 능력 등급 기술표를 개발하는 데 있어서 구체적인 등급의 설정과 기술자 작성을 다국면 라쉬 모델을 활용하여 개발하는 방안을 제시하였다. 이를 위하여 먼저 기존의 말하기, 쓰기 평가에서 사용되고 있는 평가도구 및 등급표의 정보 수집과 분석을 실시하였다. 그 기준은 Bachman & Palmer(1996)의 의사소통 능력 모형의 구도 안에서 제안된 등급 기술자를 재분류, 수정한 것을 사용하였다. 그리고 고등학교 학생들을 대상으로 실제 시험을 실시한 후 그 결과를 문장, 담화, 기능, 사회언어학적 능력, 전략, 정서(affective) 영역으로 채점하였다. 그리고 이를 다국면 라쉬 모형을 사용하여 분석하여 그 결과를 바탕으로 5등급으로 나누어진 기술표를 작성하였다. 신동일(2003b)에서는 외국어 습득 연구들이 공통적으로 주장하는 보편적 순서(universal order)가설을 평가 기준표를 기술하는 데 있어서의 근거로 삼고, 기존의 보편 순서 가설을 지지하는 선행 연구들을 살펴본 후 이를 바탕으로 직접 기준표를 새롭게 구성하였다. 그 후 실제 말하기 시험에서 추출된 샘플을 이용하여 새롭게 작성된 기준표가 시험 결과와 사용자에게 얼마나 적절한 평가를 해줄 수 있는지, 어떤 진단적 정보를 줄 수 있는지 확인해 보았다.

지금까지 살펴본 연구들은 이론과 통계적 방법을 통하여 타당도 검증을 진행한 연구들이다. 그러나 몇몇 연구자들은 채점 방안에 대한 타당성 검증이 양적(quantitative) 검증뿐만이 아니라 질적(qualitative) 검증도 병행되어야 한다고 지적하였다. 이는 수험자의 데이터를 질적으로 분석한 결과 양적 분석 결과가 일치하지 않거나 혹은 평가 결과 해석에 있어서의 모호함이 발견된 데에 근거한다. Douglas & Selinker(1993)는 일반목적 말하기 시험보다 특수목적 말하기 시험에서 문법에 더 높은 점수를 주는 것을 발견했는데, 실제로 말하기 데이터를 질적으로 분석한 결과 문법적으로 특별히 뛰어난 점을 발견하지 못했다. 이들은 그 원인을 질적으로 분석한 결과 '답변에 있어서의 수사적 복잡성' 특성이 있는 것을 발견했다. 즉, 채점 영역에 수사적 복잡성 구인이 없으므로 '문법 영역'에서 더 높은 점수를 준 것으로 나타났다. 또한 Douglas(1994)는 질적인 분석을 한 결과가 말하기 수행 평가의 점수와 일치하지 않음을 지적하며,평가 결과를 해석하는 데 있어서 질적인 분석이 반드시 필요하다고 지적하였다. 예를 들어, 질적인 분석을 한 결과 높은 점수를 받은 학생들 가운데 쉬운 단어들을 사용하여 간단한 문장들로 발화를 함으로써 오류를 회피하고 있음을 발견하였으며 반대로 어려운 어휘와 복잡한 문장으로 인한 오류들로 인하여 오히려 나쁜 점수를 받은 경우들을 발견하였다. 그는 이러한 현상들이 채점자가 채점을 제대로 안 했거나, 서로 다른 채점자가 중점을 두는 세부 영역에 차이가 있거나, 평가 영역에는 없는 뭔가 다른 것의 영향을 받아 나타날 수 있다고 하였다.[10]

---

10) 그는 특히 AGSPEAK시험에 있어서 총체적 채점을 하는 이해가능도(comprehensibility)

지금까지 살펴본 바와 같이 외국어 교육에서는 말하기 수행 평가의 개발이나 수정 · 보완에 있어서 경험 있는 평가 개발자들의 직감 또는 이론적 검증을 통한 사전 타당도에 대한 검증뿐 아니라, 통계적 분석 방법과 질적인 분석 방법을 사용하여 사후 타당성 검증을 한 연구들까지 활발하게 진행되고 있다. 그러나 한국어 교육에 있어서는 아직까지 이러한 평가 개발 및 수정·보완을 위한 타당성 검증에 대한 연구는 극히 미미하다고 할 수 있다. 말하기 수행 평가에 대한 객관적인 검증은 앞 절에서 살펴본 김경선 외(2010)와 이향(2012a, 2012b, 2012c)의 연구가 거의 유일하다고 할 수 있다. 또한 이러한 말하기 수행 평가의 객관적 검증에 대한 논의는 말하기 평가뿐만 아니라 쓰기 수행 평가에서도 소수의 연구만을 찾아 볼 수 있는데 이은하(2007)와 김성숙(2011)연구이다. 이은하(2007)는 학문 목적의 쓰기 수행 평가에 있어서 분석적 채점 척도의 타당성을 검증한 연구로서 다국면 라쉬 측정모형 및 다중회귀분석 기법 등을 활용한 양적 연구와 쓰기 이론 관련 문헌 조사 및 학습자 작문의 텍스트 분석을 통한 질적 연구를 병행하여 그 결과로 쓰기 말하기 수행 평가를 위한 5개의 준거와 6개의 점수 단계로 구성된 채점 척도를 제안하였다. 김성숙(2011)은 학부 대학 〈글쓰기〉 수업의 수준별 분반을 위한 학문 목적 기초 한국어 쓰기 능력을 평가할 준거를 탐색하고 그 타당성을 검증하였다. 먼저 관련 선행 연구를 검토하여 평가 준거 가설 모형을 설정하고 평가 문항 중요도에 대한 설문을 실시하였다. 이어서 회수한 설문 자료를

영역의 경우 의사소통 능력의 구성 요소로서 가정되거나 용인되는 어떠한 용어에 대한 해석 없이 채점자들의 해석에 의존하여 채점을 하는 영역으로 구인 타당도가 의심된다고 지적하였다.

토대로 평가 준거 구인에 대한 탐색적 요인 분석과 확인적 요인 분석을 실시하였으며, 델파이 방법과 일반화가능도 이론을 적용하여 3개 범주 10문항으로 구성된 학문 목적 기초 한국어 쓰기 능력 평가 준거를 개발하였다. 이처럼 근래들어 한국어 교육에서도 말하기, 쓰기 수행 평가를 실시하는 데 있어서 경험과 직관적 판단에만 의존하지 않고 다양한 방법의 양적 질적 분석을 통하여 타당성을 검증하고자 하는 노력이 미미하지만 이제 시작되었다고 볼 수 있다.

지금까지 외국어 교육에 있어서의 말하기 수행 평가의 타당도 검증에 관한 선행 연구들을 살펴보았다. 지금까지 살펴본 연구들의 한계 문제점 및 한계를 정리하면 다음과 같다.

1. 2000년 이후 한국어 교육에서도 말하기 수행 평가에 대한 객관적인 타당도 검증에 관한 연구가 적지만 진행되어 왔음을 확인할 수 있었다. 그러나 아직까지 말하기 수행 평가에 '말하기 수행 평가의 특성'을 반영한 타당도 검증에 대한 연구는 미흡하나 것이 사실이다. 타당도가 높은 말하기 평가는 말하기 수행 평가의 형식으로 이루어져야 한다. 또한 말하기 수행 평가 형식의 말하기 평가는 '말하기 수행 평가'라는 특성으로 인한 다차원적이고 다국면적인 타당도 검증을 필요로 한다. 그러므로 말하기 수행 평가에 대한 타당도 검증을 통하여 평가하고자 하는 각각의 구인들에 대한 다양한 증거들을 수집함으로써 높은 타당도의 말하기 수행 평가를 개발할 필요가 있다.
2. 앞 절에서도 언급하였듯 말하기 수행 평가에서의 발음 평가는

'말하기 수행 평가'의 특성과 발음 평가의 결과에 영향을 미칠 수 있는 '다양한 국면'들의 영향을 받는다. 말하기 수행 평가에서의 발음 범주의 타당도 검증에 대한 연구가 진행되었지만 이는 채점 방식 즉, 정확성 기준의 총체적 채점과 분석적 채점의 타당도 비교에 한정된 연구로서 발음 평가에 영향을 미치는 다양한 측면들에 대한 타당도 검증은 이루어지지 못하였다.

본 연구자는 한국어 교육에서도 다른 외국어 교육과 마찬가지로 말하기 수행 평가의 활성화가 반드시 이루어져야 한다고 본다. 이를 위하여 본고에서는 말하기 수행 평가에서 수험자의 말하기 능력 추정을 위하여 하나의 독립된 범주로 평가되어야 하는 것으로 지적되어 온 발음 범주에 대한 다차원적인 타당도 검증을 실시하고자 한다. 이를 위하여 이론적인 검증과 함께 이를 바탕으로 다국면 라쉬 모형과 일반화가능도 이론을 활용한 객관적인 타당성 검증 과정을 보여 줌으로써 궁극적으로 말하기 수행 평가 전체의 타당성 확보에 기여할 수 있을 거라고 본다.

다. 연구 문제 및 연구 방법

본고에서는 말하기 수행 평가에서의 발음 범주에서의 채점 방안을 제안하고 그에 대한 타당도 검증을 진행하고자 한다. 이를 통하여 고찰하고자 하는 연구 문제는 다음과 같다.

첫째, 한국어 말하기 수행 평가란 무엇인가? 말하기 수행 평가 도구로는 무엇이 있으며 현실성과 실용성을 고려할 때 적절한 평가 도구는 무엇인가?

둘째, 말하기 수행 평가에서의 타당도의 개념은 무엇이며, 타당도를 검증하는 과정은 어떻게 진행되어야 하는가?

셋째, 말하기 수행 평가에서에서 발음 능력은 평가되어야 하는가? 만약에 그렇다면 발음 범주에서 평가해야 하는 평가 구인에는 무엇이 있는가?

넷째, 발음 범주에 대한 실제 채점을 실시하고자 할 때 타당하고 신뢰할 수 있는 채점 기준, 채점자, 평가 과제, 채점 방식, 채점 척도는 무엇인가?

다섯째, 실제 말하기 수행 평가의 발음 범주의 채점에 참여한 채점자와 수험자, 그리고 채점 기준과 평가 과제, 채점 척도들은 채점 과정에 어떤 영향을 미치며 그 채점 결과가 타당한가?

여섯째, 발음 범주에 대한 채점 결과의 오차 요인은 무엇이며, 어떤 오차가 평가 점수에 얼마나 영향을 미치는가?

일곱째, 발음 능력 평가에 영향을 미치는 오차 요인 중 과제와 채점자 국면 조건을 조절함에 따라 평가 점수는 얼마나 일반화될 수 있는가?

본고는 이에 대한 연구 문제를 해결하기 위하여 구체적으로 다음과 같은 연구 방법을 사용하고자 한다.

첫째, 지금까지 언어 교육 평가 현장에서 사용되어 온 말하기 수행 평가의 개념을 정리해 보고 한국어 말하기 수행 평가의 개념을 제안해 보도록 한다. 그리고 지금까지 사용되어 온 말하기 수행 평가 도구들을 살펴보고, 한국어 말하기 평가 현실의 실용성과 현실성을 고려하여 적절한 평가 도구를 탐색해 본다.

둘째, 지금까지 제안되어 온 말하기 수행 평가에서의 타당도의 개념과 타당화 과정에 대한 기존의 연구와 논의를 살펴봄으로써 타당화 방법을 고찰해 보도록 한다.

셋째, 지금까지 제시되어 온 대표적인 의사소통 모델과 기존의 한국어 교육에서의 말하기 평가에 대한 연구들을 정리하여 살펴봄으로써 말하기 수행 평가에서 발음 평가의 위상과 의미를 살펴보고, 지금까지 발음 교육과 평가에 대한 이론과 연구를 검토함으로서 발음 범주에서 평가해야 하는 구인을 선정하도록 한다.

넷째, 말하기 수행 평가에 대한 이론과 기존의 연구를 검토하여 말하기 수행 평가의 결과에 영향을 미칠 수 있는 요인들을 살펴보고 이를 통하여 발음 평가 결과에 영향을 미칠 수 있는 요인들을 유추해 보도록 할 것이다. 이를 통하여 발음 채점의 타당한 채점 기준, 채점자, 채점 방식 및 채점 척도를 제안해 보도록 할 것이다.

다섯째, 전 단계에서 이론적 검증을 바탕으로 제안한 채점 방안을 사용하여 실제로 44명의 수험자를 대상으로 컴퓨터 기반의 말하기 수행 평가를 실시해 보도록 할 것이다. 연후에 그 결과를 7명의 채점자들로 하여금 본고에서 제안한 채점 방안이 반영된 채점 기준표로 채점하도록 하여, 그 채점 결과를 다국면라쉬 모델을 활용하여 분석해 볼 것이다. 이를 통하여 말하기 수행 평가 결과에 영향을 미칠 것이라 간주되는 수험자, 채점자, 평가 과제, 채점 기준, 채점 방식 및 채점 척도 국면의 신뢰도와 타당도를 살펴보도록 함으로써 제안한 채점 방안의 타당성을 검토해 보도록 할 것이다.

여섯째, 전 단계에서 사용한 동일한 채점 결과를 사용하여 일반화 가능도 이론을 활용한 분석을 실시할 것이다. 그리고 먼저 일반화연구를 통하여 실제 발음 채점 결과에 영향을 미칠 것이라 추정했던 오차 요인들이 실제로 얼마나 영향을 미치는지 살펴봄으로써 본 채점 과정과 결과의 신뢰도와 타당성을 추정해 볼 것이다.

일곱째, 일반화가능도 이론을 활용한 결정연구를 실시하여 평가 점수의 일반화가능성을 추정해 보도록 할 것이다. 또한 채점자 수와 과제의 수를 조정함으로써 가장 효율적으로 일반화가능도를 확보할 수 있는 최적화 조건을 탐색해 보도록 할 것이다.

본 연구는 위와 같은 과정의 말하기 수행 평가에서의 발음 범주 채점의 타당화 과정을 통하여 객관적으로 검증된 채점 방안을 제시해 보고자 한다. 이를 위하여 먼저 다음 장에서는 한국어 말하기 수행 평가의 개념과 평가 도구를 고찰해 보도록 할 것이다.

Ⅱ

말하기 수행 평가와 타당화 과정

Ⅱ 말하기 수행 평가와 타당화 과정

가. 말하기 수행 평가와 평가 도구

말하기 평가가 타당성을 갖추려면 '수행 평가'의 형식으로 이루어져야 한다. 그러나 '수행 평가'라는 용어는 외국어 교육뿐만 아니라 다양한 분야에서 서로 다른 정의로 사용되고 있다. 본 장에서는 외국어 교육에서의 말하기 수행 평가 개념을 살펴봄으로써 한국어 말하기 수행 평가의 개념을 정의해 보도록 하겠다. 또한 지금까지 사용되어 온 말하기 수행 평가 도구를 개괄하고, 한국어 말하기 수행 평가를 위한 적절한 도구가 무엇인지 고찰해 보도록 할 것이다.

1. 말하기 수행 평가의 개념 정의

수행 평가는 언어 교육뿐만이 아니라 여러 분야에서 역사적으로 오랫동안 다양하게 적용되어 온 평가 방식이다[1]. 고대 올림픽 같은 경우도 일종의 수행 평가로 볼 수 있으며, 피아노 연주 평가, 무용 평가 등도 수행 평가로 볼 수 있다(McNamara 1996). 1980년대까지만 해도 수행 평가라는 용어는 직업 관련 분야나 예체능 분야에서 이론 시험이 아닌 실기 시험(performance-based test)이라는 의미로 매우 제한적으로 사용되었다(Berk 1986). 그러나 1990년대부터 수행 평가라는 용어는 종래의 평가 체제와는 대비되는 새로운 대안적인 평가라는 의미로 매우 포괄적으로 사용하기 시작하였다. 이로 인해 지금까지도 수행 평가라는 용어는 각 분야마다의 특성과 평가 목적에 따라 다양한 의미로 사용되어 대안 평가(alternative test), 실제 상황 평가(authentic test), 직접 평가(direct test), 과제 기반 평가, 과정 중심의

1) 영어 교육과 같은 경우 '수행 평가'는 새롭게 등장한 것이 아니라 이미 오랜 역사를 지니고 있다(Spolsky 1995). 평가에 대한 과학적 접근의 전성기였던 1950년대에는 주로 언어의 분리된 요소들에 대한 '지식'을 평가하는데 초점을 두고 있었다. 그러나, 교육 현장 밖에서 언어 산출 능력의 실제적 평가에 대한 요구가 나타나기 시작하였다. 미국과 같은 경우 이러한 요구는 외국에서 근무할 사람들을 선별하기 위한 다양한 외국어 말하기 능력을 평가하기 위한 영향력 있는 FSI(Foreign Service Institute) 말하기 시험을 개발하게 되는 계기가 되었으며, 1960년대에는 영국과 북미에서 공부하는 외국 유학생의 증가와 함께 적절한 언어 능력 평가의 보편화에 대한 요구가 나타나고 이에 대한 결과로 나타난 평가들은 수행 평가의 요소를 포함하게 되었다. 1970년대에는 의사소통 운동과 더불어 의사소통 능력에서 수행 평가의 이론적 근거를 마련하게 되고 외국어 수행 평가가 확산되게 되었다. 최근의 수행 평가에 대한 관심은 이러한 과거의 축적물들의 산물이라고 볼 수 있다(McNamara 1996: 1-2장 참고).

평가 등의 용어와 혼용되어 사용되고 있다.

〈표 1〉 전통적 평가와 수행 평가와 관련한 평가 용어들과 그 특성[2)]

평가 유형	주요 특성
전통적 평가	일회적, 표준화된 시험/제한된 시간, 선다형 /비맥락화된 시험 문항 점수로만 이루어진 피드백/규준 지향적 채점/정답에 초점, 총괄적/결과 중심/비상호적 수행/외적 동기 유발
대안 평가	지속적인 장기간의 평가/시간 제한이 없는 자유 응답 형식 맥락화된 의사소통 과제/개별화된 피드백과 역류효과/준거 지향적 채점/개방형, 창조적인 답안/형성적/과정 중심/상호작용적 수행/내적 동기 유발/수행 기반 평가, 포트폴리오, 프로젝트 등이 포함됨.
실제 상황 평가	'참평가(True assessment)[3)]'라고도 함/평가 상황이나 내용이 가능한 한 실제 상황이나 내용과 유사해야 함에 초점/말하기 수행 평가의 형식 중 하나
직접 평가	간접적인 평가와 대조되는 개념으로 사용/정답 선택이 아닌 서술, 구성하는 것을 중시/지필이나 구두가 아닌 실제 학생들의 수행을 보고 평가/말하기 수행 평가는 가능한 직접적 평가의 성격 지향
과제 기반 평가	평가의 도구를 구성하는 과제 특성에 초점/과제의 수행 과정과 결과를 평가/과제를 완성하는 것이 중요한 목표/말하기 수행 평가의 도구에 있어서의 중요한 특징 중 하나
과정 중심 평가	학습 결과가 아닌 학습의 과정을 평가의 초점으로 함/과정 중심의 평가는 말하기 수행 평가의 중요한 특징 중 하나

2) 〈표 1〉에서 전통적 평가와 대안 평가의 특성은 H.D.Brown(2004)를 참조하였으며, 그 외는 백순근(2002)를 참조하여 언어 교육에서의 특성에 맞게 수정 · 보완하였다.

3) 권대훈(2010)은 실제 상황 평가를 '참평가'라고 번역하여 사용하는 경우가 있는데 이는 지나친 의역(意譯)이라고 지적하였다

Rothman(1995: 70)은 '대안 평가'의 개념을 설명하면서 '대안 평가'에 수행 기반 평가(performance-based assessments), 프로젝트, 포트폴리오[4] 이 세 가지 평가들이 대표적으로 포함된다고 했다. 이처럼 '대안 평가'는 전통적 평가와 상반되는 특징들을 포함하는 평가들을 지칭할 때 많이 사용되는 용어로 수행 평가가 대안 평가의 일부분이기는 하지만 모든 대안 평가가 수행 평가라고는 이야기할 수 없다. 또한 몇몇 연구에서는 '실제 상황 평가(authentic assessment)'라는 영어를 '수행 평가'라는 용어로 동일하게 사용하여 두 용어를 동의어로 사용하기도 한다(Hart 1994, Torrance 1995). 그러나 최근의 연구들에서 '실제 상황 평가'라는 용어는 과제와 정황, 상황에 대한 실제적인(authentic) 가치를 강조하는 개념으로 '수행 평가'와는 구별되어 사용되어야 한다고 지적하고 있다(Darling-Hammond & Snyder 2000, Gulikers et al. 2004, Herrington & Herrington 1998, O'Malley & Pierce 1996, Palm 2008, Wiggins 1990, 이준호 2009). 이준호(2009)는 실제 상황 평가와 수행 평가는 구별되는 개념이라고 지적하면서 실제 상황 평가가 실제성, 진정성이라는 측면에서 수행 평가와 교차되는 부분이 있지만 실제 상황 평가는 평가의 실제성, 현실 세계와의 유사성에만 초점을 맞추는 개념이라고 하였다. Reeves & Okey(1996)는 수행 평가와 실제 상황 평가의 가장 큰 차이는 수행이 행해지는 상황과 과제의 '충실성(fidelity)'의 정도에 있다고 하였다. 말하기 수행 평가에서는 이 충실성이 그렇게 중요한 논쟁거리가 안

4) 포트폴리오 평가(portfolio assessment)는 학생들의 작품 모음집에 대한 평가를 의미한다. 포트폴리오 평가는 수행 평가의 주요 방법으로 간주되고 있다(권대훈 2010).

되지만 실제적 평가에서는 높은 충실성에 초점을 맞춘다. 이는 모든 실제 상황 평가가 수행 평가이지만 반대로 모든 수행 평가가 실제 상황 평가인 것은 아님을 의미한다(Meyer 1992). 또한 몇몇 연구들에서는 '직접 평가(direct assessment)'라는 용어를 '수행 평가'와 혼용하여 사용하고 있다. 그러나 직접 평가(direct test)란 평가하고자 하는 대상을 직접 평가하는 방법으로 간접적 평가(indirect assessment)에 대비된다. 선택형 평가는 일반적으로 간접적 평가의 성격을 갖는다(권대훈 2010). 직접 평가를 수행 평가라는 용어와 혼동하여 사용하는 것은 이 두 평가가 '직접성(direct)'이라는 특성을 공유하기 때문에 비롯되는 오해일 것이다. 하지만 이로 인하여 수행 평가와 직접 평가를 일대일 동일한 개념으로 보기는 어렵다. 다음으로 과제 기반 평가(task-based assessment)[5]라는 용어를 수행 평가라는 용어와 혼용하여 사용하는 경우들이 있다. 과제 기반 평가는 과제를 통하여 실제 세계(real-world)와 가장 근접한 상황을 제시하고 실제 세계 기준(real-world criteria)에 맞추어 과제 수행을 평가하는 것을 의미하며, 과제 수행 결과를 실제 세계 기준으로 해석하고 특수화할 수 있도록 하는 것을 평가 개발의 가장 중요한 목표로 삼는다(J.D. Brown et al. 2002: 11). 과제 기반 평가는 수행 평가의 한 유형으로 볼 수 있으나 모든 수행 평가가 과제 기반 평가의 성격을 갖는 것은 아니다(J.D. Brown et al. 2002: 10-11). 다음으로 과정 중심의 평가는 수행의 '과정'에 초점을 둔 개념으로 볼 수 있으나 수행 평가 전체 개념을 포괄

5) J.D. Brown et al.(2002)는 과제 기반 수행 평가(task-base performance assessment)라는 용어를 사용하였다.

하기에는 부족하다. 이는 평가의 결과보다는 과정에 중심을 두고 사용하는 개념을 의미한다. 과정 중심의 평가는 수행 평가의 형식으로 이루어질 수 있으나, 모든 과정 중심의 평가가 수행 평가로 이루어지지는 않는다.

이와 같이 다양한 평가 방식을 나타내는 용어들이 수행 평가라는 용어와 혼용되어 사용되는 것은 수행 평가가 가지는 성격, 방식이 이들 평가들과 공유하는 성격을 지녔기 때문일 수 있다. 그러나 사실 이들 용어는 수행 평가의 한 단면에 초점을 맞춘 용어들로 이들 용어가 수행 평가라는 용어를 대신할 수 있다고 보기에는 미흡하다. 신상근(2010: 46)은 다음〈표 2〉와 같이 평가의 유형을 분류하였다.

〈표 2〉 평가 유형 분류

기준	평가 유형
형식에 따른 분류	전통적 방식 평가 수행 평가
목적에 따른 분류	성취도 평가 능숙도 평가 배치 평가 진단 평가
준거에 따른 분류	규준 참조 평가 준거 참조 평가
과제의 특성에 따른 분류	직접 평가/반직접 평가/간접 평가 분리 평가/통합 평가
목적 및 시기에 따른 분류	형성 평가 총괄평가
허용 시간에 따른 분류	역량 시험 속도 시험

중요도에 따른 분류	고부담 시험 저부담시험
평가 매체에 따른 분류	지필 평가 컴퓨터 기반 평가 인터넷 기반 평가

〈표 2〉가 보여 주듯 수행 평가는 평가의 형식을 의미하는 것으로 전통적인 평가 형식과 대조되는 형식을 의미한다. 이는 다양한 평가에서 수행 평가의 형식을 지닐 수 있음을 의미한다. 예를 들어 고부담 준거 참조 평가로서의 능숙도 시험을 컴퓨터 기반의 반 직접 평가로 보는 수행 평가가 있을 수 있으며, 저부담 규준 참조 평가로 성취도 시험을 역량 평가로 보는 수행 평가가 있을 수 있음을 의미한다.[6)]

본고에서는 '말하기 수행 평가'를 신상근(2010)과 동일한 개념으로 전통적인 고정 반응 평가 방식과 대조되는 넓은 의미로 보고자 한다. Kenyon(1992)은 전통적인 지필 검사와 말하기 수행 평가를 비교하여 전형적인 외국어 말하기 수행 평가의 특성을 〈그림 1〉과 같이 제안하였다(McNamara 1996: 9 재인용).

전통적인 평가가 수험자가 주어진 선택 사항 중에서 답을 '선택'하는 것이라면, 말하기 수행 평가의 가장 큰 특징은 수험자가 평가 도구를 통하여 직접 '수행' 또는 '산출'하도록 한다는 것이다. 또한 과거의 고정 반응 평가가 수험자의 '지식 습득 여부'를 평가하였다면, 말하기 수행 평가는 '행동을 통하여 산출된 지식'을 평가하는 것으로 '할 줄 아는가', '할 수 있는가'에 초점을 맞추고 있다.

6) 〈표2〉의 유형에 의하면 본고에서 다루고자 하는 수행 평가는 규준 참조 평가이면서, 반직접 평가, 분리 평가, 속도 시험, 컴퓨터 기반 시험으로 볼 수 있다.

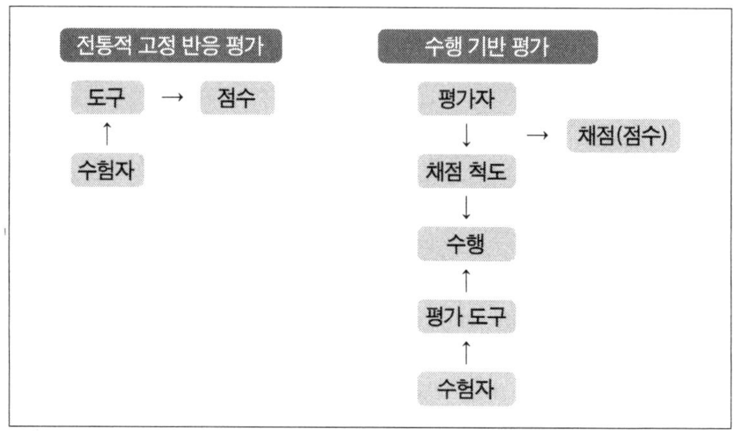

〈그림 1〉 말하기 수행 평가의 특성

위의 〈그림 1〉에서 보듯 말하기 수행 평가는 '수험자의 수행'이 중심이다. 수험자는 평가 도구를 매개로 하여 말하기로 수행을 하고, 평가자는 평가 척도(채점 지침서, 채점 기준표 등)를 매개로 '(수험자의) 수행'을 평가한다. 즉, 말하기 수행 평가는 '수행'을 중심으로 '수험자의 평가 수행(수험자→도구→수행)'과 '평가자의 수험자 수행에 대한 평가(평가자→척도→수행)'로 이루어진다고 볼 수 있다. 이로 미루어 볼 때 말하기 수행 평가의 본질이 평가 '수행'과 수행에 대한 '평가'라는 두 요소의 결합에 있다고 유추할 수 있다.[7] 그래서 이를 도식화해 보면 〈그림 2〉와 같다.

---

7) Fitzpatrick & Morrison(1971)도 『Educational Measurement』에서 일반 교육 전반에 관한 수행 평가를 수행과 산출의 평가(Performance and Production evaluation)의 줄인 말이라고 정의한 바 있다(McNamara 1996: 10-11 재인용).

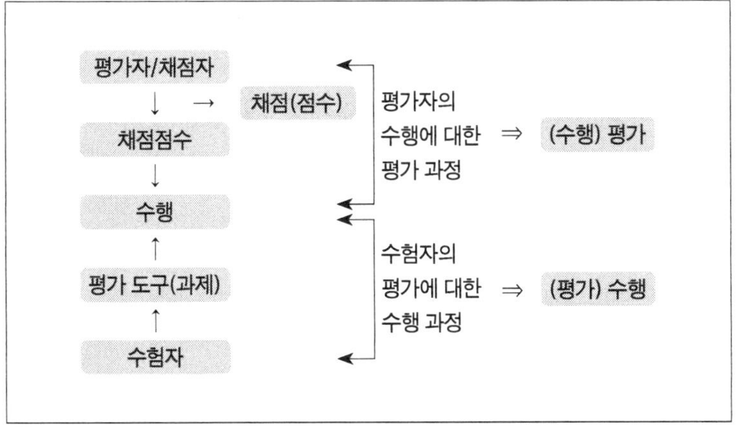

〈그림 2〉 말하기 수행 평가 개념의 도식화(이향 2012a)

이와 같은 언어 말하기 수행 평가의 개념을 미루어 볼 때, 한국어 말하기 수행 평가는 평가 도구의 과제를 통하여 유도된 수험자의 한국어 말하기 수행을 평가자가 평가 척도를 사용하여 채점하는 일련의 과정으로 정의할 수 있다(이향 2012a).

평가는 본질적으로 신뢰성과 타당성을 갖추어야 한다. Plough et al.(2010)은 일반적으로 말하기 수행 평가 개발 과정은 1) 구인에 대한 정의, 2) 평가 과제에 따른 구인 조작, 3) 평가 과제 수행에 대한 점수화 방법의 과정으로 이루어지며 각각의 개발 단계에 대한 분야의 연구자들 간의 많은 논의와 연구가 있어야 평가가 타당성을 갖출 수 있다고 지적한 바 있다. 이는 말하기 수행 평가에서의 신뢰성과 타당성이 평가 도구(평가 문항 혹은 평가 과제) 자체뿐만이 아니라 위의 〈그림 2〉에 나타난 전 과정에서 갖춰져야 함을 의미한다. 수험자의 능력, 평가 도구(과제)는 '수험자의 수행'에 영향을 미치며, 평가자/

채점자, 채점 척도는 '수행에 대한 평가'에 영향을 미치게 된다. 그러므로 말하기 수행 평가가 신뢰성과 타당성를 갖추기 위해서는 각각의 세부적인 단계에 대한 신중한 검증이 이루어져야 할 것이다.

2. 말하기 수행 평가의 평가 도구

지금까지 사용되어 온 말하기 수행 평가도구는 간접 평가(indirect test), 직접 평가(direct test), 반 직접 평가(semi-direct test)의 세 가지로 나뉠 수 있다. 말하기 평가에서의 간접 평가란 말하기가 아닌 지필고사로 말하기 능력을 평가하는 방식을 말하나 이는 현재 수험자의 정확한 말하기 능력을 평가하지 못한다는 이유에서 지양되고 있다. 직접 평가는 현재까지 가장 일반적으로 말하기 평가에 가장 많이 사용되어 온 방식으로 수험자와 평가자가 마주 보고 이야기하는 면대면 평가를 말한다. 이는 서로 대화를 주고 받고 실제 말하기 환경과 같은 상황에서 이루어지므로 말하기 능력 평가에서 타당성을 지닌다고 본다. 또한 반직접 평가는 수험자와 평가자가 면대면 상황이 아니라 녹음기나 컴퓨터를 통하여 평가자가 문항을 녹음하고, 수험자가 그 답변을 녹음을 하는 방식으로 기술의 발달과 밀접한 관련을 가지고 시행되어 왔다. 특히 20세기 후반 컴퓨터의 발달은 말하기 평가에 있어서 실제성과 효율성을 증진시킬 수 있을 것이라는 기대를 가능하게 하였으며(Brown 1977, Gruba & Corbel 1997, Bachman 2000, Chapelle 2001), 실제로 컴퓨터 기술의 발달은 말하기 평가 도구의 발달에 중요한 영향을 미치고 있다. 그리고 TOEFL을 비롯한 여러 중요한 국가적, 국제적 언어 평가들이 컴퓨터 기반 평가(Computer

Based Testing: CBT)로 옮겨 가고 있다(McNamara 2000).

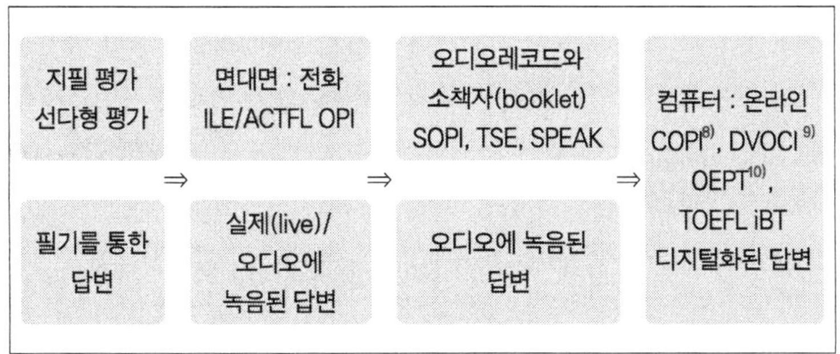

〈그림 3〉 말하기 숙달도 평가 도구의 변화(Jeong 2003: 34)

---

8) COPI(Computerized Oral Proficiency Instrument)는 테이프를 사용한 말하기 숙달도 인터뷰 시험(SOPI)에 컴퓨터를 적용한(adaptation), 멀티미디어 평가(CAL, 2003)로 미국 교육부의 지원 하에 Center for Applied Linguistics(CAL)에 의하여 개발된 평가이다. 테이프를 사용한 구어 숙달도 평가의 선형적인 과정의 해결책으로써 COPI는 컴퓨터 구어 숙달도 평가에 순응적인 알고리즘(adaptive algorithm)을 집어 넣었다(Kenyon & Malabonga, 2001). 적용된 평가 알고리즘은 각각의 개인의 구어 숙달도 등급에 따라 선택적인 평가 항목을 제공해 주고, 또한 알고리즘은 수험자들이 주제를 선택할 수 있으며, 수험자의 속도에 맞추어 반응한다.(Brown,1997). 'COPI 구조와 목적에 대한 정보, 개인 정보에 대한 입력과 수집, 유창성 레벨의 자기 평가(self-assessment), 샘플 과제(들)에 대한 적절한 응답 듣기, 샘플 과제(들)을 통한 연습, 수행 과제들에 대한(실제 평가) 응답, 수험자가 받은 과제의 레벨에 대한 피드백, 마침' 순으로 진행되며, 수험자의 응답은 ACTLE 채점 범주를 사용하여 평가 된다.

9) DVOCI(Digital Video Oral Communications Instrument)는 샌디에고 주립대학에 있는 언어 습득 센터(Language Acquisition Resource Cener, LARC, 2003)가 개발하였다. 언어 평가 과제는 콤펙트 디스크 안에 비디오 파일로 저장하고, 수험자는 컴퓨터를 통하여 시험을 볼 수 있다. 수험자의 응답은 컴퓨터에 있는 마이크를 통하여 녹음된 후에 디지털화되어 녹음되고 ACTFL 구어 숙달도 평가 지침서에 의하여 평가된다(LARC, 2003).

10) 퍼듀 구어 숙달도 평가(OEPT)는 퍼듀 대학의 구어 영어 숙달도 프로그램 스텝들에 의하여 국제 교사의 구어 숙달도를 조사(screen)하기 위하여 만들어졌다.

컴퓨터 기반 평가는 평가 문항을 시험지(종이)가 아닌 컴퓨터 화면에 제시하고 수험자들에게 연필이 아닌 키보드를 사용하여 답하도록 한다. 컴퓨터 기술을 말하기 평가에 사용하는 데 가장 중요한 장점은 '평가 운영에 있어서의 효율성의 최대화'와 '평가 점수의 심리측정학적인(psychmetric) 질을 높인다'는 것이다(Bachman 1990: 336). 평가 운영면에 있어서의 장점은 첫째, 컴퓨터 하드웨어와 소프트웨어의 발달로 말하기 평가 관리에 있어서의 한계였던 관리 체계의 문제를 해결할 수 있게 되었다는 점이다. 특히, 인터넷의 발달로 일년 내내 세계 어디서든 접근 가능해졌으며, 평가 관리 스케쥴에 있어서의 유연성이 확대되었다(Roever 2001b). 또한 이러한 네트워크의 발달은 1:1관리와 마찬가지로 단체를 관리할 수 있게 만들었다. 또한, 컴퓨터로 평가의 처리를 표준화함으로써 인간 대담자로 인한 영향을 통제할 수 있게 되었다. 둘째, 한번 응답된 발화 샘플이 한 번 서버에 디지털화되면, 채점자가 손쉽게 평가를 할 수 있게 되었다. 나아가 이러한 접근성은 즉각적인 평가 피드백 또한 가능하게 만들었다.

심리측정학적인 장점으로는 첫째, 디지털 매체를 사용함으로써, 컴퓨터 기술로 다양한 실제 생활을 시뮬레이션해 볼 수 있게 되었으며, 효율적으로 대규모 문제은행(pool)을 다룰 수 있게 되었다(Anderson 2000b). 또한 평가의 효율성과 정확성을 증가시키기 위한 순응적인

OEPT는55분 동안 디지털 비디오 파일을 통하여 평가 항목은 캠퍼스 생활, 강의 등과 같은 학문 목적 상황에 초점을 맞춘 '짧은 대답, 개인사, 크게 읽기, 그래프 해석하기, 의견 표현하기, 비교/대조, 조언하기, 정보주기, 요약하기, 일상적인 대화'와 같은 10개의 카테고리에 응답하고 이는 컴퓨터에 녹음된다(Purdue University, 2005).

알고리즘 또한 필요에 따라 활용할 수 있게 되었다.[11] 마지막으로 수험자 발화가 '녹음 데이터'로 남기 때문에 수험자의 수행에 대한 풍부한 진단 정보를 제공받을 수 있게 되었다(J.D. Brown 1997: 47).

그러나 이와 같은 컴퓨터 기술이 언어 평가에 주는 많은 이익에도 불구하고 이로 인한 단점이나 문제점 또한 지적되어 왔는데 J.D. Brown(1997: 48)은 다음과 같이 단점들을 정리하였다. 물리적 측면에서의 단점으로는 첫째, 컴퓨터 장비가 항상 사용 가능하거나 원하는 대로 작동하는 것은 아니고, 전기에 의존한 소스가 항상 보편적으로 사용가능한 것이 아니라는 점, 둘째, 컴퓨터 스크린에 제시할 수 있는 자료의 양은 아직 한계가 있으며, 셋째, 아직까지 많은 컴퓨터(특히 싸고 오래된 컴퓨터)의 그래픽 능력은 한계가 있는 점이다. 또한 수행의 측면에서의 단점으로 첫째, 컴퓨터를 통한 평가의 표현이 전통적인 방식으로 얻어지는 결과와는 다른 결과를 나타낼 수 있고, 둘째, 학생들의 컴퓨터를 사용하는 것에 대한 친숙도의 차이, 혹은 키보드를 치는 것에 대한 친숙도의 차이가 컴퓨터의 도움을 받거나 컴퓨터에 적용된 평가에 있어서의 수행에 불일치를 가져올 수 있으며, 셋째, 컴퓨터에 대한 두려움이 또 다른 잠재적인 단점이 될 수 있는 점이다.

이와 같은 말하기 평가를 위한 새로운 도구인 컴퓨터에 대한 우려는 평가 '도구'에 의하여 야기될 수 있는 평가의 타당성 논쟁을 이끌었다(kirsch et al. 1998, Chalhoub-Deville & Deville 1999, Kenyon

11) 그 예로 ACTFL OPIc(ACTFL Oral Proficiency Interview by computer)의 경우 컴퓨터로 진행되는 웹기반 인터뷰 시험이지만 평가 전에 수험자의 개인적인 배경이나 지식, 언어 능력 등에 대한 사전 조사를 실시한 후 이를 기반으로 인터뷰 문항을 각각 다르게 구성하며, 시험을 보는 중간에 자기 평가(self assessment)를 통하여 난이도를 조절한 인터뷰 문항이 제공된다.

& Malabonga 2001, Roever 2001a, Sawaki 2001, Jeong 2003). 이러한 논쟁은 실제 컴퓨터 기반 평가들이 시행되면서 이들 시험에 대한 타당성을 검증하고자 하는 노력으로 이어졌다.

1986년 미국의 Brigham Young University에서 컴퓨터 적응 시스템(CAT) ESL 배치 시험이 처음 실시되었다.[12] Madsen(1986)은 1986년 12월 처음으로 ESL 수험자들에게 300개의 읽기와 문법 문항으로 CAT 배치 시험을 보게 한 후 그 결과를 수집하여 분석하고, 이들 수험자들에게 리컬트 척도를 사용한 설문 조사를 실시하였다. 그 결과 컴퓨터 기반 평가에 대한 전체적인 긍정적인 반응을 얻었다.[13] Madsen은 계속적인 CAT 평가를 실시한 결과 Madsen(1991)에서 컴퓨터를 사용한 평가가 지필고사보다 언어 숙달도 평가에 더 효과적이며 수험자도 선호하는 방식이라고 주장했다. Taylor 외(1999)는 TOEFL 시험의 PBT버전과 CBT 방식을 비교한 결과 두 평가 사이에 .84의 높은 상관관계가 있었다고 했다. 이와 비슷한 연구로 Choi 외(2003)는 PBT와 CBT 두 방식의 TEPS에 시험을 내용 분석, 상관관계 분석, ANOVA, 확인 요인 분석을 실시한 결과 PBT와 CBT두 양식에 강한 유사성을 발견하였다. 특히 문법 영역이 가장 큰 유사성을 보였으며 읽기 영역이 가장 큰 차이를 보였다. Kenyon & Malabonga(2001)는 55명의 수

12) Brigham Young University는 컴퓨터 적응 시험(CAT) 개발에 선두적인 역할을 한 대학이다. 본 고에서는 이 대학에서 개발한 말하기 평가 프로그램을 사용하여 CBT 한국어 말하기 평가 도구로 사용하고자 한다.

13) 그러나 다른 국적의 학생들보다 컴퓨터 활용 능력이 대부분 더 나았던 일본 학생들에서는 PPT 시험(지필고사)보다 CBT 시험(컴퓨터 기반 평가)이 더 두려움을 느끼게 하고, 지시문이나 시험 시간, 모니터를 사용한 제시에 대하여 더 유의미하게 부정적인 반응이 나타났다.

험자들에게 먼저 SOPI(테이프를 매개로 한 OPI시험[14])와 COPI(컴퓨터를 매개로 한 OPI)시험을 모두 보게 하고, 이 중 스페인 학생 24명에게는 OPI시험도 보도록 하였다. 그리고 이들 수험생들에게 6개의 리컬트 척도를 사용한 설문 조사를 하였다. 그 결과 숙달도 수준이 낮은 학생일 수록 COPI시험이 더 쉽다고 느꼈으며, OPI 시험까지 모두 본 학생들은 이들 시험들이 면대면의 OPI와 유사하다고 답변했다.

또한 컴퓨터를 기반으로 한 평가가 컴퓨터 사용 능력에 따라 차이가 있지 않은가에 대한 검증 연구도 진행되었다. Taylor 외(1999)는 컴퓨터 친숙도가 점수에 있어서 유의미한 차이를 나타나게 하는가를 실험을 통하여 연구하였다. 이를 위하여 컴퓨터 친숙도에 차이가 있는 수험자들에게 TOEFL 시험을 PBT와 CBT 방식 모두로 보게 한 결과 두 그룹 사이에 어떤 유의미한 차이도 발견하지 못했다는 연구 결과를 발표하였다.[15] Yu(2006) 또한 컴퓨터 기반으로 한 말하기 평가에서 컴퓨터 사용 능력과의 유의미한 상관관계를 발견하지 못했다고 했다. 그러나 Yu(2006)는 그럼에도 불구하고 컴퓨터 기반 평가가 컴퓨터 친숙도에 영향을 받지 않게 하기 위해서는 컴퓨터 사용 전에 컴퓨터 사용 방식에 대한 충분한 안내가 있어야 한다고 지적하며 만약 시험 시행 전에 컴퓨터 사용 방식에 대한 충분한 안내가 이루어지지 않는다면 그 결과는 다르게 나올 수 있음을 지적했다.

---

14) The American Council on the Teaching of Foreign Language - Oral Proficiency Interview(미 외국어 교사 협의회 구두 숙달도 인터뷰 시험)

15) 그러나 이 연구는 컴퓨터에 친숙하지 않은 그룹에게 한 시간 동안 컴퓨터 시험을 보는 방법에 대한 안내를 실시한 후에 그 차이를 보는 연구였고 이 연구의 궁극적인 목표는 TOEFL시험을 CBT화 하는 게 적합한가에 대한 연구였음을 유의할 필요가 있다.

이와 같이 컴퓨터라는 '도구'의 영향으로 인한 말하기 평가의 타당성의 검증에 관한 연구들이 진행되는 한 편, 또 다른 한 편으로는 CBT 시험의 필요성을 전제로 하고 CBT 시험에서 나타날 수 있는 문제나 혹은 개선 할 수 있는 방안들에 대한 연구들이 진행되고 있다. Coniam(2001)은 CBT 듣기 평가에서 음성 파일만 들려 준 경우와 비디오 파일을 같이 보여 준 경우를 비교하였는데 이 경우 두 방식에서 큰 차이가 없다고 하였다. A. Hughes(2003)는 CBT가 타당성과 신뢰성이 갖춰진 말하기 평가 도구가 되기 위해서는 오디오나 비디오 화면에 응답하기, 인터뷰 시험, 수험자 간의 대화를 통한 평가의 형태를 갖춰야 한다고 하였다.

컴퓨터를 기반으로 한 말하기 수행 평가의 경우 수험자와 직접 상호 작용하는 대담자가 필요가 없으므로 시행하는 데 비용이 적게 든다. 또한 넓은 분포의 대규모 수험자를 대상으로 하는 경우가 아니라면 한 장소에서 원하는 시간에 즉시 평가가 가능하다. 또한 대담자 효과를 제거할 수 있다. 즉 모든 수험자가 동일하게 녹음/녹화된 평가 과제에 대하여 수행을 하게 됨으로써 더 공정한 평가가 될 수 있다. 또한 넓은 분포의 대규모의 수험자들을 대상으로 말하기 수행 평가를 실시해야 할 경우 실용성과 실현 가능성을 고려한다면 컴퓨터를 기반으로 한 평가가 지금까지의 유일한 대안이라고 할 수 있다. 그러나 아직 컴퓨터를 기반으로 한 말하기 평가가 평가에서의 혁명이라고 불릴 만큼에 도달했다고 보기는 힘들다(Chapelle & Douglas 2006: 106). 그러나 컴퓨터라는 도구가 말하기 수행 평가에서 지필고사의 한계를 극복할 수 있는 하나의 평가 도구라면 이를 대신할 또 다른 수단이 나타나기 전까지 혹은 정말 컴퓨터라는 평가 도구가 평가에 있어서의 혁명이 되는 그 순간까지는 계속적인 검증과 개선을 위한 연구가 이루어져야 할 것이다.

본고에서는 한국어 교육에 있어서 말하기 평가가 지향해야 할 표준화된 대규모 말하기 수행 평가를 위하여 CBT 방식의 평가 도구가 필수불가결하다고 보며 CBT를 기반으로 한 말하기 수행 평가를 실시하여 발음 범주 채점의 타당화 과정을 검증해 볼 것이다.

나. 말하기 수행 평가에서의 타당도와 타당화 과정

앞 절에서 살펴보았듯 말하기 수행 평가에서의 타당도는 말하기 수행 평가의 전 과정, 즉, 채점 과정과 수행 과정에서 모두에서 확보되어야 한다. 그러나 타당성 있는 말하기 평가가 무엇인지에 관한 논의들은 지금까지도 계속 진행되고 있다. 이러한 논의들은 말하기 수행 평가에 있어서의 '타당도'에 대한 개념의 변화와 이에 따른 말하기 수행 평가에서의 타당도를 증명하는 방법의 변화된 시각을 기반으로 하고 있다. 본 장에서는 최근의 교육 평가에서의 '타당도' 개념의 변화를 살펴봄으로써 말하기 수행 평가에서의 타당도의 개념을 정리해 본 후 말하기 평가의 타당도를 검증하는 방법으로써의 '타당화 과정'을 살펴보도록 할 것이다. 그리고 이를 기반으로 하여 본고에서 고찰하고자 하는 '발음 범주'에서의 타당화 모형을 제시해 보도록 할 것이다.

1. 말하기 수행 평가에서의 타당도 개념

20세기 중반까지 말하기 수행 평가에서의 타당도(validity)란 일반적으로 평가가 측정하고자 하는 바를 실제로 평가하고 있는가를 의미해 왔다. Cronbach & Meehl(1955)은 이 시기의 연구들에서는 평가의 타당성을 구인 타당도(construct validity), 공인 타당도(concurrent validity), 예측 타당도(predictive validity), 내용 타당도(content validity)로 구분하여 설명하였다고 정리하였다.[16] 그러나 이러한 타당도에 대한 개념은 80년대 후반에 들어 이를 단일화된 개념으로 보는 연구자들에 의하여 반론이 제기되었다(Bachman 1990, Carr 2011, Chapelle 1999). 이들은 '구인 타당도'가 결국은 나머지 세 타당도를 포괄하는 개념이라고 주장하였다. A. Davies and Elder(2009)은 이와 같은 타당도에 대한 개념의 변화가 1) 논리적, 삼단 논법에 있어서의 문제, 2) 신뢰도의 자격에 대한 반론, 3) 국지적(local)인 측면과 보편적(universal)인 측면에서의 문제 4) 단일성(unitary)과 분리성(divisible)의 문제에서 기인하였다고 하였다.

---

16) 이 때의 '구인 타당도'는 평가하고자 하는 구인이 이론적으로 타당한 원칙과 근거를 가지고 선정되었는가, 또, 평가가 이러한 측정하고자 하는 구인을 실제로 제대로 측정하고 있는가를 의미한다. '공인 타당도'는 같은 구인을 평가하는데 있어서 이미 타당도가 검증된 평가와 공인되지 않은 평가의 결과를 비교하여 그 상관관계를 나타내는 타당도를 의미한다. '예측 타당도'는 평가 결과가 수험자의 미래의 행동 즉, 그 언어를 사용한 활동이나 학업 등에 있어서의 성공을 얼마나 예측할 수 있는가 하는 것을 말한다. 여기서의 '예측 타당도'와 '공인 타당도'는 '기준 타당도(criterion-related validity)'라고도 한다. 마지막으로 내용 타당도란 평가 도구가 일반화시키고자 하는 내용을 교과과정이나 주제 영역에서 얼마나 대표성 있게 선정했는가와 이를 얼마나 제대로 평가하고 있는가 하는 것을 의미한다.

첫번째 논리적 삼단 논법에서의 문제는 타당도라는 용어 정의 자체의 재귀성(reflexive)때문에 비롯된다고 하였다. 예를 들면, 의료를 위한 능숙도 평가에 대한 타당성을 검증하고자 할 때 '이 시험은 의료에서의 언어 능숙도를 평가하기 위한 시험이다 → 그러므로 이 평가를 사용하는 것은 의료 '환경'에 있어서 적절하다. → 그래서 이 평가는 타당하다'와 같은 삼단 논법의 증명을 해 왔다. 이는 논리적인 모순이라고 볼 수 있다는 것이다. 두 번째는 '신뢰도의 자격'에 대한 문제이다. 이는 신뢰도라는 것이 '타당도' 없이 그 존재의 의미가 있는가 하는 의문에서 시작되었다.[17] 평가에 생명을 부여 하는 것은 결국 '타당성'이고, 이를 위하여 '신뢰도'는 그 평가가 갖춰야 할 하나의 조건으로 볼 수 있으며, 평가에서 '신뢰도'라는 것은 필요한 것이지만 그것만으로 충분하지 않다. Alderson(1991)은 문항의 일관성이라는 것은 신뢰도의 문제로 보기에는 적합하지 않으며, 이를 타당도 중 하나도 보아야 하며 이 때의 신뢰도는 공인 타당도와 같은 것이라고 지적하였으며(Weir 2004: 14 재인용), Lado(1961)는 이와 같은 '신뢰도'의 특성을 '일반성(generality)'으로 표현하고, '신뢰도는 타당도가

17) '신뢰도'란 평가의 결과가 다른 조건, 상황에서도 얼마나 일정하게 나올 수 있는가를 의미한다. 그러나 신뢰할 수 있는 평가가 모두 타당한 것은 아니다. 예를 들어 말하기 평가를 객관식 방식으로 본다면 신뢰도는 높을 수 있지만 그 시험이 타당하다고 볼 수는 없다. 그러나 어떤 평가가 타당도를 갖추기 위해서는 일단 일관성 있는 정확한 측정이 선행되어야 한다. 그래서 신뢰도는 타당도의 전제조건과 필요조건이지만 충분 조건이라고 할 수는 없다. 또한 신뢰도와 타당도는 항상 어느 정도 긴장관계가 있다. 예를 들어 말하기 평가를 수행 평가 방식으로 볼 경우 타당도는 높아지나 신뢰도는 낮아진다. 반대로 말하기 평가를 객관식으로 볼 경우 신뢰도는 높아질 수 있으나 시험의 타당성은 떨어진다. 그러므로 평가 개발자는 이둘 간의 균형을 맞출 수 있도록 해야 한다(Carr 2011).

설 수 있는 기초와 틀을 제공해 준다'고 하였다. 이러한 신뢰도의 존재에 대한 의심은 결국 타당도에 대한 개념의 확대와 함께 '신뢰도'를 '타당도'의 일부분으로 보는 것이 적합하다는 주장의 근거가 되었다(Chapelle 1999, Davies & Elder 2009, Moss 1996, Swain 1993, Weir 2004). Weir(2004)는 신뢰도는 타당도를 증명해 주는 증거 중에 하나로 보는 것이 적합하며 이를 '채점 타당도(scoring validity)[18]' 라는 용어로 설명하였다. 심지어는 타당도를 중시하는 연구자들은 신뢰도가 과거만큼 그렇게 필요하지 않다고 주장하기까지도 하였다(Lynch 2003). 타당도의 개념에 대한 또 다른 논쟁은 타당도의 보편성(universal)과 국지성(local)에 대한 문제이다. 이는 어느 정도까지 평가가 특별한 상황에서 적절한가와 어느 정도까지 평가가 보편적으로 사용될 수 있는가 하는 문제를 말한다. 마지막으로 타당도의 '단일성'과 '분리성'에 대한 논쟁이다. 이는 타당도를 과거와 같이 분리된 네 가지로 보는 것이 아닌 하나의 단일한 개념으로 보는 관점에서 비롯되었다. 이와 같은 주장을 하는 연구자들은 내용 타당도라는 것은 통계와는 관련이 없는 것으로 모두에게 이론적인 근간을 제공해 줌으로 써 안전감을 느끼게 해주는 것이며(Davies & Elder 2009), 실제 세계와 평가의 표면적인 유사성에 대하여 논하는 것이지만, 평가 과제와 실제 생활에 있어서의 과제 간의 관련성에 대한 확실한 증거를 찾기가 힘들다(Davies 1984)는 점을 지적하였다. 대표적으로 Messick(1989)은 비록 내용 타당도는 중요하지만 점수에 영향을 주는 다른 요인들로 인한 잠재성 때문에 그 자체로는 부적절한 것으로

---

18) 이에 대해서는 다음 절에서 자세히 논하겠다.

보이며, 내용 타당도에 대한 해석이 결국 구인 타당도와 병합되는 면들이 포함된다고 지적하였다. 또한 기준 타당도도 분리된 것으로 보기에는 부적절하다는 지적이 있다. Shepard(1993)는 타당도를 검증하기 위하여 다른 평가와의 상관관계를 측정하는 것은 중요하나 왜 그런 상관관계가 타당도의 증거로 사용되어야 하는지, 왜 그것이 뭔가를 예측한다는 것을 의미하는지에 대한 의문을 가질 필요가 있다고 지적하였다. Carr(2011)은 이것이 기준 타당도의 가장 중요한 문제점이라고 지적하며 이것이 결국은 두 평가가 같은 구인을 평가하기 때문이라고 하였다. 그는 또 다른 기준 타당도와 관련된 문제로 '타당도 계수(validity coeffieints)' 문제가 있다고 하였다. 이는 평가하고자 하는 평가의 점수와 다른 평가의 점수와의 상관관계로 구하는데 이는 결국 구인 타당도의 증거로도 알 수 있으므로 타당도 계수라는 용어는 거의 쓰이지 않고 있다는 점을 지적하였다. 이와 같은 이유로 최근에는 '구인 타당도'를 '나머지 타당도의 종류들'과 '신뢰도'의 개념을 포괄하는 일반적인 개념으로 보고(A. Hughes 2003), 나머지 세 가지 타당도를 구인타당도 검증에 필요한 증거들로 보는 시각이 확대되고 있다(Davies & Elder 2009, Messick 1995b, Weir 2004). 이들 연구들에서는 구인 타당도를 지금까지의 다른 다른 타당도보다 우월한 존재로 취급하고 구인 타당도가 이들 모든 타당도를 아우르는 개념이라고 본다. 이러한 구인 타당도의 우월성의 이유로 Weir(2004)는 평가 개발 초기 단계에서 측정하고자 하는 구인들을 더 자세히 묘사하면 할수록 나중에 평가의 결과를 적용할 수 있는 구인들을 알아내는 통계 과정이 더 의미 있어진다고 지적하였는데, 그 이유는 통계과정은 그 자체로는 어떤 개념도 일반화 시킬 수 없고 결국은 평가가 무엇을 평가하고 있는지를 정확히 알아야 궁극적으로 얼마나 평가가 제대로 이루어지고 있는지를 알 수 있기 때문이라고 하였다.

이와 같은 타당도의 개념에 논의는 결국 타당도에 대한 새로운 인식을 이끌어 내며, 타당도를 '구인 타당도'라는 단일 개념으로 보고 이에 대한 재해석을 하도록 하였으며, 이전의 다른 타당도의 개념들(공인 타당도, 예측타당도, 내용타당도)을 '구인 타당도' 안에 포함시킴으로써 타당도의 개념을 넓힘과 동시에 사회적, 도덕적 측면까지 포함시키게 되었다(Davies & Elder 2009, Messick 1989). Cumming(1996)은 Messick(1989)에서 제안한 구인 타당도의 새로운 메트릭스(metrix)를 다음과 같이 정리하였다.

〈표 3〉 Cumming이 정리한 Missicks의 구인 타당도[19]

	평가에 대한 해석	평가 사용
증거를 기초로 한	구인 타당도	구인 타당도 + 관련성/유용성
결과를 기초로 한	구인 타당도 + 가치 함축성 (value implication)	구인 타당도 + 관련성/유용성 + 가치 함축성 + 사회적 결과

이와 같은 타당도에 대한 인식의 변화로 결국 『Standards for Educational and Psychological Testing』에서 AERA/APA/NCME(1985)는 결국 타당도에 대한 통일된 개념을 소개하였다

19) Cumming 1996, A, Davies 2009 재인용.

(Chapelle 1999). 여기서는 타당도를 '구인 타당도[20]'라고 정의하며, 타당도란 '평가가 사용되고자 하는 곳에 평가 점수에 대한 해석을 가능하게 하는 이론과 증거들의 정도'라고 정의하였다(Association et al. 1999, Carr 2011 재인용)[21]. Davies & Elder(2009)는 이 경우는 '타당도'란 '평가가 실시되는 상황 하에서 수험자의 능력에 대한 정보를 어느 정도까지 얼마나 정확하게 제공해 주고 있는가'에 대한 것이라 하였다. Davies & Elder(2009)는 이러한 타당도에 대한 개념의 변화를 정리하며 최근의 새로운 타당도에 대한 이러한 시각은 모든 증거들(심지어 신뢰도까지도)이 모두 하나로 통합되어 단일하게 평가의 타당도를 평가하는 데 기여한다고 보고 있다고 정리하고, 비록 타당도에 대한 개념이 하나로 통일되었으나, 이로 인하여 평가의 타당도를 판단하는 데 기여하는 정보의 범위를 찾아내야 하는 '타당화' 논쟁이 시작되었다고 하였다.

---

20) Weir(2004: 14)는 구인 타당도라는 용어가 다른 두 가지의 개념이 동일하게 사용되고 있음을 유의할 필요가 있다고 지적하였다. 하나는 최근의 타당도의 개념으로 다른 타당도를 포괄하는 단일화된 개념으로 사용되는 경우이며, 다른 하나는 전통적인 구인 타당도의 개념으로 평가가 기초로 하고 있는 인지적인 능력(cognitive ability)으로 이론적인 구성 요소로서의 특성화된 개념을 의미한다.

21) Messick(1989)은 이러한 타당도는 증거들(evidences)에 의하여 증명되어야 하며, '증거들은 평가가 의도한 사용'과 '점수에 근거한 해석'을 정당화할 수 있는 요인들 혹은 데이터들에 대한 논쟁으로 구성된다고 하였다. Messick(1989)의 이 모형은 최근 영어 평가 개발이나 데이터 분석을 위하여 자주 언급되고 있(Chapelle 1999, 신동일 2003c)으며 신동일(2003c)은 Messic(1989: 12)이 제안한 타당도 모형은 고전적인 타당도 검증 모형과는 많은 차이를 보이고 있으며 앞으로의 언어 능력 평가도구 타당도 검증에 새로운 패러다임을 강력하게 요구하고 있다고 지적하였다.

2. 말하기 수행 평가의 타당화 과정

앞에서 살펴본 타당도 개념에 대한 논쟁을 정리하면 '타당도(구인 타당도)'란 평가가 어느 정도까지 평가 점수로 수험자의 언어 지식이나 능력(구인)을 정확하게 보여 줄 수 있는가로 정의될 수 있으며, 이 경우의 타당도는 평가 그 자체보다는 '특정한 상황에서의 점수'에 존재한다(Weir 2004: 12). 이로 인해 과거의 타당도가 어느 정도까지 그 평가가 평가하고자 목표로 했던 것을 측정하고 있는가에 관심이 있었다면, 최근의 타당도는 그 평가가 타당하다는 것을 어떻게 확인하고, 어떻게 '타당화'시키는가 하는 문제에 관심을 갖게 되었다 (Davies & Elder 2009)[22].

1990년대 들어 Messick(1989)의 모형이 언어 평가에 적용되면서 평가도구의 타당도를 입증할 말한 증거의 종류가 많아지고, 타당도 검사는 그 모든 증거 자료를 수집하여 최종적으로 판정을 내리는 과정으로 인식되고 있다(신동일 2003c). 그러므로 타당도는 평가의 점수의 타당성을 증명하기 위하여 필요한 다국면적이고(multifaceted), 다른 유형의(different type)의 증거들을 필요로 하게 되었다. 여기서의 증거란 평가를 해석하기 위하여 서로 대체할 수 있는 것(alternative)이 아닌 상호보완적인(complementary)으로 기초

---

22) Lynch(2003)는 지금까지의 타당성에 대한 연구의 틀은 실증주의자(positivist)와 해석주의자(intertritivist)로 나누어 서로 다른 방법으로 진행하여 왔다고 하였다. 그는 실증주의자들은 "우리는 과연 관련이 있는 특성 혹은 구인을 측정하고 있는가?"에 대한 검증을 하는 반면 해석주의자들은 "우리가 평가하고 있는 것은 무엇인가?"하는 것으로 타당도에 대한 검증을 진행한다고 하며 해석주의자들의 궁극적인 목표는 다양한 사람들과 증거 자료들 간의 동의를 얻어내는데 있다고 하였다.

가 되는 국면을 의미한다. 점수를 해석하기 위한 증거들은 어느 것 하나가 더 우월하거나 우선적인 것이라고 볼 수 없기 때문이다(신동일 2003c). Bachman(1990: 238)은 이와 유사한 개념으로 '평가의 타당화 과정은 평가 내용이나 평가 점수 그 자체가 아닌, 평가 과정에 걸쳐 얻어진 정보를 사용하고 해석하는 데 초점을 맞추어야 한다'고 지적했으며, 같은 맥락에서 Messick(1989: 13)은 타당도를 시험 결과에 기반한 추론과 행위의 적합성과 적절성에 대한 경험적 증거와 이론적 근거가 있는지에 대한 종합적인 판단으로 정의하였다.[23] 단일하지만 다국면을 가진 타당도의 개념에 대한 소개로 평가에 있어서의 타당도는 타당도에 대한 적절한 증거를 제공해 줄 수 있는 평가의 과정에서 나타나는 모든 데이터들(예측 가능한 데이터뿐만 아니라 변화를 유발하는 실험적인 연구들, 변화에 대한 관찰 연구, 시간, 과제, 상황, 상황, 그룹을 고려한 차이에 대한 연구들, 요인들에 대한 연구, 관련 있는 일반 분야에 대한 연구 등)을 필요로 하는 이해 가능한 과정이 되었다.(Angoff 1988: 30). 결국 타당화 과정에 대한 논쟁은 '해석'에 대한 논쟁으로 시작하여 이 논쟁을 뒷받침할 현재 '증거'들에 대한 논쟁이며, 이는 '점수'에 기반한 해석과 평가의 '사용'에 대한 논쟁을 포함하고 있다(Chapelle 1999).

Weir(1988)는 이러한 타당화 과정이 크게 사전 타당화와 사후 타당화 과정으로 나누어진다고 보았다. 사전 타당화 과정은 평가를 개발하는 단계에서 언어와 언어 사용과 관련된 이론들을 기초로 삼는

---

23) 그는 Messick(1995a)에서 구인 타당도를 내용적(content) 측면, 실제적(substantive) 측면, 구조적(structure) 측면, 결과적(consequence) 측면, 외적(external)인 측면, 일반화(generalizability)측면을 기초로 한다고 제안하였다.

과정을 말하며 사후 타당화 과정은 평가 단계에서의 선정된 구인들이 실제 말하기 수행 평가를 실시 한 후 결과 데이터를 통하여 경험적으로 그리고 통계적으로 얼마나 타당한가를 살펴보는 것을 말한다. Weir(2004)에서는 이를 더 세분화하여 이러한 타당화 과정은 말하기, 듣기, 읽기, 쓰기에 따라 다르다고 하며, 말하기 평가에서의 '타당화 과정'을 다음 〈그림 4〉와 같이 제안하였다.

여기서는 Weir(2004)가 제안한 타당화 과정을 기반으로 말하기 수행 평가에서의 타당도와 타당화 과정에 대하여 살펴보도록 하겠다. Weir(2004)는 타당화 과정(validation)은 정황 타당도(context validity), 이론에 기초한 타당도(theory-based validity), 채점 타당도(scoring validity), 결과 타당도(consequential validity), 준거 타당도(criterion validity)로 이루어 진다고 보았다.

이론에 기초한 타당도는 평가가 행해지기 전에 이루어지는 사전 증거 수집과 평가 시행 후의 사후 증거 수집의 두 가지 방법이 있다(Weir 1988, Weir 2004 재인용). 그는 지금까지의 연구들이 평가 후의 증거들을 통하여 이론적 타당도를 검증하는 경우는 많았으나 상대적으로 사전의 이론적 타당도 검증 과정은 소홀했다고 지적했다. 그는 지금까지 이론 타당도 검증에 주로 사용되어 왔던 사후 검증은 주로 통계 과정을 통하여 이루어지며 이는 평가가 평가하고자 하는 것을 평가하고 있는가에 대한 검증으로 이루어져 왔으나, 평가 하고자 하는 것이 타당하지 않다면 이러한 과정은 무의미한 것이며 타당하지 않은 구인에 대한 타당성 검증을 한다는 것은 논리적인 모순이라고 주장하였다. 그러므로 그는 평가 시행 이전 단계에서의 이론적인 검증이 중요하다고 강조하였다. 여기서의 이론 타당도 검증은 평가하고

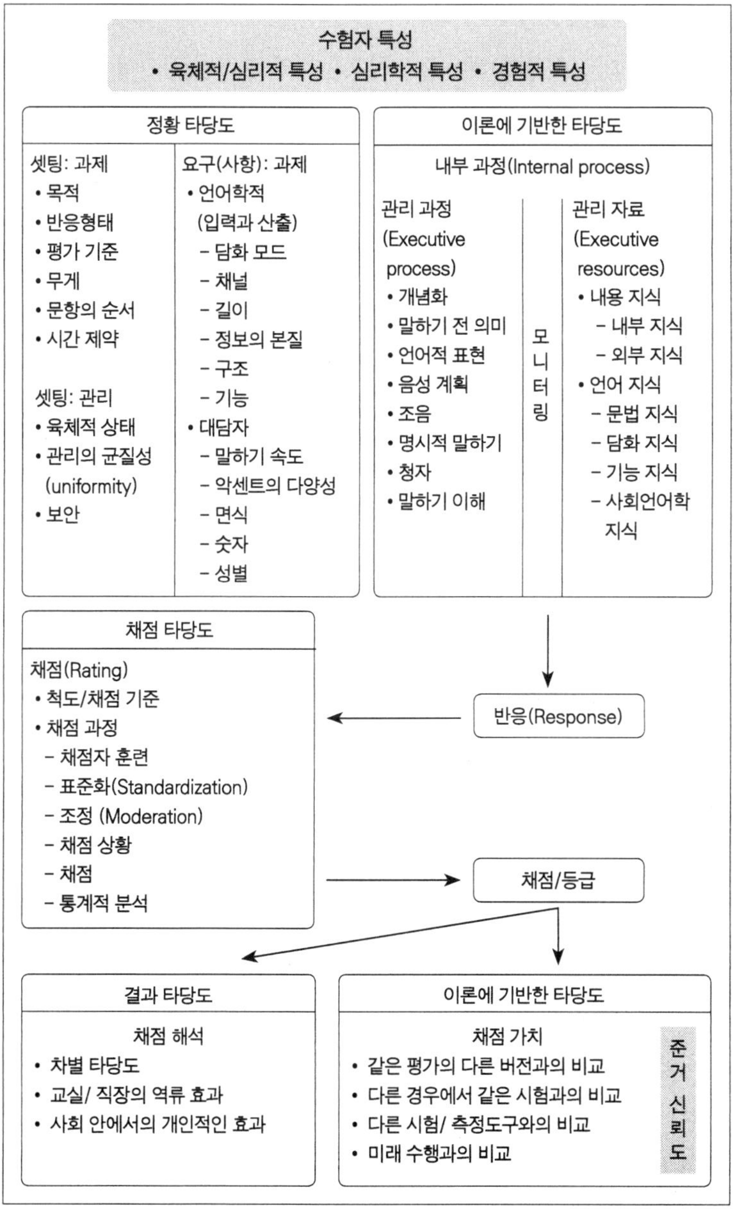

수험자 특성
• 육체적/심리적 특성 • 심리학적 특성 • 경험적 특성

정황 타당도

셋팅: 과제
• 목적
• 반응형태
• 평가 기준
• 무게
• 문항의 순서
• 시간 제약

셋팅: 관리
• 육체적 상태
• 관리의 균질성 (uniformity)
• 보안

요구(사항): 과제
• 언어학적 (입력과 산출)
  - 담화 모드
  - 채널
  - 길이
  - 정보의 본질
  - 구조
  - 기능
• 대담자
  - 말하기 속도
  - 악센트의 다양성
  - 면식
  - 숫자
  - 성별

이론에 기반한 타당도

내부 과정(Internal process)

관리 과정 (Executive process)
• 개념화
• 말하기 전 의미
• 언어적 표현
• 음성 계획
• 조음
• 명시적 말하기
• 청자
• 말하기 이해

모니터링

관리 자료 (Executive resources)
• 내용 지식
  - 내부 지식
  - 외부 지식
• 언어 지식
  - 문법 지식
  - 담화 지식
  - 기능 지식
  - 사회언어학 지식

반응(Response)

채점 타당도

채점(Rating)
• 척도/채점 기준
• 채점 과정
  - 채점자 훈련
  - 표준화(Standardization)
  - 조정 (Moderation)
  - 채점 상황
  - 채점
  - 통계적 분석

채점/등급

결과 타당도

채점 해석
• 차별 타당도
• 교실/ 직장의 역류 효과
• 사회 안에서의 개인적인 효과

이론에 기반한 타당도

채점 가치
• 같은 평가의 다른 버전과의 비교
• 다른 경우에서 같은 시험과의 비교
• 다른 시험/ 측정도구와의 비교
• 미래 수행과의 비교

준거 신뢰도

〈그림 4〉 말하기 평가의 타당화 과정(Weir 2004: 44)

자 하는 구인이 타당한가 하는 것을 말한다. 평가를 통해서 측정해야 하는 말하기 능력은 구체적으로 무엇인가와 관련이 있으며 이는 말하기 능력에 관한 심리적인 실제를 구현하는 의사소통 모형과 관련이 있다. 그는 구인 타당도를 위협하는 가장 큰 두 가지 요인으로 명확하게 드러나지 않는 구인(construct of undre-representation)과 상관없는 구인(construct irrelevance)이라고 했다. 측정하고자 하는 구인이 명확하지 않으면 효과적인 역류 효과(washback effect)를 기대할 수 없으며, 상관 없는 구인은 평가 전체의 타당도를 떨어뜨리기 때문이다. 그러므로 그는 이론 타당도 검증 과정에서은 수험자의 말하기 능력을 추정하기 위하여 측정해야 하는 타당한 구인 선정을 그 목적으로 하며, 이는 말하기 능력을 구성하는 심리적인 실재를 보여주는 의사소통 모델(말하기 모델)을 통한 유추와 추론으로 시작해야 한다고 보았다. 다음으로 정황 타당도는 평가의 과제가 평가가 샘플로 하고 있는 실제 보편적인 상황을 어느 정도까지 대표할 수 있는가를 의미한다. 이는 과제에 필요한 대담자와 언어적인 측면과 함께 평가 상황과 과제 그 자체 기인하는 모든 과제 상황(언어적/대담자 요구 상황, 세팅)을 포함한다. '채점 타당도'[24]는 평가 결과가 특정한 상황에 상관 없이 반복적으로 실시되어도 얼마나 안정적인가, 내용의 샘플링에 있어서 얼마나 일관적인가를 의미한다. 다시 말해 얼마나 오차가 없어서 수험자들 능력에 대한 평가 결과를 얼마나 믿을 수 있는가를 의미하며 과거의 '신뢰도'의 개념을 타당도 안에 포괄시키는 개념이

---

24) 앞서 말했듯 Alderson(1991)을 비롯한 많은 연구자들은 '신뢰도'를 타당도의 하나의 증거로 보는 것으로 보는 것이 적절하다고 주장하여 왔다. 이에 대하여 Weir(2004) '채점 타당도'라는 용어를 제안하였다.

다. 여기서는 '신뢰도'를 '채점 타당도'의 증거로 보고 '신뢰도'의 개념을 살펴보도록 하겠다.

신뢰도(reliability)란 채점 혹은 측정에 있어서의 일관성을 의미한다.[25] 그리고 신뢰도는 통계방법을 통한 신뢰도 계수(reliability coefficient)로 확인이 가능하다. 신뢰도는 크게 수험자 신뢰도, 채점자 신뢰도(Scorer reliability)와 평가 자체 신뢰도(Test reliability)로 나뉜다. 수험자 신뢰도는 학습자와 관련된 요인으로 인하여 관찰 점수가 진점수로부터 어느 정도 벗어나는 지를 의미한다. 수험자의 육체적, 심리적 요인, 시험 요령이나 전략 등이 이 범주에 속한다(H.D. Brown 2004). 채점자 신뢰도는 크게 채점자 간 신뢰도와 채점자 내 신뢰도로 나눌 수 있다. 채점자 간 신뢰도는 동일한 수행에 대하여 여러 명의 채점자가 채점을 한 경우 각각의 채점자들이 비슷하거나 같은 점수를 준 정도를 말한다. 여러 채점자가 같은 점수를 일정하게 주었다면 그 평가는 채점자 간 신뢰도가 높은 것이며 반대로 채점자 간의 채점 결과가 서로 달랐다면 이는 채점자가 신뢰도가 낮다고 볼 수 있다. 채점자 내 신뢰도는 한 채점자가 같은 평가를 시간 차이를 두고 실시하였을 때 두 채점 결과간의 차이의 정도를 보는 것을 말한다. 만약에 같은 채점자가 채점했음에도 불구하고 두 채점의 결과의 차이가 크다면 이는 채점자 스스로가 일관성이 떨어지는 채점을 했음을 의미하면 채점자 내 신뢰도가 낮음을 의미한다. 다음으로 평가 자체

25) Carr(2011: 107)은 엄격히 말해 신뢰도(reliability)는 규준지향평가(norm-referenced test)에서 채점에서의 일관성을 나타내는 개념이며, 목표지향검사(criterion-referenced test)에서의 일관성은 의존성(dependability)이라고 해야 한다고 하였다.

의 신뢰도를 측정하는 방법으로 평가-재평가 방법, 병렬문제 실시 방법, 반분 신뢰도 측정 방법이 있다. 병렬문제 실시 방법은 동일한 측정 도구에 의한 재측정이 아닌 측정하고자 하는 동일한 구인을 포함하는 대등한 두 개의 평가 간의 측정치의 상관 관계를 측정하는 방법이며, 평가-재평가 방법은 동일한 평가 도구를 같은 조건 하에 두 번 실시하여 각각의 측정 신뢰도를 비교하는 방법이다. 그래서 두 평가 간의 상관관계가 높으면 그 평가는 신뢰한 수 있는 것으로, 반대로 상관관계가 낮으면 그 평가는 신뢰도가 낮은 것으로 판단된다. 반분 신뢰도 측정 방법은 측정 도구를 임의로 반으로 나누어 각각 독립된 두 개의 척도로 사용함으로써 신뢰도를 측정하는 방법이다. 그러나 반으로 만들어진 측정 문항들을 동등하게 만들기 어려우며 측정 문항이 적은 경우 사용할 수 없다. 또한 평가-재평가 신뢰도에 의하여 결정된 신뢰도는 기억, 연습 효과로 인하여 진짜 신뢰도보다 과대 추정될 가능성이 있으며, 병렬 문제 측정의 경우는 기억, 연습 효과를 극소화 시키고 문항 표본에서 파생하는 오차도 오차 분산으로 취급하게 된다는 장점이 있으나(송인섭 2002), 실제 그 점수가 학생 능력, 즉, 진점수(true score)를 얼마나 정확하게 측정하고 있는가에 대한 정보는 제공해 주지 못한다(A. Hughes 2003). 이러한 문제점을 해결하기 위하여 내적 일관성 신뢰도 접근법(internal consistency reliability approach)이 개발되었다(Carr 2011). 이는 한 번의 평가를 통하여 평가의 다른 부분들이 어느 정도까지 같은 것을 평가하고 있는지 혹은 어느 정도까지 같은 방식으로 측정하고 있는지를 살펴보는 것을 말한다. 한 평가를 구성하고 있는 문항을 모두 하나의 독립적인 검사로 생각하고 이들 문항들 간의 상관도를 통합하여 검사의 동질성 정도를 규명하는 것을 말하며, 내적 일관성 신뢰도를 평가의 '동질성 계수(coefficient of homogeneity)'라고 한다(강승호·김양근 2004). 최근 말하기 수행 평가에 있어서의 내적 일관성에 대한 정보는 '크론바흐 알파(Cronbach's alpha)계수'를 통한 추정치를 가장 많이 사용하며 통계 기법을 통하여 쉽게 구할 수 있다(Carr 2011).

신뢰도 계수는 .00-1.00 사이의 수로 나타나는데, 가장 이상적인 신뢰도 계수는 '1'이다. 신뢰도 계수가 '1'이라는 것은 그 평가가 다른 어떤 상황에서 다시 보더라도 완벽히 똑같은 결과가 나오는 완벽한 평가로 어떤 오차도 없음을 의미한다. 반대로 신뢰도 계수가 '0'이라는 것은 그 평가와 같은 결과가 두 번 다시 나올 수 없음을 의미하며 평가 결과가 100% 오차에 의한 점수임을 의미한다. 일반적으로는 .7 이상이면 어느 정도 신뢰도가 확보되었음을 의미한다고 보나 몇몇 연구들에서는 평가 영역에 따라 요구되는 신뢰도 계수가 달라져야 한다고 지적하였다.[26] Lado(1961) 는 신뢰할 수 있는 어휘, 문법, 읽기 평가는 .90~.99, 듣기 이해 평가는 .80~.89, 말하기 평가는 .70~.79 범위는 확보해야 하야 한다고 주장하였다. Lado(1961) 는 '.85'라는 신뢰도 계수는 말하기 평가에서는 꽤 높은 신뢰도로 볼 수 있으나 읽기 평가에서는 아주 낮은 신뢰도로 보아야 한다고 하였다(A. Hughes 2003: 39 재인용). 또한 Carr(2011)은 고위험 평가 (High-Stakes test)의 경우 최소한 .8 이상의 신뢰도를 확보해야 한다고 했다. 특히

26) Yoshida(2004)는 비록 전통적인 평가 이론을 기반으로 한 수행 평가에서는 채점자 간 신뢰도를 'r>.70' 기준이면 바람직한 채점으로 받아들였으나, 수행을 기반으로 한 평가에서의 채점자 요인에 대한 연구 결과 채점자가 평가의 오차에 다국면으로 작용하는 것으로 나타나므로 이는 아마 충분하지 않을지 모른다고 지적하였다.

말하기 수행 평가의 경우 과거의 객관식 채점이 정해진 답이 있었던 것과는 달리 전적으로 채점자들의 주관에 의하여 점수가 결정되므로 평가의 신뢰도 확보에 대한 문제가 논쟁거리가 되어 왔다. 말하기 채점에 있어서 모든 채점자가 완벽하게 동일한 채점을 하는 것은 불가능한 일이다. 그러나 최근의 연구 결과들에 의하면 완벽하게 일치하는 채점은 불가능할 지라도 채점자 간에 .9 이상의 충분히 높은 신뢰도를 확보할 수 있다는 것을 보여 주고 있다(A. Hughes 2003). A. Hughes(2003)는 이러한 적절한 신뢰도 범위에 대하여 정해진 적절한 신뢰도는 없으며 이는 평가 개발자나 교사가 자신의 평가 목적에 맞추어 결정해야 한다고 하였다.

여기서 주의할 점은 신뢰도 계수가 .8 이라는 것이 수험자의 점수가 정확할 확률이 80%라는 것을 의미하는 것이 아니라는 것이다. 이는 수험자들의 점수 중 80%는 그의 진점수(true score)를 반영하며, 나머지 20%는 측정 오류(measurement error)에서 기인한다는 것을 의미한다. 모든 측정이론의 기본 개념은 측정이라는 것이 완벽할 수 없다는 것이다. 그래서 모든 측정은 어느 정도의 오차(error)가 있다는 것을 가정하고 있다. 그래서 통계적으로 표준 측정 오차라는 개념을 사용하여 '수험자의 원점수(Row score) = 진점수(true score) + 표준 오차(Standard error of measurement)'라고 간주 한다. 그러므로 이러한 수험자의 진점수를 알기 위해서는 측정에 있어서의 표준 오차(standard error of measurement-SEM)를 알아야 한다. 만약에 어떤 평가에서의 표준 오차가 5.이며, 어떤 수험자의 점수가 56점이라면 다음과 같이 해석할 수 있다. 수험자의 진점수가 51-61점 범위 안에 있을 확률이 약 68%이며, 46-66점 범위 안에 있을 확률은 95%

이며, 41-71점 범위 안에 있을 확률은 99.7%이다. 이처럼 우리는 정확한 진점수를 알 수는 없으나 표준 오차를 활용하여 확률적인 해석을 할 수 있다. 이러한 표준 오차에 대한 정보는 수험자들이 받은 점수와 점수와의 관계를 알려주므로 평가의 신뢰도를 알고자 할 때에는 신뢰도 계수나 상관 계수뿐만이 아니라 표준 오차에 대한 정보도 반드시 확인해야 한다. 즉, 측정에 있어서 평가 자체 신뢰도를 확인하는 것은 이 평가에 얼마나 많은 오차가 있는지를 확인하는 것이며, 이는 평가의 유용성에 대한 정보를 제공해 주고, 더 수용할 만한 수준으로 오차를 줄일 수 있는 노력을 해야 하는지에 대한 판단을 할 수 있도록 해 준다(Carr 2011: 107-108).[27] 그리고 이러한 표준 오차에 대한 정보는 최근의 문항 반응 이론(Item Response Theory)을 통하여 알아낼 수 있으며 이는 수험자 점수가 진점수와 얼마나 거리가 있는가에 대한 정보를 제공해 주는 유용한 통계 이론이다.[28]

A. Hughes(2003)는 어떤 평가가 신뢰하기 어렵다는 것은 궁극적으로 시험 점수로 수험자의 진짜 능력을 추정할 수 없고, 그 점수를 믿을 수 없다는 것을 의미한다고 하며, 신뢰도를 높일 수 있는 방법으로 수험자의 수행 신뢰도를 높이는 방법과 채점에 있어서의 신뢰도를 높이는 방법이 있다고 하였다. 수험자의 수행에 있어서의 신뢰도를

---

27) 일반적으로 문항의 수를 늘리면 평가 자체의 신뢰도는 높아진다. 이는 문항 수를 높임으로써 상대적인 측정 오차를 줄여 평가 자체의 신뢰도를 높이는 것이다. 이때의 문항은 비슷하거나 같은 종류의 문항을 추가해야 하며 이는 신뢰도를 실제보다 과다 추정되게 만들 수 있다.

28) A. Hughes(2003: 42)는 이와 같은 신뢰도의 개념은 채점에 있어서의 일관성에 대한 개념이며 기준지향 평가(criterion-referenced testing)에서는 이러한 채점에서의 일관성의 개념이 아닌 결정에 있어서의 일관성의 개념이 더 적합하다고 했다.

높이는 방법으로는 1) 충분한 수험자 수행에 대한 샘플을 수집할 것, 2) 못하는 학생과 잘하는 학생 사이의 변별력이 없는 문항을 제외 시킬 것 3) 수험자에게 너무 많은 자유를 허용하지 말 것, 4) 모호하지 않게 문항을 제시할 것, 5) 명료하고 명확한 지시문으로 제시할 것, 6) 평가를 잘 배치하고 분명히 읽기 쉽도록 만들 것, 7) 수험자가 평가 방식(format)과 평가 기술(techniques)에 익숙하도록 할 것, 8) 평가 관리를 단일(uniform)하고 흐트러짐(non-distraction) 없이 할 것을 제안하였다. 또한 채점에 있어서의 신뢰도를 높이기 위한 방안으로는 1) 최대한 객관적인 채점을 할 수 있는 문항을 사용할 것, 2) 수험자들 간 최대한 직접적인 방법으로 비교할 수 있도록 할 것, 3) 상세한 채점 요지(scoring key)를 제공할 것, 4) 채점자 훈련을 실시할 것, 5) 채점 시작에서부터 수용할 수 있는 반응과 적절한 점수에 대한 동의 과정을 거칠 것, 6) 수험자들의 이름이 아닌 숫자로 확인하도록 할 것, 7) 다수에 의한 독립적인 채점 과정을 적용할 것을 제안하였다. 수험자 수행에 있어서의 신뢰도를 높이는 방안이란 앞 절의 말하기 수행 평가의 개념에서 제시한 '수행' 과정을 통하여 신뢰도를 높일 수 있는 방안을 보여 주고 있으며, 채점에 있어서의 신뢰도를 높이는 방안은 '평가'과정에서의 신뢰도를 높일 수 있는 방안을 보여 준다고 볼 수 있다.

Weir(2004)은 앞서 살펴본 이론 기반의 타당도와 정황 타당도, 채점 타당도 외에 외부 타당도(external validity)인 '기준 타당도'와 '결과 타당도'도 타당화 과정에 포함시켰다. '기준 타당도'는 같은 능력을 측정한다고 생각되는 외부 기준(external criterion)과 평가 점수 사이의 관계를 증명하는 것을 말하며, 이는 전통적인 개념에서의 '공인 타당도'와 신뢰도에 있어서의 동형 신뢰도(alternate form reliability), '예측 타당도'와 관련이 있다. 결과 타당도는 경험적인 증거와 이론적인 이유 둘 모두로 증명된 평가 점수에 기초한 해석(interpretation)과 행위(action)의 적절성과 타당성을 위하여 꼭 필요한 것으로 취급되고 있다(Messick 1989). 이 기준 타당도는 크게 차별 타당도(differential validity)와 역류 효과(washback effect), 사회적 영향력(effect on society)으로 나눌 수 있다. 차별 타당도는 수험자 그룹에 따라 수행에 대한 평가 점수가 편향적으로 적용되는가 하는 문제를 말하는데,[29] Weir(2004)는 이와 같은 문제는 평가 시행 전 단계에서의 정황 타당도와 이론 타당도 검증 단계에서부터 고려해야 한다고 지적하며 이를 위해서 평가 전, 후 모두에서 평가의 편향성이 있는지에 대하여 검증이 이루어져야 한다고 하였다. 역류 효과란 평가가 평가 외의 교수, 학습과 같은 다양한 상황에 미치는 영향을 말한다. C. J. Weir(2004)는 이에 대하여 평가의 개발 단계에서 미리 긍정적인 역류 효과를 줄 것을 염두에 둔다면 실제 평가의 역류 효과는 더 긍정적일 수 있을 것이라고 지적하였다. 마지막으로 결과 타당도의 마지막 측면은 '사회에 대한 영향'이다. Shohamy(2001)는 평가라는 것이 '중립적'이라고 생각한다면 이는 평가를 오사용함으로써 권력(power)을 남용할 수 있도록 하는 빌미를 제공하는 것이므로, 평가 개발자들은 평가의 힘이 평가의 기술적인 질에 있는 것이 아니라 사회와 정치적 차원에서 그것을 사용하는 데에서 발생한다는 것을 알아

29) Bachman(1990)은 평가의 편향성의 원인으로 '문화적 배경'. 배경 지식', '인지적 특성', '모국어/민족성/나이와 성'이 영향을 미칠 수 있음을 지적하였다.

야 한다고 지적하였다. 또한 그는 평가의 타당도에 대한 연구에서 평가의 '사용'에 대한 연구는 전문성에 있어서의 진실성(integrity)에 중요하다'(C. J. Weir 2004: p214 재인용)고 함으로써 평가의 사회적 영향력에 대한 중요성을 강조하였다.

지금까지 본절에서는 Weir(2004)이 제안한 평가 타당도 검증 과정을 바탕으로 말하기 평가의 타당화 과정을 살펴보았다. 그가 제안한 타당화 과정은 말하기 수행 평가 타당도 검증에 필요로 하는 모든 증거들을 보여주고 있다. 이로 미루어 볼 때 말하기 수행 평가의 타당화 과정은 말하기에 대한 이론적인 검증을 통하여 타당한 구인을 선정하고, 과제를 개발한 후, 실제 말하기 평가를 실시하여 수험자들의 수행 데이터를 정확하고 일관성있는 채점 과정 통하여 점수화하여, 점수화된 평가 결과를 타당하게 해석하여 사용하는 일련의 과정을 의미한다고 볼 수 있다. 그러나 Weir(2004)가 지적하였듯 평가에 있어서의 타당도란 평가가 '타당하다, 타당하지 않다'하는 이분법적인 개념이 아니라 '평가가 얼마나 타당한가'라는 정도의 문제이다. 타당도가 높은 평가가 되려면 앞서 〈그림 4〉에서 제안된 모든 과정에 걸친 타당도의 증거들을 수집하여 그 평가가 어느 정도 타당도가 있는지를 검증해야 할 것이다. 그러나 이와 같은 과정은 한 번에 이루어지는 과정이 아니며 개발 과정과 필요에 따라 단계적나 선택적으로 혹은 순환적으로 이루어지는 과정이다. 객관적으로 타당도가 검증된 평가가 되기 위해서는 이러한 일련의 과정에 있어서 가능한 한 많은 타당도의 증거를 수집하여, 그 평가가 얼마나 높은 타당도를 갖추고 있는지를 증명할 수 있어야 한다. 또한 타당도를 구인 타당도라는 단일화된 개념으로 볼 때 평가가 평가하고자 하는 구인 자체가 타당하지 않으면 이후의 타당화 과정은 무의미해진다. 그러므로 타당화 과정은 평가하고자 하는 구인을 타당하게 선정하는 것으로부터 시작된다고 보아도 무리가 없을 것이다. 그러므로 말하기 수행 평가의 타당도 검증은 수험자의 말하기 능력을 추정할 수 있는 적절한 구인을 선정하는 것을 시작으로 각각의 구인들에 대한 타당화 과정을 통한 검증으로 이루어져야 할 것이다. 본고는 이러한 말하기 수행 평가의 타당화 과정의 일부분으로써 발음 관련 구인들에 대한 타당도 검증을 그 목표로 하고자 한다. 비록 본고에서 말하기 수행 평가의 모든 구인에 대한 타당도 검증을 진행하지는 못하였지만 말하기 수행 평가에 하나의 독립적인 범주로 다루어야 한다고 지적되어 온 발음 범주와 관련한 구인들을 다룸으로써 궁극적으로는 타당도 높은 말하기 수행 평가를 개발하는 데 이바지 할 수 있을 것이라고 본다.

본고는 말하기 수행 평가에서의 발음 관련 구인에 대한 타당도 검증에 초점을 두고자 한다. Weir(2004)는 이론 기반 타당도, 정황 타당도, 채점 타당도, 준거 타당도, 결과 타당도에 대한 검증을 통하여 말하기 수행 평가의 구인 타당도에 대한 증거를 수집할 것을 제안하였다. 본고에서는 다음과 같은 이유로 〈그림 4〉의 타당화 과정 중 발음과 관련한 구인의 이론 타당도 검증과 채점 타당도 검증만을 실시하고자 한다. 첫째, 정황 타당도는 평가 과제와 관련한 타당도로 이에 대한 타당도 검증은 발음 구인에 한정하기 힘들다. 즉 말하기 수행 평가라는 것이 발음 구인뿐만이 아닌 다른 말하기 능력과 관련한 구인들을 측정하므로 과제 관련한 타당도는 발음 관련한 구인에 한정하여 진행하는 것은 부적절하고 보고 이는 논외로 하고자 한다. 그러나

Weir(2004)가 지적하였듯 정황 타당도는 이론 기반 타당도와 채점 타당도와 함께 상호작용하여 구인 타당도에 영향을 미치게 된다. 이를 고려하여 본고에서는 평가 과제는 과제 특성 중 채점 타당도 검증을 위한 과제의 특성에 한하여 살펴보도록 할 것이다. 둘째, 준거 타당도와 결과 타당도는 실제 말하기 수행 평가의 결과가 점수화 된 후 이들 점수가 타당하다는 전제 하에 이들 점수의 해석과 사용과 관련된 타당도를 의미한다. 이들 타당도는 평가가 사용되는 평가 사용자, 평가 사용처를 고려하여 타당도 검증을 실시하여야 한다. 그러나 본고는 아직까지 실시되고 있는 평가가 아니므로 이에 대한 타당도 검증은 논외로 하고자 한다.

이와 같은 이유로 본고는 발음 관련 구인에 대하여 이론 타당도와 채점 타당도 검증만을 실시하고자 한다. 이를 위하여 먼저 이론 기반 타당도 검증으로 발음과 관련한 구인에 대한 이론적 검증을 실시하여 발음과 관련하여 평가해야 하는 구인들을 선정하고, 이를 바탕으로 말하기 수행 평가를 실시하여 각각의 구인들에 대한 채점 방안을 제안하여, 이 방안에 대한 사후 채점 타당도 검증을 실시할 것이다.[30] 앞서 Weir(2004)가 제안한 말하기 수행 평가의 타당화 과정을 기반으로 이를 구체화 시키면 다음 〈그림 5〉와 같다.

30) Carr(2008)은 그래프와 기술 통계학(descriptive statics)은 어떤 평가가 적절한지 결정하는데 도움을 주며, 같은 공식으로 여러 다른 유용한 정보들을 계산하는데 사용할 수 있고, 평가 윤리와 관련하여서도 정확하게 그리고 가능한 의미 방식으로 평가에 대한 정보를 제공해 줄 수 있으므로 평가에 있어서의 통계와 이를 통한 정보 제공이 중요하다고 주장하였다.

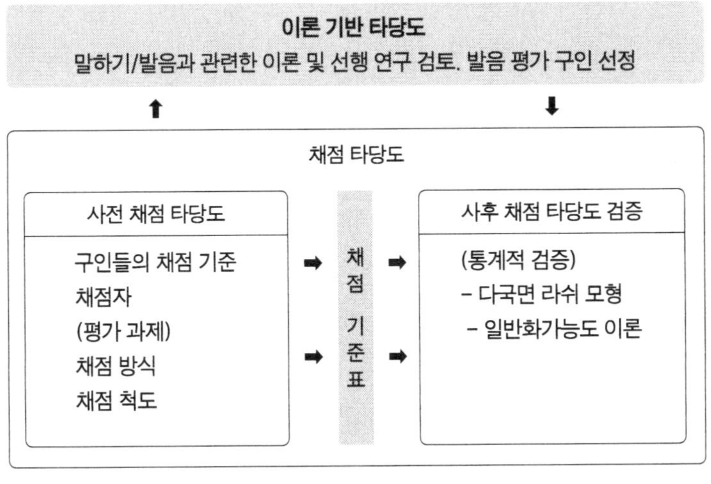

〈그림 5〉 본고에서의 발음 범주 타당화 과정

본고에서 진행한 발음 범주 채점에 있어서의 타당화 과정은 위의 〈그림 5〉와 같이 정리해 볼 수 있다. 제일 먼저 이론을 기반으로 한 타당도 검증을 통하여 말하기와 발음의 특성과 평가와 관련한 이론, 연구들을 바탕으로 타당한 발음 능력 평가를 위한 구인을 선정할 것이다. 타당하게 선택된 구인은 이후의 타당화 과정과 평가 결과의 추정과 해석을 공고하게 해 줄 수 있다.

다음은 채점 타당도 검증을 통하여 각각의 구인들을 채점하는 방법에 대한 검토를 한 후 그 채점 방법으로 실제로 타당하고 신뢰할 수 있는 채점이 가능한지에 대한 객관적인 검증을 실시할 것이다. 이를 위하여 채점 타당도 검증은 사전 채점 타당도 검증과 사후 채점 타당도 검증 단계로 나누어 진행하도록 할 것이다. 사전 채점 타당도 검증을 통하여 발음 채점과 관련한 이론과 연구들을검토하여 발음 범주 채점을 위한 구체적인 채점 방안을 모색해 볼 것이다. 이는 앞 단계에서 선정된 발음 평가 구인들과 함께 모두 '채점 기준표'에 반영되어 채점자들의 채점을 하는 도구로 사용할 것이다. 즉, 이론 기반 타당도 검증과 사전 채점 타당도 검증 단계를 통하여 제안한 발음 평가 구인, 발음 평가 기준, 발음 평가 척도, 평가 방식을 사용하여 '채점 기준표'로 구현할 것이다. 타당도가 검증된 채점 기준표의 중요성은 말하기 수행 평가와 관련된 연구들에서 자주 지적되어 왔다. North(2000)는 채점 기준표라는 것이 '불완전 이론(incomplete theory)를 기초로 하여 적은 단어로 복잡한 현상을 묘사하는 것이라 그 개발이 쉽지 않다고 지적하였다. 그는 이와 같은 어려움이 근본적으로 언어 학습에 대한 확고한 증거의 결핍과 그것을 쉽게 사용하기 위하여 짧은 문장으로 요약해야 하기 때문에 비롯된다고 하였다.[31] 그러므로 채점 기준표는 그것이 사용되기 전에 객관적인 타당도 검증 단계를 거침으로써 평가 개발자의 믿음 그리고 언어 학습에 대한 가정들을 반영하여(Luoma 2004) 개발되어야 하며, 이를 통하여 수험자의 수행을 채점하는 데 있어서 수험자가 무엇을 할 수 있는지, 얼마나 잘 할 수 있는지에 대한 정보와 점수에 대한 해석, 추정의 기반을 제공해 줄 수 있어야 할 것이다.

그러나 아무리 탄탄한 이론적 검증을 거쳐 개발된 채점 기준표라고 할지라도 그 자체만으로 완벽할 수는 없다. 사후 타당화 과정을 거침으로써 실제 이 채점 기준표를 사용하여 평가하고자 하는 구인들에

31) Luoma(2004)는 이와 같은 객관화된 채점 기준표의 개발의 어려움으로 인하여 많은 몇 개의 채점 기준표(criterion)만이 공개되어 사용되고 있다고 지적하였다(p60).

대한 평가 결과가 타당하다고 볼 수 있는가에 대한 검증이 필요하다. 즉, 사후 채점화 과정으로 이전 단계에서 선정한 발음과 관련한 구인과 평가 기준, 평가 과제, 평가 방법 등이 타당하게 작용하여 발음 능력 평가 결과에 정확하고 타당성 있게 반영되고 있는가에 대한 검증 과정이 요구된다. 또한 평가 점수의 일반화 가능성에 대한 검증이 필요하다. 이를 통하여 구인에 대한 평가 점수가 실제로 다른 상황에서도 얼마나 일반화할 수 있는지에 대한 추정이 필요하기 때문이다. 만약 사후 채점 타당도 검증 결과에 문제가 있다면 이전 단계에 문제가 있음을 의미하며 이에 대한 재고와 수정이 필요하다. 최근 영어 교육에서는 실증적인 방법을 사용하여 사후 채점 타당도 검증에 대한 연구들이 활발히 진행되고 있다. 특히 최신 통계 방식이라 불리는 일반화가능도 이론과 다국면 라쉬 모델을 활용한 통계 기법을 사용하여 채점 기준표의 신뢰성과 타당도를 검증하려는 연구들이 주목 받고 있다. McNamara(1996)는 지금까지의 채점 기준표가 경험과 직관에 의하여 개발되어 왔음을 지적하며 다국면 라쉬 모델을 이용한 채점 기준표의 개발의 예와 방안을 제시하였다. Yoshida(2004)는 일반화가능도 이론, 다국면 라쉬 모델 등을 사용하여 영어 발음 평가를 위한 채점 기준표를 제안하였으며, North(2000)는 다국면 라쉬모델을 사용하여 언어 숙달도 평가를 위한 일반적인 채점 기준표를 제안한 바 있다. 국어 교육에서도 조재윤(2008)은 일반화가능도 이론을 사용하여 국어과 말하기 수행 평가 채점 기준표를 제안하였다. 한국어 교육에서도 근래들어 비록 몇 안 되나 이러한 통계를 사용한 타당도 검증에 대한 연구들이 진행되었다. 이은하(2007)는 통계적 방법을 사용하여 학문목적의 한국어 학습자의 말하기 수행 평가를 위한 분석적 채점 척도를 제안하였다. 김성숙(2011)은 전통적 통계 방식과 일반화가능도 이론 다국면 라쉬모델을 사용하여 유학생들의 글쓰기 수업 반편성을 위한 학문 목적 쓰기 채점 기준표를 제안한 연구를 진행하였다.

본고에서는 이와 같이 Weir(2004)가 제안한 말하기 수행 평가 타당화 과정 중 일부로서 이론기반 타당도 검증과 채점 타당도 검증을 실시할 것이다. 그러나 〈그림 5〉의 사전 채점 타당도에 Weir(2004)와는 다르게 '과제 타당도 검증'이 추가된 것을 볼 수 있다. 본고에서는 정황 타당도 검증을 논외로 하였으나 과제 국면은 채점 타당도와 밀접한 관련을 가지고 상호작용을 하며 채점 타당도에 영향을 미칠 수 있다고 보고 발음 채점에 영향을 미칠 수 있는 과제의 특성에 한정하여 채점 타당도 검증 과정에서 다루고자 한다. 이는 채점 결과에 대한 타당도 검증에 있어서 평가 과제가 발음 채점에 적절한지 그리고 과제 유형과 난이도가 발음 채점에 어떤 영향을 얼마나 미치는지에 대한 검증에 제한하였다. 그러므로 본고에서의 사전 채점 타당도 내의 평가 과제 타당도가 평가 과제 전체의 타당도를 의미하는 것은 아님을 유의할 필요가 있다.

본고에서는 말하기 수행 평가에서의 발음 범주에 한정하여 다음과 같은 타당화 과정을 진행하고자 한다. ① 먼저 지금까지 사용되어 온 발음 평가 구인들을 살펴보고 그 이론적인 타당성을 검토할 것이다. ② 다음으로 발음 평가에서 평가 되어 온 발음 평가 기준, 평가 척도, 평가 방법들을 이론적으로 검토해 볼 것이다. 그리고 다음 장에 이어 ④ 앞서 제안한 발음 채점 기준표를 사용하여 실제 말하기 수행 평가를 실시, 그 결과를 채점자들에게 채점하게 한 후, 그 채점 결과를 ⑤ 다국면 라쉬 모형을 사용하여 발음 평가 결과에 영향을 미치는 국면들에 대한 타당성을 검토할 것이다. 그리고, ⑥ 그 결과를 바탕으로 부적합하거나 과적합한 국면들을 제거한 원점수를 사용하여 일반화가능도 이론을 적용을 해 보고 이를 바탕으로 발음 평가에 있어서의 일반화가능도를 살펴 발음 평가 점수의 일반화가능성의 정도를 살펴본 후, 효율적인 일반화가능도 계수 확보를 위한 최적화 조건을 탐색해 볼 것이다.

Ⅲ

발음 범주의 이론 기반 타당도와 사전 채점 타당도 검증

Ⅲ 발음 범주의 이론 기반 타당도와 사전 채점 타당도 검증

본 장에서는 말하기 능력에서의 발음 능력에 대한 이론들을 검토해 봄으로써 말하기 평가에서의 발음 평가의 위치를 살펴본 후, 발음 평가에 대한 이론과 연구들을 정리하여 발음 평가에서 발음 능력을 측정을 위한 구인들을 선정해 보도록 할 것이다. 이를 통하여 후에 실제 말하기 평가에서의 발음 능력에 대한 평가 결과의 정확한 추론과 해석의 기반을 마련하고자 한다. 그리고 다음으로 구체적인 발음 채점에 있어서의 채점 기준과 채점 유형과 방법, 평가 과제에 대하여 지금까지의 이론과 연구들을 살펴봄으로써 이를 반영한 이론적으로 검증된 채점 방안을 제안해 보도록 할 것이다.

가. 발음 범주 채점의 이론 기반 타당도 검증

Weir(2004)는 타당화 검증 과정에 있어서의 사전 타당화 과정의 중요성을 역설하면서 이론 기반 타당도 검증의 중요성을 강조하였다. 이론을 기반으로 한 타당도 검증 과정은 말하기 평가 전반에 대한 이해와 함께 측정해야 하는 구인이 무엇인지를 확실하게 해 줄 수 있기 때문이다. 본 절에서는 대부분의 일반 목적의 말하기 수행 평가에서 모델로 하고 있는 의사소통 모델들을 살펴봄으로써 평가 전반에 있어서의 발음 범주의 위치를 확인하고 수험자들의 발음 능력을 추정하기 위하여 측정하여야 할 평가 구인을 선정해 보도록 할 것이다. 이러한 타당한 구인의 선정은 이후의 타당화 과정의 타당도 추정과 이에 대한 해석의 근간이 될 것이다.

1. 말하기 수행 평가에서의 발음 범주

현재 말하기 수행 평가의 형태로 진행되는 대부분의 일반 목적의 말하기 평가는 Canale & Swain(1980), Bachman(1990), Bachman & Palmer(1996) 등이 제안한 대표적인 의사소통 모델을 기반으로 하고 있다.[1] McNamara(1996)는 이러한 모델들이 수험자 개개인의 능

---

1) 언어 평가는 언어 능력(language competence), 언어 숙달도(language proficiency), 혹은 의사소통 언어 능력(communicative language ability)라고 다양하게 불리는 모델(model)에 의존해 왔다(Fulcher & Davidson 2007: 36). McNamara(1996: 48)는 언어 능력에 관한 모든 모델은 언어를 안다는 것은 무엇을 의미하는가(지식에 대한 모델), 언어 사용 능력과 관련 있는 기저의 요소들(수행에

력에 대한 평가 점수를 통한 추론을 위한 '이론적인 설명'을 명확하게 할 수 있도록 도와 준다고 하였다. 왜냐하면 평가자들은 각각의 평가 영역에서의 '점수의 의미 → 틀(framework)에서의 의미 → 의사소통 능력 모델(model)에서의 의미'로 거꾸로 추적하게 되기 때문이다. 이러한 의사소통에 대한 이론적인 모델은 언어 능력이란 무엇인가에 대한 관점과 말하기 능력이 무엇으로 구성되어 있는지를 보여주는데 이에 대한 관점의 변화에 따라 말하기 구성 요소에 대한 관점도 변화를 겪어 왔다. 여기서는 대표적인 의사소통 모델들을 정리해 봄으로써 의사소통 모델들에서 발음 범주가 어떻게 취급되어 왔는지 살펴보고 발음 범주의 위상을 확인해 보도록 하겠다.

의사소통 교수법이 대두되어 말하기 수행이 강조되기 전부터 말하기 능력은 이를 구성하는 하위 범주들에 대한 정의로 이루어져 왔다. Lado(1961)나 Caroll(1961, 1968)은 언어 능력이 여러 가지 기능과 여러 가지 요소로 구성되어 있다고 주장하였다. 기본적으로 언어 능력은 말하기, 듣기, 읽기 쓰기로 구성되어 있고 이들은 각각 다른 하위 요소인 음성과 문자에 대한 지식, 언어 구조에 관한 지식, 어휘 지식, 이들 지식의 사용에 있어서의 유창성으로 구성되어 있다고 보고 다음과 같이 언어 능력의 16개 하위 요소를 제안하였다.[2)]

대한 모델)이 무엇인가, 언어 사용에 대한 특수한 경우들을 우리가 어떻게 이해하는가(실제 언어 사용)에 대한 내용들을 포함하고 있다고 하였다.

2) 그러나 이와 같은 관점은 언어의 역동적인 실제 사용 측면을 간과하고 언어 사용의 일부 측면만을 고정된 시각으로 보기 때문에 신뢰도는 높아도 타당도는 매우 낮은 평가가 될 수밖에 없다는 지적과 함께 한 때 결국 이러한 평가 방식이 문맥과 떠나서 이루어진다고 비평하며 언어 능력은 분리 평가 될 수 없는 상호작용 능력의 총체라는 주장하는 연구자들이 나타났었다. 그러나 이처럼 언어 능력을 하나의 능력으로 보는 입장은 각각의 능력들이 동시에 동일하게 발달하지 않는다는 연구

〈표 4〉 Harris(1969:11)의 16개의 언어 능력 구성 요소

구성요소	언어 기술(Language skill)			
	듣기	말하기	읽기	쓰기
음운/철자				
구조				
어휘				
속도와 일반적 유창성				

이와 같이 언어 능력을 하위의 기능들로 정의하려는 노력은 계속 이어져 Hymes(1972)를 비롯한 Widdowson(1989), D.S. Taylor(1988), Bialystok & Smith(1985) 등의 많은 연구자들이 언어 능력을 시각적으로 모형화하였다(McNamara 1996 참고).

의사소통 능력(competence)		수행
지식	사용 능력	

〈그림 6〉 Hymes의 의사소통 능력 모형(McNamara 1996)

McNamara(1996: 59)는 이들 모형 중 Hymes 모형이 대표적으로 최근의 의사소통과 관련한 언어 평가와, 말하기 수행 평가, 능숙도 운동(proficiency movement)의 이론적 근거를 제안해 주고 있다고 하였다. 그는 다음 두 가지를 Hymes 모형의 중요한 의의로 지적하였다.

결과들에 의하여 비판을 받았다. 예를 들어 말하기를 잘하는 학습자가 쓰기와 읽기까지 잘하는 것을 아니라는 연구결과들이 발표되었다. 결국 이렇게 언어 능력을 하나로 보는 입장은 다시 비판을 받았고 결국 언어 능력은 여러가지 하위 능력들로 이루어져 있다는 논의가 지지를 받게 되었다.

첫째는 언어 말하기 수행 평가를 이해하는 데 도움을 줄 수 있는 언어 지식(knowledge)과 언어의 실제 사용 능력(ability for use)의 차이점을 구별하였으며, 둘째, 과거에 언어 능력을 이해하는 데 가장 큰 영향을 미친 촘스키의 언어 능력(competence)과 수행(performance)을 세분화 하여 실제 수행(actual performance)과 잠재적 수행(potential performance)로 구별했다는 점이다. 이와 같은 Hymes의 관점은 이후의 의사소통 접근법의 대두와 함께 실제 수행을 강조하는 주장의 근간이 되었다.

의사소통 능력	실제 의사소통
지식(knowledge)과 기술(skill)	
문법적 능력　사회언어학적 능력　담화 능력　전략 능력	언어 사용의 경우들

〈그림 7〉 Canale(1980)의 의사소통 구성 요소 모형(1983a,1983b)

Canale & Swain(1980)은 '의사소통 능력(communicative competence)'이라고 하는 가장 영향력 있는 모델을 제안하였다(Fulcher & Davidson 2007). 이들은 지금까지 연구자들이 의사소통 능력을 어떻게 정의하였는지를 정리하면서 의사소통 능력이 '문법적 능력, 혹은 문법 규칙에 대한 지식, 그리고 사회 언어학적인 능력 혹은 언어 사용 규칙에 대한 지식'이라고 정의되어 왔다고 하며, 여기에 사회언어학적인 능력을 추가하였다. 그리고 의사소통 능력(communicative competence)과 의사소통 수행(communicative performance)을 구별했다. 여기서는 의사소통 수행을 실제 의사소통에서의 사용만으로 제한했다. 또한 평가에서는 지식 측정과 동시에 의사소통 수행이 요구되는 과제를 통한 의사소통 수행 능력 두 영역을 모두 평가해야 한다고 지적했다. 이는 지필 평가로는 수험자의 정확한 언어 능력을 측정하는 데 한계가 있다는 것에 대한 이론적 근거를 제공해 주었다(Fulcher & Davidson 2007).

의사소통 능력				실제 의사소통 수행
지식(knowledge)과 기술(skill)				언어 사용의 경우들
문법적 능력	사회언어학적 능력	담화 능력	전략 능력	

〈그림 8〉 Canale(1983b)의 의사소통 구성 요소 모형(1983b)

Canale(Canale 1983a,1983b)은 1983년에 이전에 본인이 제안한 의사소통 능력의 개념을 확장한 모델을 제안하였다. 여기서는 '수행(performance)'이라는 말을 사용하자 않고 '실제 의사소통(actual communication)'이라는 용어를 사용하여 의사소통 능력이란 지식(knowledge)과 실제 의사소통에서 상호 작용 할 때 사용하는 기술(skill) 모두를 의미한다고 하였다. 여기서는 이전의 Canale & Swain(1980)의 모델을 확장하여 의사소통 능력이 문법적 능력, 사회언어학적 능력, 담화 능력, 전략 능력과 그것들을 실제 의사소통 상황에서 활용하는 기술로 구성되어 있다고 보고, 이 모델에서 문법적인 능력(Grammatical competence) 하위에 문법, 어휘, 형태론적, 통사적, 의미론적 지식과 함께 음운(phonology) 지식이 포함된다고 보았다.

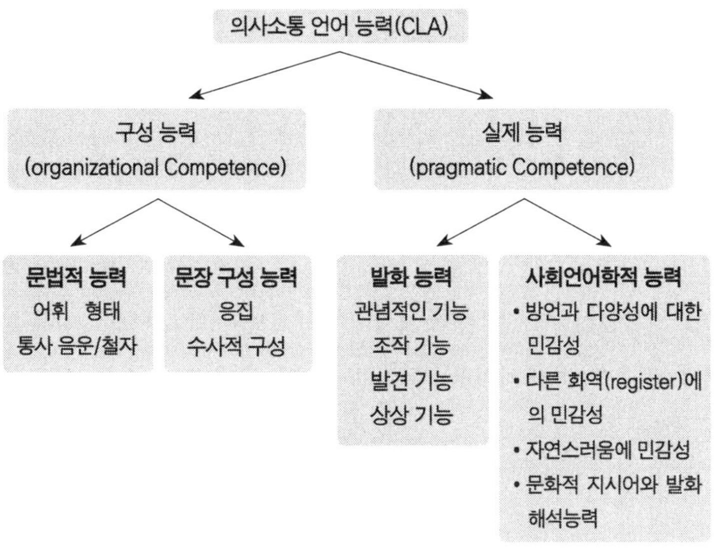

〈그림 9〉 Bachman의 의사소통 모델(1990: 85)

1990년대 들어 주목 받은 모델은 Bachman의 견해이다. 그는 예전의 모델과는 다르게 '지식'이 무엇으로 구성되어 있는지, 그리고 '기술'이 무엇으로 구성되어 있는지 구분하였다. 그리고 각각의 요소들이 서로 간에 혹은 언어 사용 상황과 상호작용하는 과정을 나타내려고 노력하였다(Bachman 1990: 81). Bachman은 능력(competence)이라는 용어 대신에 의사소통적 언어 능력(CLA: Communicative language ability)이라는 용어를 사용하였는데 이 의사소통 언어 능력은 다양한 능력(competence)로 구성되었다고 보았다. 이 중에서 음운(phonology)은 철자, 문장 구성 규칙, 형태소 규칙, 어휘와 함께 독립적으로 문법 능력의 한 구성 요소를 이루고 있다고 보았다. 이 문법적 능력은 문장 구성 능력과 함께 구성 능력을 구성하며, 이 구성 능

력은 실제 능력과 함께 의사소통 언어 능력의 일부분을 구성하고 있다고 보았다.[3)]

지금까지 살펴본 대표적인 의사소통 모델들을 통하여 음운에 대한 지식[4)]은 문법 지식의 일부분으로써 언어의 실제적인 수행(actual use)의 근간이 되는 지식으로 작용하는 것을 볼 수 있다. 말하기 수행 평가는 수험자들의 이러한 지식들의 실제적 사용 능력을 평가하는 것이다. 그러므로 말하기 수행 평가에서 평가하는 '발음'이라고 함은 이러한 음운에 대한 지식을 실제로 사용하는 능력(산출 능력)으로 볼 수 있다. 또한 발음 평가는 수험자들의 발음 수행을 통하여 수험자가 가지고 있는 음운적 지식을 추론하는 과정으로 이해할 수 있다.

지금까지 살펴본 모델은 가장 추상적인 수준으로서 우리가 현재까지 이해하고 있는 언어 능력에 대한 보편적인 구성 요소들을 알려 주는 이론적인 것이다. 이러한 의사소통 능력이나 수행에 대한

---

3) Bachman의 이 모델은 1996년에 Bachman & Palmer(1996)에 의하여 수정되었다. 이는 Bachman(1990)의 기본 모형을 유지하면서 약간 변형한 것으로 언어 교수·평가 상황을 염두에 두고 제시한 것이다 Mc Namara(1996: 72)는 이 모델이 기존의 모델과 큰 차이를 다음 세 가지로 제시하였다. 첫째, 언어 사용에 있어서의 정의적인(비-인지적) 요인을 소개했다. 둘째, '지식 구조(knowledge structure)' 대신에 '화제 지식(topical knowledge)'이라는 용어로 사용하였다. 셋째, 전략적 능력을 초인지 전략의 한 세트(set)로 재개념화하였다. 또한 Bachman & Palmer(1996)는 Bachman(1990)의 기본 모형을 유지하면서 평가 상황을 염두에 두고 약간 변형하여 전 모델의 능력(competence)이라는 용어를 지식(knowledge)로 바꿔 사용했다. 그러나 이 두 용어를 구분 지어 사용하고 있지는 않다. 이들은 언어 능력은 기본적으로 언어 지식(language knowledge)와 여러 가지 전략 능력(strategic competence)의 합이라고 보았다.

4) 좀 더 정확히 설명하자면 발음을 하기 위해서는 '음운'지식을 충분이 갖추어야 하며 이것이 발화되면서 발화 능력인 '발음'표현되는 것이라고 볼 수 있다. 즉 우리가 평가하고자 하는 '발음'이라는 것은 '음운'에 대한 지식(knowledge)을 '발음 능력(skill, competence)의 수행하는 것이라고 볼 수 있다.

모델은 평가 점수가 무엇인지를 알아내는 중요한 기초를 제공해 주고 점수가 다른 수행(performances)들에 어느 정도까지 일반화될 수 있는 가를 결정할 수 있도록 도와 주며, 평가자가 추론을 하기 위해 필요한 풍부한 증거들을 제공해 준다(Fulcher & Davidson 2007: 50). 그러나 Fulcher & Davidson(2007: 36)은 위에서 살펴본 모델(model)과 평가의 틀(assessment framework) 그리고 평가 세역(test specification)을 구별해야 한다고 지적하였다. Fulcher 외는 모델은 가장 상위의 추상적인 것이고, 평가 세역은 일반적으로 청사진이나 혹은 평가의 상세한 계획을 말하며, 평가의 틀은 이 둘을 중재해 주는 역할을 하는 것이라고 했다. 즉, 만약에 모델이 우리가 언어 지식(language knowledge)이나 언어 사용(language use)에 대하여 아는 모든 것을 묘사한 것이라면, 평가의 틀은 모델에서 실제 평가가 처한 특수한 상황과 관련된 것만 뽑은 것이다. 그래서 하나의 모델에서 여러 개의 평가 틀이 나올 수 있으며, 모델의 어떤 측면들은 언어 사용에서 특정한 영역이나 상황에서는 상관이 없는 경우들이 있거나, 제한으로 인하여 측정할 수 없을 수도 있다. 이는 이러한 의사소통 모델만 가지고는 실제 평가 항목이나 과제를 만들기 힘들다는 것을 의미한다(Davidson & Lynch 2002: 4장 재인용, Fulcher & Davidson 2007 참고). 그러므로 실제 평가는 이들 중에서 각각의 평가 목적과 상황에 맞게 취사선택할 필요가 있다. 아래 〈표 5〉은 이와 같은 모델들이 실제 평가에 반영된 예로 볼 수 있다. 비록 모델들에서 제안하는 모든 언어 능력을 세부 평가 영역으로 측정하고 있지 않으나 이는 각각의 평가의 특성에 따라 취사 선택된 결과로 볼 수 있다.

〈표 5〉 현행 외국어 말하기 평가와 평가 범주의 예

평가	평가 범주
KPT 한국어 말하기	문법적 능력(음운, 어휘, 문법), 담화적 능력, 화용적 능력(기능, 사회문화적 능력)
GST [5]	내용, 문법, 유창성, 어휘, 발음
MATE [6]	과제 수행 능력 및 기능, 적절한 맥락과 내용, 정확성[7], 구문형태
ESPT [8]	유창성, 정확성, 이해도(comprehension), 발음
ACTFL-OPI [9]	어휘, 문법, 발화(utterance), 발음, 전체적 인상
IELTS[10]	유창성과 일관성, 어휘 재료(lexical resource), 문법적 범위(grammatical range)와 정확성, 발음
TOEIC speaking[11]	발음, 억양과 강세, 숙달도(문법, 어휘, 내용의 일관성, 내용의 완성도)
Cambridge Oral Exam	유창성, 문법, 의사소통 상호작용, 어휘, 발음
SPEAK[12]	유창성(comprehensibility), 발음, 단어, 문법
TSE[13]	발음(comprehensibility), 유창성, 문법

5) GST 시험에서 각 파트에 대한 수험자의 답변은 영역별로 0~4의 5개의 척도로 평가된다. 0은 최하점으로 수험자가 응답을 하지 않았거나 무엇을 말해야 하는지 모르는 경우를 나타내며, 1은 과제에 대한 미숙한 수행, 2~3은 비교적 원활한 수행을 나타내며 4는 최고점으로 완성도 높은 과제수행을 의미한다. 평가 점수는 백분율로 표시되며 수험자가 100%를 충족하지는 못하지만 척도3(수행도 75%)보다는 월등히 높은 수행을 보였다고 판단되는 경우 별도로 90% 또는 95%로 표시되기도 한다.

6) MATE(Multimedia Assisted Test of English)는 ACTFL-OPI방식과 CAL(Center for Applied linguistics)의 SOPI(테이프 녹음을 사용한 말하기 인터뷰 평가)방식을 한국의 상황에 맞게 응용, 개발한 영어 말하기 능력 평가 도구이다. 평가 방식은 컴퓨터에 수험자의 발화 내용을 녹음하는 방식의 CBT의 일종이다. 수험자들은 25분 동안 준비과제, 그림 중심 과제, 주제 및 상황 중심 과제의 3영역의 8개의 과제를 수행하게 된다. 준비시간과 응답시간은 과제의 난이도에 따라 다르다.

〈표 5〉를 통하여 현행되는 평가들을 보면 모든 평가에서 어떤 형태로든 발음 범주를 포함하고 있다는 것을 볼 수 있다. 비록 각각의 평가 범주 안에서 구체적으로 발음의 어떤 측면을 평가하는지에 대해서는 다를 수 있으나 독립적인 범주로 발음을 다루고 있는 것을 볼 수

---

7) 정확성 영역에서는 수험자가 상대방에게 자신의 메시지를 얼마나 잘 전달하고 이해시키느냐를 평가한다. 화자의 발음과 유창성, 어휘와 문법, 사회 · 실용적 능력을 평가한다. 구체적으로 '발음(Pronunciation)'은 강세 및 억양, '유창성(Fluency)'은 말의 속도와 문장 연결 능력, '어휘(Vocabulary)'는 화자가 사용 가능한 단어의 범위와 적합성, '문법(Grammar)'은 단어 형태에 대한 지식과 문장 구성 능력, '사회 · 실용적 능력(Socio-pragmatic Competence)'은 영어 사용 문화권에 대한 지식을 말한다.

8) ESPT(English Speaking Proficiency Testing)는 CAT(컴퓨터 적응 평가)방식으로 평가하는 시험이다. 수험자는 25분간 'Yes/No 질문, 선택형 질문, 개인적인 정보, 그림 묘사하기, 방향 이야기하기, 기본 생활 상황, 설득하기, 상황에 맞는 답변하기, 읽고 이야기하기'의 9개의 영역의 14문항에 답하게 된다. 평가 내용은 영어권 환경의 일상 생활에서 겪을 수 있는 내용과 대처 능력으로 구성된다. 1000점 만점 점수로 5개의 등급과 세부 2단계로 나뉘어 평가한다.

9) 면대면 인터뷰 방식의 대표적인 평가로 초급(8-12분), 중급(12-18분), 고급(18-25) 분간 '준비단계, 레벨 확인 단계, 탐색 단계, 마무리 단계'의 인터뷰를 통하여 수험자 언어의 양과 질로 훈련받은 평가자에 의한 평가가 이루어진다. 총 초급, 중급, 고급의 각각 3단계와 최고급 간계로 10단계로 평가한다.

10) IELTS(International English Language Testing System)는 영어권 국가로의 이민, 유학, 취업을 목적으로 하는 수험자를 대상으로 하며 학문목적 모듈과 일반 모듈로 나뉘어 수험자가 선택하게 된다. 말하기 시험은 10-15분간의 면대면 인터뷰로 이루어지며 '소개와 인터뷰, 개인적인 말하기, 쌍방향 토론'의 세 가지 영역에 걸친 인터뷰를 통하여 1-9점 사이의 점수와 등급을 받게 된다.

11) TOEIC Speaking은 TOEIC(Test Of English for International Communication)과는 별개의 시험으로 영어를 모국어로 하지 않는 수험자를 대상으로 하며 iBT(인터넷 기반 평가), CBT(컴퓨터 기반 평가), MBT(이동전화 기반 평가)의 다양한 방식으로 시행되며 인터넷을 매개로 ETS인증센터 컴퓨터로 문제와 수험 결과를 전송하여 이루어진다. 수험자는 20분간 11개의 문항에 답하게 되며 총 200점으로 8단계의 등급을 받게 된다.

12) Speaking Proficiency in English Assessment Kit

13) Test of Spoken English

있다. 장경희(2006)도 '국민의 국어 능력 검정'을 위한 말하기 능력 측정 도구 개발을 위한 기초 연구로 기존의 외국어 교육에서 사용되고 있는 말하기 평가의 범주들을 분석한 결과 여러 평가에서 발음은 독립된 평가 항목으로 제시되고 있다고 하였다.[14)]

다음으로는 한국어 교육에서 실시되고 있는 공인된 말하기 평가는 앞의 〈표 5〉에서 제시한 제시한 KPT 한국어능력시험뿐이므로, 한국어 교육 관련 연구자들에 의하여 제안된 말하기 평가에 대한 논의를 통하여 한국어 말하기 능력 평가 범주에 대한 방안을 어떻게 제시하고 있는지 살펴보도록 하겠다.

〈표 6〉 한국어 말하기 능력 평가 범주에 관한 연구들[15)]

구분	한국어 말하기 능력의 평가 범주
원진숙(1992)	문법적 언어능력(<u>발음</u>, 어휘, 형태/통사) 담화구성 능력(내용, 표현단위, 언어 기능, 응집 장치, 수사법, 유창성) 사회언어학적 능력(상황과 청자, 화자에 맞는 사용, 문화적 지시어 사용)
공일주(1993)	말의 기능, 맥락 내용, 담화형, <u>**정확성**</u>

14) 그러나 장경희(2006)의 연구에서는 발음은 평가 항목이 아닌 평가 층위이므로 독립된 평가 항목으로 설정되는 것이 문제가 있다고 지적하였다. 이 연구에서는 한국인을 대상으로 한 표준 발음 사용 여부에 대한 평가는 문법 영역, 적절한 강세와 어조를 사용하는지는 다양성 영역, 더듬지 않고 말을 하는가는 유창성 영역에서 평가해야 한다고 제안하였다. 그러나 이 연구는 모국어 화자의 모국어 능력을 평가하기 위한 평가 항목을 제안한 연구로 본 연구에서 다루고자 하는 외국어 교육에서의 평가에서 이와 같은 의견을 그대로 받아들이기는 힘들다.

15) 연구에 따라 유창성 범주에 '음운적 요인(발화 속도, 휴지 등)'을 포함시키지 않은 경우 본 연구에서 보고자 하는 음운적 유창성과 상관이 없으므로 '굵은 글씨'에서 제외되었다.

김정숙 외 (1993)	문법적 언어 능력(**발음**, 어휘, 문법) 담화구성능력(내용, 논리성, 기능 수행, 응집 장치 및 수사법, 유창성) 사회언어학적 능력(공식비공식상황, 경어법, 문화적 지시어)
김양원 (1993)	문법적 능력(어휘, 구사력, 통사, **음운**) 담화구성능력(담화유형 구사, 논리성 및 일관성, 수사적 표현, 유창성, 사회언어학적 능력) 사회언어학적 능력(관용표현, 사회문화적 규칙 및 어휘 사용력 경어법, 상황 인식 및 처리 능력) 전략적 능력(문제 해결능력, 성취능력, 몸짓, 표정, 태도)
전은주(1997)	문법 능력, 어휘 능력, **발음 능력**, 담화구성 능력, 사회언어학적 능력, 의사소통적 전략과 상호작용, 과제 수행력
김유정 (1999)	어휘, 문법, 수사적 조직, 구조적 긴밀성, 기능 수행 능력, 사회언어학적 능력, **발음의 정확성(음운과 억양)**, 이해력
정화영(2000)	상호작용적 이해력, 구조의 적절성, 어휘의 적절성, 사회언어학적 문화적 적절성, 상호작용적 전략, **유창성**
이영식(2004)	의사소통 능력, 과제실현성, 대화의 적절성, 언어의 풍부함, 유창성, **발음과 문법의 정확성**
강승혜(2005)	유창성, **정확성**, 적절성, 논리성, 기타
강유리(2005)	문법, 어휘, **발음**, 유창성, 적절성, 태도
강승혜 외 (2006)	**언어적 능력**, 사회언어학적 능력, 담화적 능력, 전략적 능력, 과제수행력
지현숙(2006)	수험자 내 구인(어휘, **발음**, 문장 구조, 규칙, 내용 조직) 수험자 간 구인(담화 운용 전략, 상호 작용 태고)
박성경(2007)	이해력, **발음/억양**, 정확성, 담화 구성력
김정숙 외 (2007)	과제 수행, 주제 수행, 어휘 · 문법 · **발음** · 유창성, 사회언어학적 능력, 내용의 구성

이진영(2009)	**발음**, **정확성**, 담화구성 능력, 과제 수행 능력, 사회언어학적 능력, 유창성, 상호작용
한상미 외 (2009)	**문법적 능력**(**음운**, 어휘, 문법, 담화), 화용적 능력(기능, 사회문화적 능력 : 공손법, 사용역)
박승재(2009)	**언어적 능력**, 사회언어학적 능력, 담화적 능력, 전략적 능력
장준호(2010)	표현 영역(**언어 지식**, 형태 구성), 이해 영역(상황 맥락, 사회적 관계), 태도 영역(적극성, 표현 수정)
김경선 외 (2010)	인터뷰 과제(**발음**, 절절한 반응, 문법 및 표현), 낭독 과제(**유창성, 발음, 억양, 자연성+이해**), 주제발표(발음, 어휘력, 정확성, 유창성, 내용)
박동호 (2012)	전반적인 능력, 어휘 및 문법, **발음**, 내용, 조직

* 발음과 관련한 범주는 '굵은 글씨'로 처리하였다.

위 〈표 6〉을 통하여 한국어 교육에서도 말하기 평가에 있어서 발음이 외국어 학습자가 의사소통 능력을 갖추기 위해 갖추어야 하는 하나의 독립된 능력으로 그 기능을 인정하고 있음을 알 수 있다. 그러나 안타깝게도 아직까지 한국어 교육에서는 세부적으로 발음 범주에서 무엇을 어떤 기준으로 평가해야 하는지에 대해서는 통일된 논의를 찾아 볼 수 없다. 뿐만 아니라 각각의 연구들을 살펴보면 발음에 대한 개념, 발음 평가에 대한 기준이 명확하지 않음을 알 수 있다. 그러나 평가 구인에 대한 명확한 근거와 정의가 없으면 그 평가는 객관적일 수 없으며 신뢰성과 타당성을 갖출 수 없다. 다음 절에서는 지금까지 제시된 한국어 교육에서 말하기 평가에서의 발음 범주를 다룬 연구를 자세히 살펴본 후, 외국어 교육에 있어서의 발음에 대한 이론적인 검토와 기존의 연구들에 대한 검토를 기반으로 한국어 말하기 수행 평가에서 발음 범주에서 무엇을 평가해야 하는지를 살펴봄으로써 발음 평가 구인을 선정해 보도록 할 것이다.

2. 발음 평가 구인

앞 절에서 언급했듯 발음 평가를 하고자 한다면 가장 먼저 발음의 다양한 측면 중 구체적으로 무엇을 채점해야 하는가에 대한 검토가 우선되어야 한다. 즉 무엇을 측정해야 하는지가 확실하지 않으면 평가가 얼마나 잘 측정되었는가 하는 타당도 검증은 무의미하다고 할 수 있다. 뿐만 아니라 채점하는 데 있어서 구체적으로 무엇을 채점해야 하는지에 대한 아주 구체적인 명세가 없다면 채점자들 마다 초점을 두는 발음 능력의 측면이 달라 점수의 타당성에 영향을 미칠 것이 분명하다. 다음 〈표 7〉는 한국어 교육에서 연구자들이 제시한 발음 범주에 포함시킨 발음 채점 구인들을 정리한 것이다.

〈표 7〉 한국어 말하기 평가 연구에서 제시된 발음 범주의 평가 구인들[16)]

구분	한국어 말하기 능력의 평가 범주
원진숙(1992)	문법적 언어능력 ⊃ 발음 ⊃ 개별 음운, 음운 변화, 강세, 억양
공일주(1993)	정확성 ⊃ 발음
김정숙 외(1993)	문법적 언어 능력⊃ 발음
김양원(1993)	문법적 능력 ⊃ 음운

16) '⊃' 는 상/하위 관계를 나타낸다. 예를 들어, '언어적 능력 ⊃ 발음 억양'의 경우 언어 능력을 측정하는 데 발음과 억양을 평가하도록 했다는 것을 의미한다.

전은주(1997)	발음 능력
김유정(1999)	발음 ⊃ 음운과 억양
정화영(2000)	유창성 ⊃ 발음, 속도, 억양
이영식(2004)	정확성 ⊃ 발음
강승혜(2005)	유창성 ⊃ 발음, 억양, 속도, 음운 관련 언어적 지식
강유리(2005)	발음
강승혜 외(2006)	언어적 능력 ⊃ 발음
지현숙(2006)	수험자 내 구인 ⊃ 발음
박성경(2007)	발음/억양 ⊃ 자음, 모음, 받침, 억양
김정숙 외(2007)	발음
전나영 외(2007)	언어적 능력 ⊃ 음운 ⊃ 발음, 억양, 띄어 말하기
한상미 외(2009)	문법적 능력⊃ 음운 ⊃ 발음, 억양
이진영(2009)	발음 범주 ⊃ 발음, 억양
박승재(2009)	언어적 능력 ⊃ 발음, 억양
장준호(2010)	표현 영역 ⊃ 언어 지식⊃ 음운 지식
김경선 외(2010)	인터뷰 과제 ⊃ 발음 요소 ⊃ 평가 내용: 음운 규칙 낭독 과제 ⊃ 발음 요소 ⊃ 평가 내용: 연음, 발음, 억양 자연성+이해 요소 ⊃ 평가 내용: 띄어 읽기 유창성 요소 ⊃ 평가 내용: 속도, 리듬 주제 발표 과제⊃ 발음 요소 ⊃ 평가 내용: 발음과 의미 이해 유창성 요소 ⊃ 평가 내용: 속도
박동호(2012)	발음 범주 ⊃ 발음, 억양, 주저함, 더듬거림, 휴지, 발화속도, 강약

〈표 7〉에서 보듯 거의 연구자들에 제시해 온 대부분의 말하기 평가 범주에 발음이 포함되어 있지만, 구체적으로 무엇을 채점해야 하는지에 대한 평가 구인은 다르다는 것을 볼 수 있다. 공일주(1993),

김정숙 외(1993), 김양원(1993), 전은주(1997), 이영식(2004), 강유리(2005), 강승혜 외(2006), 지현숙(2006), 김정숙 외(2007), 장준호(2010)는 발음 능력이 구체적으로 무엇을 의미하는지에 대한 구체적인 언급을 하지 않고 발음 범주이라는 하나의 능력으로 채점할 것을 제안하였다. 원진숙(1992), 김유정(1999), 박성경(2007), 한상미 외(2009), 이진영(2009), 박승재(2009)와 같은 경우 '발음'이라는 용어를 분절음과 초분절음을 포괄하는 개념으로 사용하고 있으며, 수험자의 발음 능력 측정에 있어서 억양까지도 평가 항목에 포함시키고 있다. 정화영(2000), 강승혜(2005)는 유창성을 발음의 상위 영역으로 보고 속도나 억양을 포함하였으며 전나영 외(2007)는 음운을 상위 영역으로 보고 억양과 띄어 말하기까지도 발음 범주 평가 항목으로 보았다. 이처럼 수험자의 발음 능력에서 채점해야 하는 항목에 대한 차이는 특히 '발음'이라는 범주를 총체적으로 채점하였을 경우 채점자들 마다 발음 능력에 중점을 두는 세부 항목이 달라져 채점자 간 신뢰도를 기대할 수 없게 만들뿐만 아니라 평가하고자 하는 바가 명확하지 않기 때문에 채점 결과 타당도에도 영향을 줄 수 있다. 또한 분석적으로 발음 능력을 세분화하여 채점을 할 경우에도 각각의 평가 항목이 독립적으로 평가 점수에 작용을 하고 있는지에 대한 경험적인 증거를 확보해야 하나의 평가 항목으로 인정할 수 있을 것이다.

여기서는 외국어 교육에 현장에서 발음 교육으로 무엇을 다루어 왔으며, 다루고 있는지를 이론적으로 검토함으로써 발음 범주에서 무엇을 평가해야 하는지, 평가 구인을 탐색해 보고자 한다.

2.1 분절음[17)]

발음 교육과 평가에서 다루는 발음 항목은 제2 외국어 교육의 역사적 흐름에 따라 달라져 왔다. 과거의 문법 번역식(Grammer/Translation method) 교수법 시대에는 외국어 교육이 읽기와 번역으로 이루어져 발음뿐만이 아니라 말하기에 대한 교육이 거의 강조되지 않았었다. 그 후 1800년대 후반에 이르러 1900년대 초반까지 발음은 직감(intuition)과 모방(imitation)을 통하여 교육되다가[18)] 20세기에 이르러서야 언어 교육 개혁 운동(Reform movement)[19)]의 한 부분으로서 발음에 대한 연구가 시작되었다. 이는 1940년대와 1950년대 미국에서의 청각구두식 교수법(Audiolingualism)과 영국에서의 구두 접근법(Oral approach)의 개발에 중요한 역할을 했다.(Celce-Murcia et al. 1996)[20)] 이들 교수법은 학습 초기부터 개개의 소리와 단어들을

17) 본고에서는 한국어의 분절음을 자음과 모음뿐만이 아니라 한국어의 음운 변동 규칙을 포괄하는 개념으로 보고자 한다.

18) 대표적인 교수법으로 직접 교수법(Direct Method)이 있으며 학생들은 교사의 말이나 녹음을 모방하고 반복을 통하여 가장 근접한 발음을 하는 훈련을 하였다. 이는 자연주의적 교수법(Natural Method)과 전신반응 교수법(Total Physical Response)으로 이어져 학생들에게 어떤 가시적인 발음 교육을 하지 않고 말하기 이전에 충분히 목표 언어에 충분히 노출되어 듣고 이해할 수 있다면 학생들이 언젠가는 좋은 발음을 할 수 있다고 보았다.

19) 개혁운동(Reform Movement)은 국제 음성 부호(International Phonetic Alphabet)의 개발에 영향을 받아 시작되었으며 이에 영향을 받은 현대 언어 교육은 첫째, 언어에 있어서 발화 형태(Spoken form)는 가장 먼저 교육되어야 한다, 둘째, 발견된 음성(Phonetics)는 언어 교육에 적용되어야 한다, 교사는 음성에 대한 확실한 훈련을 받아야 한다, 학습자에게 좋은 발화 습관을 형성시켜 주기 위해서 학습자들에게 반드시 음성 훈련(Phonetic traing)을 제공해야 한다는 세 가지 개념을 지지하였다.(Celce-Murcia et al. 1996: 3)

20) 이 시기의 언어 랩실 기술의 발달 또한 이와 같은 교수법 출현의 배경이 되었

정확하게 산출해 내는 것을 그 목표로 하고, 분절음이 의사소통 혹은 어휘, 문법 학습에 있어서 기본이라고 보았다. 이 시기의 대조분석가설 또한 발음을 제2 외국어 숙달도에서의 중심이라고 보았으나 이들 연구들은 연구 영역을 분절음의 영역으로 제한하였다(Pennington & Richards 1986: 207). 이처럼 분절음은 발음의 다양한 특성들 중 제2 외국어 교육에서 역사적으로 가장 먼저 주목을 받은 항목이다. 이러한 분절음에 대한 발음 교육과 평가에서의 관심은 최근까지도 발음 교육의 필요성과 그 효과에 대하여 주장하는 연구들에 의하여 계속되고 있다. Elliott(1997)는 음운에 대한 교육을 통하여 실제로 학습자들의 발음의 정확성이 향상되었다고 하였으며, Bongaerts(1999)은 명시적은 음운에 대한 교육을 통하여 두 명의 성인 학습자들이 모국어 화자와 같은 수준의 발음에 도달하였다고 하였다. 특히 의미를 변별해 주는 최소 변별적 기능의 음운 교육에 대한 필요성은 의사소통에 영향을 미칠 수 있어서 지금까지 계속 그 중요성이 지적되고 있다(Arteaga 2000, Y. Chen 1982). 또한 Jenkins(2000)는 비모국어 화자와 비모국어 화자 간의 의사소통을 위해서는 분절음과 문장 강세가 이해 가능성을 낮게 만드는 주요한 요인이므로 이들에 대한 교육이 초분절음(리듬, 어휘 강세, 약강세 등)에 대한 교육보다 우선해야 한다고 하였다.

한국어 교육에서도 1990년 발음 교육에 대한 연구가 본격적으로 시작된 이래로 최근까지도 분절음에 대한 교육의 중요성이 지적되고

다.(Arteaga 2000)

있다.[21] 특히 한국어 교육에서는 학습자들의 언어권별 대조분석을 통한 발음 교육 방안에 대한 연구가 활발하게 진행되어 왔는데 이들 연구들은 주로 분절음 차원에서 진행되어 왔다(Paradowska 2002, 김선정 1999a, 성상환 2005, 손영헌 2011, 우인혜 1998, 이경희·정명숙 1999, 황현숙 2007).[22] 이종은(1997)은 영어와 한국어의 자음과 모음의 비교를 통하여 한국어 발음 교육 모형을 제안하였다. 김선정(1999a) 또한 한국어와 영어의 비교를 통한 발음 교육 방안을 제안하였는데 여기서는 자음과 모음뿐만이 아니라 음운 규칙도 교육의 대상으로 포함시켰다. 우인혜(1998)는 한국어와 일본어의 비교를 통하여 자음과 모음, 음운 변화(경음과 격음)에서의 오류의 원인과 교육방법을 제안하였다. 분절음 교육에 대한 중요성에 대한 연구는 2000년대까지 이어지고 있는데, 정명숙(2003b)은 한국어 발음이라는 것이 모국어의 간섭 현상으로 고급 학습자가 되더라고 완전히 습득하기 어려우며 이와 같은 이유로 1:1 개별적인 발음 교육이 필요하나 현실적으로는 불가능하므로 자가 발음 교육 프로그램을 개발함으로써 효율적인 발음 교육이 가능할 것이라고 보았다. 정명숙은 이와 같은 프로그램의 구성에 자음과 모음 그리고 억양에 대한 필요하다고 주장하였다. 박윤진(2007)은 한국어 자음과 모음의 음운인식활동을 활용한 발음교육 수업모형을 제안하였으며, 양순임(2007, 2003, 2004a,

21) 정명숙(2011)에서는 발음 교육의 역사를 정리하면서 1980년대 이전에는 발음 교육에 대한 연구가 거의 찾아보기 힘들며 1990년대에 들어서 이에 대한 연구가 본격적으로 시작되어 2000년대 이후 폭발적으로 증가하였다고 하였다(p425).

22) 한국어 발음 교육과 관련된 연구들 중 대조 분석을 활용한 연구들은 다른 연구 방법에 비해 가장 활발하게 진행된 연구 방법으로 이들 연구들은 정명숙(2011)에서 잘 정리되어 있으므로 참고할 수 있다.

2005, 2004b)은 한국어의 분절음 차원에서의 학습자의 오류를 분석하고 발음 교육 방안을 제안하였다.

이와 같은 구체적인 한국어 발음 교육 방안을 제안하고자 하는 연구 이외에도 한국어 학습자들의 발음 오류를 분절음 차원에서 분석하고 해석하고자 하는 노력들이 이루어졌다. 이경희·정명희(1998)은 한국어와 일본어의 파열음에 차이를 음향음석학적으로 분석하였으며, Paradowska(2002)는 폴란드어의 모음과 한국어의 모음 비교를 통하여 학습자의 오류를 이해하고자 하였다. 또한 요시나가 이쿠코(2002)는 한국어와 일본어의 비음을 분석하였고, 신호철(2003)은 중국어권 화자를 대상으로 유음을, 하세가와 유키코(2005)는 파열음과 파찰음에 대한 연구를 진행하였다. 이러한 대조 분석을 사용한 연구들은 수험자들의 발음 오류를 이해하고, 궁극적으로는 이를 한국어 교육 현장의 교육 항목, 교육 순서, 교재에 대한 연구들에 반영되어 발음 교육 현장에 적용하는 것을 그 목표로 한다. 최근에는 이와 같은 대조 분석이나 오류 분석을 통한 발음에 대한 연구가 아닌 학습자들의 중간 언어에 관심을 가진 중간 언어 발달에 대한 연구들에서도 학습자들의 분절음에 대한 연구들이 활발하게 진행되었다. 권성미(2007)에서는 단모음의 습득 순서, 조남민(2007)은 어중자음군의 폐쇄지속성에 대한 연구를 진행하였다. 이들 연구들은 한국어 학습자들의 분절음의 습득 과정을 연구함으로써 수험자들의 분절음 발음을 이해하는 데 도움을 주었다.

이처럼 한국어 교육에서는 발음에 있어서의 분절음을 초급에서 고급까지 지속적으로 관심을 가지고 교육을 해야 하는 하나의 항목으로 취급해 왔음을 볼 수 있다. 또한 앞의 〈표 7〉에서 살펴보았듯 아직까지 한국어 교육의 평가 관련 연구들에서 발음 평가 항목으로 분절음을 포함시키고 있는 것을 볼 때 한국어 분절음은 발음 교육에 있어서 중요한 교육 항목이며, 평가 구인임을 의미하는 것으로 볼 수 있다. 그러므로 본고에서 또한 발음 평가에 있어서 분절음 또한 평가해야 하는 항목으로 보고 하나의 평가 구인으로서 그 타당도를 검증해 보도록 할 것이다.

2.2 초분절음

1960년대에서 1970년대에 이르러 이러한 분절음에 대한 직접적인 교육만으로는 실제 학생들의 숙달도(proficiency)를 향상시키는 데에는 한계가 있음이 드러나기 시작하였다(Pennington & Richards 1986: 208). 그리고 이와 더불어 1980년대 '의사소통 접근법'의 대두와 함께 '의사소통'이 언어 교육에 중요한 목표가 되면서 기존의 분절음 중심의 발음 교육이라는 것이 의사소통 언어 교육과 양립할 수 없는 것으로 취급되어 많은 교과과정과 교재에서 발음 범주는 다루어지지 않거나 제외되었다(Celce-Murcia et al. 1996).[23] 그러나 이러한 발음 교육의 부재는 연구자들과 교사들의 우려를 낳았고, 실제 현장에서도 이로 인한 문제점들이 나타났다(Celce-Murcia et al. 1996, Morley 1987,1988, Wong 1986). 또한 의사소통 접근법에 의하여 상호작용, 언어 사용에 있어서의 기능(function)에 대한 연구가 이어졌고, 이는 소리 체계를 보다 통합적인 시각(integrates attention)으로

23) 그래서 이 시기를 발음 교육에 있어서의 '암흑기'라고도 한다.

바라 볼 수 있는 기회를 제공해 주었다(Morley 1991).[24] 그리고 이러한 변화는 발음에 대한 새로운 관점을 만들어 냈고[25], 이러한 발음에 대한 재관심은 분절음 차원이 아닌 '초분절음'에도 관심을 갖도록 하였다. 초분절음(suprasegmentals)은 분절음(segmentals) 위에 얹히는 것으로 억양, 강세, 리듬, 음장을 포괄하는 개념으로 사용된다. Brown and Yule(G. Brown & Yule 1983a)은 강세와 억양이 청자로 하여금 주의를 기울여야 하는 요소, 혹은 주의를 기울이지 않아도 되는 요소를 표시해 주기 때문에 강세와 억양을 발음에서 다뤄야 한다고 했다. 또한 Wong(1986)은 비모국어 화자가 초분절음을 제대로 습득하지 못하면 의사소통과 정의적인 측면에 있어서 어려움을 겪을 수 있다고 주장하며 Wong은 잘못된 강세가 의사소통을 방해하고, 비모국어 화자 리듬이 지장을 줄 수 있다고 하였다(Arteaga 2000 재인용). Cutler et al.(1997)는 모국어 화자와 비모국어 화자 간의 의사소

24) 그 예로, 담화 기반의 접근법(discourse-based approach)이 의사소통 교육에 받아들여지면서, 교재 개발자와 교사들은 발음을 가르치기 위한 적절한 방법을 연구하기 시작하였는데, 이들은 단기 발음 코스로 학습자들에게 담화 상황(discourse context)에서의 초분절적 특성(suprasegmental features:리듬, 강세, 억양)을 가르치는 것이 가장 적절하다는 결론을 내렸다(Celce-Murcia et al. 1996: 10).

25) Pennington & Richard은 Pennington & Richard(1986: 490-492)에서 이 시기에 나타난 발음 교육에 대한 요구가 ESL 환경과 EFL환경 모두에서 있었고, ESL 환경에서의 영어권으로의 유학생, 전문직, 기술자, 비영어권 교수들, 고학력자들의 이민의 증가, EFL환경에서의 다방면의 국제 교역의 증가, 국제적 연구의 증가, 영어권으로 유학 가고자 하는 학생들의 증가 등이 발음에 대한 요구를 만들어 냈다고 보았다. 또한 유럽과 남미에서는 국제어로서의 영어(EIL: English as a international language)의 역할이 점점 커짐에 따라 비영어권 지역에 적합한(legitimate) 지역적 변이인 공통어로서의 영어(ELF: English as a Lingua Franca)의 발음 자질에 대한 새로운 기준의 개발 및 이에 따른 발음 교육과 평가에 대한 논의가 활발하게 진행되기 시작하였다.

통에서 모든 운율적 요소가 중요한 것이 아니며 리듬 구조(rhythmic structure)[26)]와 문장 강세(sentence accent)[27)]가 어휘 강세(lexical stress)보다 더 중요하다고 하였다. 그는 이와 같은 연구 결과를 통하여 모든 발음 평가 기술에 억양이 포함되어야 했다고 주장하였다. Hahn(1999)은 모국어 화자에게 다양한 비모국어 화자의 발화를 들려주고 이해 가능도(comprehensibility)를 측정한 결과, 문장 강세가 제대로 들어갔을 경우가 그렇지 않은 경우보다 이해하기 쉬워했으며, 오히려 아무런 문장 강세가 없는 것이 잘못된 문장 강세로 발화된 것보다 더 이해하기 쉬워한다고 하였다. 이처럼 초분절음이 의사 소통에서 의미 전달에 미치는 영향에 대한 연구 결과들이 축적되면서, 말하기 평가에서도 초분절음은 평가되어야 하는 항목으로 다루어지기 시작하였다.

한국어 교육에서는 1990년 발음 교육에 대한 연구가 본격적으로 시작된 해부터 초분절음에 대한 연구들이 진행되었다. 앞의 〈표 7〉에서도 초분절음으로서 억양은 거의 모든 연구자들에 의하여 평가 항목으로 제안된 것을 볼 수 있다. 평가뿐만이 아니라 일반적인 학습자의 발음에 대한 연구에서도 초분절음에 대한 관심은 억양에 집중되어 왔다. 억양과 같은 경우 지시적인 의미와 정의적인 의미(referential and affective meaning)를 전달하는데(Pennington & Richards 1986, Ladefoged 1982 재인용) 상황 의존적(context-dependent)이고, 의

26) 예를 들어 말이 안 되는 문장이라도 제대로 된 리듬으로 발화할 경우 모국어 화자가 더 잘 이해했다.

27) 문장 내에서 강조하고자 하는 부분에 강세를 주고 아닌 부분에 강세를 주지 않은 경우 더 잘 이해했다.

문, 지시, 명령뿐만 아니라 대담자, 혹은 화제에 대한 태도를 나타내기도 한다.[28] 신경철(1990)은 지금까지 한국어 교육에서 분절음에만 관심을 기울였음을 지적하면서 초분절음에도 관심을 가질 것을 주장하며, 같은 구조의 문장이라고 하더라도 어떤 억양으로 발화하느냐에 따라 뜻과 발화 의도가 달라지는 것이 한국어의 큰 특징이므로 이에 대한 교육이 반드시 필요하다고 주장하며 한국어 억양으로 부르는 말, 대답하는 말, 수식 관계, 한정 관계, 병렬 관계, 띄어 읽기, 강조, 반어법의 특징들이 억양을 통하여 드러난다고 하였다. 오미라 외(1994)은 한국어의 억양은 글말과는 다른 문법적 기능을 나타낼 뿐만 아니라 글말로는 전달하기 어려운 감정 표시나 태도 등 화용적인 기능까지도 표현하므로, 입말에 필수적이며 분절음 하나 하나의 정확한 발음 이상으로 중요하다고 하였다. 여기서는 억양의 문법적 기능과 화용적 기능의 예들을 음성음향학적으로 보여주고, 억양 교육 방안을 제안하였다. 정명숙(2002)에서는 자음이나 모음의 정확한 음가는 학습자의 노력 여하에 따라 어느 정도 개선될 수 있으나 자연스러운 억양을 익히기는 매우 어려운 일이라고 지적하고 한국어의 억양 규칙을 정리하고, 이를 바탕으로 학습자 수준별 억양 교육 방안을 제안하였다. 또한 정명숙(2002)은 억양이라는 것이 의사소통의 향상, 발화의 질적 향상 외에도 학습자들에게 자신감을 갖게 하고 학습 동기를 유발해 줄 수 있다고 하였다. 또한 분절음과 억양 교육 중 억양 교육이 우선시 되어야 한다고 주장하면서 그 이유로 아동이 모국

28) 그래서 Brazil et al.(1980)는 억양이 화자나 청자 사이의 상호작용을 제외하고는 정확하게 묘사할 수 없다고 하였다.

어를 습들할 때 억양을 먼저 습득한다는 것을 이유로 들었다. 이와 같이 억양에 대한 교육 방안을 제안하기 위한 연구 이외에도 학습자의 억양 현상에 대한 연구들도 있다. 아쓰코(2005)는 일본어 화자들의 한국어에서의 발음 교육을 위한 강세구 억양에 대한 연구를 진행하였으며, 정명숙(2003a)에서는 중국어 학습자와 일본어 학습자의 한국어 억양 습득에 있어서의 모국어의 영향을 분석하였다. 오류 분석과 관련한 연구들에서도 초분절음을 다룬 연구들이 이루어졌다. 토모토(2007)는 일본어 학습자들의 접속구 경계 억양을, 박기영(2009)은 종결어미의 억양 오류, 이진선(2009)은 의문문 억양 오류,(최현정 2009)은 강세 오류에 대한 연구를 진행하였다.

이처럼 한국어 교육에서 진행되어 온 초분절음과 관련한 연구들은 억양에 대한 연구들이 주를 이루어 왔으며 이들 연구들은 한국어 학습자들에게 억양 교육에 대한 필요성을 궁극적으로 필역하였다. 이로 한국어 억양은 분절음과 함께 의사소통의 의미와 질에 영향을 미치는 요인으로서 한국어 발음 교육과 평가에서 반드시 다루어야 하는 항목으로 볼 수 있다[29]. 본고에서는 이와 같은 연구들을 바탕으로 한국어의 억양을 수험자의 발음 능력을 추정하는 데 있어서 평가되어야 하는 평가 구인으로 선정하고 이에 대한 타당도를 검증해 보고자 한다.

29) 신지영(2008)은 의미 전달에는 영향을 미치지 않으나 평가자들이 말하기 평가에서 주의를 기울이는 요인 중 하나로 억양도 한 요인이라고 지적했다. 특히, 책을 읽는 듯한 억양, 즉, 속도가 빠르지 않고, 음절과 음절의 연결이 부드럽지 못하며, 딱딱 끊어 말하는 듯하고, 강도의 변화가 별로 없고, 강세구의 끝에서 두 번째 성조인 저조가 상대적으로 너무 많이 떨어지거나 이에 후행하는 강세구 끝의 고조가 지나치게 강하게 조음되면서 음높이가 높아지는 특성을 갖는 부자연스러운 억양은 준비가 덜 되어 있다는 인상을 주고, 부자연스러운 느낌을 준다고 했다.

2.3 발화 속도와 휴지[30)]

최근의 언어 숙달도(language poficiency)에 대한 관심은 언어 평가에도 반영되어 발음 평가 영역 또한 확장되었다. 미국의 영어 교육과 평가의 대표적인 기준인 ACTFL 말하기 숙달도 지침(2012)은 언어 숙달도 단계를 11 등급으로 광범위하고 상세하게 묘사하고 있는데, 이 평가 등급 기술문에는 드문드문 숙달도 단계에 따른 발음의 특성들이 기술되어 있다.[31)] 여기에는 발음과 억양, 외국인 악센트뿐만 아니라 망설임, 주절거림, 휴지 등이 발음의 특성들로 포함되어 있는 것을 볼 수 있다. 이처럼 분절음, 초분절음 이외의 음성적 특성을 발음 교육이나 평가에 반영하고자 노력은 전혀 새로운 것은 아니다.

---

30) 발화 속도나 휴지를 '유창성'과 동일한 개념으로 보기도 하나 본고에서는 유창성이라는 것이 발화의 속도나 휴지와 같은 음운적 속성뿐만이 아니라 다양한 속성 포함하는 개념으로 보고자 한다. 본고에서 보고자 하는 유창성에 대한 개념은 뒤에서 다시 논의하였다.

31) 말하기 숙달도 등급에 따른 발음 능력에 대한 묘사는 아주 드문드문 기술되어 있는데(Levis 2008: 245), 가장 높은 숙달도 등급인 Distinguisher 단계는 학습자의 모국어 억양이 아직도 남아 있을 수 있으나 언어를 아주 정확하고 효율적이며 효과적으로 사용할 수 있으며, Superior 단계에서는 의미를 표현하는데 있어서 비정상적인 길이의 휴지 없이 언어를 사용할 수 있고, Advanced high 단계에서는 의미를 표현하는데 있어서 적절한 어휘와 억양을 사용할 수 있고 종종 훌륭한 유창성과 편한함으로 발화를 한다고 하였다. Intermediate mid 단계에서는 적절한 어휘나 형태를 표현하기 위하여 휴지, 다시 말하기, 자가 수정 등이 나타나며, Intermediate Low 단계에서는 때때로 적절한 언어 형태나 어휘를 표현하기 위한 망설임이나 부정확한 형태들이 포함된다고 하였다. Novice high는 짧게 혹은 자주 망설임이나 부정확한 표현들이 나타난다고 하였다. 그리고 가장 낮은 단계인 Novice Low 단계의 가장 큰 특징으로 발음이 명료하지 않아서(unintelligible) 실제 언어 기능 능력이 없다는 단계라고 하였다. Levis(2008)는 이러한 무계획적인 등급 묘사는 발음이 말하기 숙달도를 결정하는데 상대적으로 중요하지 않은 것처럼 보이게 한다고 지적하였다.

Pennington(1989)은 일찍이 발음 교육에 있어서 초분절음을 강조할 것을 주장하면서 "운율, 음운적 유창성, 목소리의 질, 몸짓"을 강조하는 'top-down' 접근법을 제안하였다. 여기서의 '음운적인 유창성(phonological fluency)'은 발화의 속도[32], 길이, 조음 속도, 휴지 등을 의미한다.

한국어 교육에서도 앞의 〈표 7〉에서 보듯 강승혜(2005), 정화영(2000), 전나영 외(2007), 박동호(2012) 등이 발음 평가 하위 항목에 초분절음에 억양 이외에 속도/띄어 말하기도 포함하였다. [33] 특히 아주 최근에 유창성에 대한 관심이 커지면서 발화 속도와 휴지에 대한 연구들이 진행되기 시작하였다. 김상수(2008)에서는 10명의 수험자에게 서술하기 과제를 녹음 한 후 이를 9명의 3년 이내의 한국어 교육 경험을 가진 대학 기관 한국어 교사들에게 5점 척도의 채점을 실시하였다. 그리고 발화 속도(전체 발화 속도, 평균 발화 속도), 휴지 횟수(1초 이상의 휴지 수, 3초 이상의 휴지 수), 반복과 망설임(단어, 구 등의 반복과 어(uh), 음(umm) 등)에 대한 청자의 유창성 판단과 이

32) 이는 Hieke(1985)가 제안한 개념을 따른 것으로 여기서의 발화 속도(speech rate)는 일정 시간 동안 발화하는 음절의 양을 의미하며 조음 속도(the rate of articulation)는 전체 발화에서 휴지 시간을 뺀 것을 의미한다.

33) 말하기 평가에가 음성적 비언어 부분에 대한 평가 항목은 한국인 모국어 화자를 대상으로 한 평가에서도 평가 항목으로 제안되고 있다. 이현국(2002)는 육군 사관학교 화법 강의에서 개발한 화법 평가표를 제시하였는데 그는 음성에 대한 평가 항목으로 1) 발음이 명확한가, 2) 안정된 어조를 사용하고 있는가, 3) 말의 속도와 억양은 적절한가를 세부 항목으로 두었다. 장경희(2006)은 유창성 항목으로 발화 속도와 말더듬 비율, 명료성 항목에서 분절의의 발음이 또렷한가, 의미적으로 적절한 위치에 쉼이 들어가 있는가, 적절성 항목으로 공식적 말투와 비공식적 말투를 구별하여 사용하는가, 청자와의 관계에 따라 적절한 어조를 사용하는가를 평가 항목으로 제안하였다.

러한 측정 내용과의 관계를 살펴보았다. 그 결과 청자의 유창성 판단과 가장 큰 상관관계가 있는 요인은 1초 이상의 휴지와 망설임, 반복의 순으로 나타났으며, 3초 이상의 휴지, 발화 속도는 유창성과 통계적으로 유의미한 상관관계가 없는 것으로 나타났다. 이 중 망설임이나 반복은 본고에서 보고자 하는 음운적 요인으로 보기는 힘드나, 1초 이상의 발화 휴지가 유창성 판단과 상관관계가 높다는 것은 주의해 볼 필요가 있다. 강석한(2012)은 28명의 학습자들에게 간단한 대화문을 기억하여 말하는 지체-기억 반복 기법(a delayed sentence repetition task)을 사용한 과제를 녹음하여 20명의 대학원생에게 채점하도록 하고, 그 결과를 사용하여 F0, 발화 속도, 발화 휴지 구간과 휴지 빈도가[34] 유창성에 미치는 영향을 분석하였다. 그 결과 발화 속도가 유창성에서 차지하는 영향력이 55.8%로 가장 크고, 휴지 빈도가 37.2%, 휴지 구간이 25.7%, 피치범위(F0) 범위는 0.1%로 나타났다.[35] 이 연구는 앞의 김상수(2008)년의 연구 결과와 일치하지 않는 것을 볼 수 있다. 이는 두 연구의 채점자 특성과 평가 과제가 다르기 때문에 기인한 것으로 유추해 볼 수 있는데 그 중 과제 특성에 있어서 전자인 김상수(2008)의 연구는 전형적인 일방향 과제이며, 강석한(2012)에서는 면대면 평가는 아니지만 대화체에 가까운 과제이므로

34) 강석한(2012)에서는 이러한 발화 속도, 휴지, 발화 피치 요인들이 유창성과 관련된 요인들로 초분절음에 포함된다고 보았다.

35 이 연구에서 휴지구간은 발화된 음절과 음절 사이의 묶음구간을 휴지구간으로 설정하였고, 휴지 빈도수는 이러한 휴지구간이 최소 2초 이상 지속될 때를 측정에 포함하였다. 또한 이 연구는 영어권 학습자와 일본어 학습자에 대한 비교를 한 결과 일본어권 학습자들이 영어권 학습자들보다 비교적 쉽게 습득하나 고급으로 갈수록 그 차는 줄어든다는 것을 확인하였다.

두 과제의 특성이 연구 결과에 영향을 미쳤을 것으로 볼 수 있다. 그럼에도 불구하고 두 연구 모두 발화 휴지와 발화 속도가 유창성에 영향을 미치는 요인임을 보여주고 있다. 김지은(2012)은 한국어 학습자의 구두 발표에 나타난 음성, 음운적 요인에 대한 교사 인식에 대한 연구를 진행하였다. 이 연구에서는 정확성, 유창성, 음성 음운적 요인 간의 상관관계 연구를 진행하였는데 정확성은 '발음(분절음)'과의 상관관계가 가장 높으며, 그 뒤로 '끊어 말하기, 억양, 발화 속도, 망설임이나 불필요한 간투사 없음, 말더듬 없음'의 순으로 상관관계가 있는 것으로 나타났다. 유창성의 경우 '망설임이나 불필요한 간투사 없음'이 가장 상관관계가 높은 것으로 나타났으며, 그 뒤로 '발화속도, 발음, 끊어 말하기, 말더듬 없음, 긴 침묵 없음, 억양'의 순으로 유창성과 상관성이 높은 것으로 나타났다.[36] 또한 발음 인상 점수와 이들 음성, 음운적 요인 간의 상관관계를 살펴본 결과는 발화속도와 발음이 .9 이상의 상관관계를 보여 발음 점수를 잘 받으려면 발음과 발화속도가 가장 중요한 것으로 나타났다. 이 연구에서 사용된 유창성 요인들 중 음운 요인에 해당하는 발화 속도와 억양이 유창성과 관련한 중요한 요인임을 보여 주고, 발음 평가 결과에 있어서 분절음 발음과 함께 발화 속도 요인이 상관관계가 높음을 보여 주었다.

본고에서는 이와 같은 연구들을 바탕으로 발화 속도와 발화 휴지가 학습자들이 갖추어야 발음 능력이라고 보고 이에 대한 타당도를 검증해 보도록 할 것이다. 또한 본고에서는 발화 속도와 휴지는 서로 상보

36) 이 중에서도 망설임이나 불필요한 간투사 없음, 발화 속도, 발음, 끊어 말하기는 0.9 이상 수준의 높은 상관성을 보였다.

적인 것으로 속도와 휴지를 별개의 구인이 아닌 하나의 구인으로서 보고자 한다.

지금까지 본 절에서는 발음 평가에서 다루어진 발음 평가 구인들을 살펴봄으로써 '분절음, 초분절음, 발화 속도와 휴지'가 발음 평가의 항목으로 연구되어 왔다는 것을 확인하고 이들은 발음 평가에서 평가해야 하는 구인으로 선정하였다. 다음 절에서는 이들 구인들을 채점하는 데 있어서 영향을 미칠 수 있는 요인들을 살펴봄으로써 구체적인 채점 방안에 대한 사전 타당도를 검증해 보도록 할 것이다. 그리고 다음 장에서 사후 타당도 검증 과정을 실시하여 채점 과정에 영향을 미칠 수 있는 요인들이 수험자들의 발음 능력을 추정하는 데 어떤 영향을 미치는지 살펴봄으로써 발음 범주 채점의 타당도를 검증해 보도록 할 것이다.

나. 발음 범주 채점의 사전 채점 타당도 검증

지금까지 이론을 기반으로 한 타당도 검증 과정을 통하여 수험자의 발음 능력 추론과 해석을 할 수 있는 구인들이 무엇인지 살펴보았다. 그러나 말하기 수행 평가는 이러한 구인들의 타당성뿐만이 아니라 이를 평가하는 채점 과정의 타당성 또한 요구된다. 본고에서는 사전 채점 타당도 검증을 통하여 이들 구인들을 평가하는 방법, 즉, 채점 기준, 채점자, 채점 유형과 방식 그리고 평가 과제에 대한 이론적 검증을 통하여 이들이 채점 과정에 어떻게 영향을 미치는지[37] 알아보고, 말하기 수행 평가에서의 발음 능력 평가에 사용할 수 있는 채점 방안을 탐색해 보고자 한다.

1. 발음 채점 기준

평가하고자 하는 발음 평가 구인이 결정되었다면 실제 채점에 있어서는 이들 구인들을 어떤 기준으로 채점할 것인가를 결정해야 한다. 신상근(2010: 90)은 채점과 관련된 타당화의 과정의 증거로 채점 기준 설정에 관한 연구의 중요성을 강조하였다. 그는 채점 기준은 평가를 제작하는 사람이 중요하다고 생각하는 요소를 반영하므로 평가 도구가 측정하고자 하는 구인과 직접적으로 연관될 뿐 아니라 채점 기준이 실제 평가에 반영되는지 확인해 보아야 한다고 하였다.

발음 범주에서의 평가 구인을 평가하기 위한 평가 기준은 전체 평가 목적과 관련이 있다. 즉, 말하기 수행 평가가 궁극적으로 측정하고자 하는 목표는 세부 평가 범주들의 평가 기준에도 영향을 주며 평가 기준은 이러한 전체 평가 목표와 관련하여 결정되기도 한다. 이는 발음 평가의 역사에서도 확인할 수 있다. 역사의 흐름에서 발음 평가 기준은 발음 교육의 목표의 변화와 함께 시기별로 강조되는 기준이 달라져 왔으며, 발음 교육의 목표는 그 시대가 지향하는 말하기 교육의

37) Fulcher(2003)는 말하기 수행 평가에 영향을 미치는 요인에 관리자, 수험 환경, 수험자에 대한 순응(accommodations), 성적표, 예산을 포함하였다(p152). 본고에서는 이들 요인들은 실제 하는 시험 상황에 대한 논의가 아니므로 이들 요인들에 대한 고려는 제외하기로 한다.

목표의 변화에 따라 달라져 왔음을 볼 수 있다. 본고에서는 지금까지 발음 채점 기준이 어떻게 변화되어 왔는지 살펴봄으로써 선정한 구인들을 채점하기 위한 기준을 설정해 볼 것이다.

역사적으로 발음 연구, 발음 교육의 목표는 '모국어 화자와 같은 발음(nativeness principle)'과 '이해 명료한 발음(intelligibility principle)'이라는 두 가지 상반된 원리에 의하여 영향을 받아왔다(Levis 2005: 370). 이는 외국어 교수법의 흐름과 관련이 있는데 외국어 교육에서 정확성을 강조하던 시대에는 발음 교육과 평가에 있어서도 '정확성'이 강조되었으며 의사소통 교수법의 대두와 함께 발음 교육과 평가에서도 '이해 명료한 발음'이 강조되었다. 또한 외국어 교수법의 역사적 흐름에서 언어의 유창성(fluency) 능력에 대한 관심이 증가함에 따라 '음운적 유창성' 또한 중요한 발음 능력 중 하나로 취급되었으며 지금까지도 정확성, 이해 가능성, 유창성은 외국어 발음 평가에서의 대표적인 기준으로 사용되고 있다. 한국어 말하기 평가에서의 발음 범주에 연구들 중 발음 평가 기준이 제시된 연구들을 살펴보더라도 이러한 기준들이 혼용되어 제안되고 있음을 볼 수 있다. 지금까지의 한국어 교육에서 제안된 발음 범주의 채점 기준을 살펴보면 다음 〈표 8〉과 같다.

〈표 8〉 한국어 말하기 평가 연구에서 제시된 발음 범주의 평가 기준들

구분	한국어 말하기 능력의 평가 범주
원진숙(1992)	최저급(0): 거의 아무 것도 말하지 못하는 수준 저급하(1): 개별 음운을 구별해서 발음할 수 있다 저급상(1+): 음운변화 규칙을 알고 발음하나 정확성은 부족하다. 중급하(2): 모국어의 발음과 억양이 그대로 나타난다. 중급상(2+): 개별 음운은 거의 정확히 발음하지만 억양에는 모국어의 영향이 많이 남아 있다. 고급하(3): 개별 음운을 거의 정확히 발음하지만 억양 등에는 아직 모국어의 영향이 많이 남아 있다. 고급상(3+): 가끔 일으키는 발화 실수나 강세, 억양에서의 오류 때문에 원어민 화자의 발화로 느껴지지는 않는다. 최고급(4): 발음도 거의 모국어 화자에 준하는 수준이다.
공일주(1993)	발음 : 정확성
김유정(1999)	발음 ⊃ 음운과 억양 : 정확성
정화영(2000)	유창성 ⊃ 발음, 속도, 억양 ⊃ 수행의 자연스러움과 순조로움
이영식(2004)	정확성 ⊃ 발음⊃ 명료성
강승혜(2005)	유창성 ⊃ 발음, 억양, 속도 : 발음, 억양 속도 등이 정확하고 적절한가? 정확한 의사 전달을 위해 음운 관련 언어적 지식을 효과적으로 활용했나?
강유리(2005)	발음 : 정확성
박성경(2007)	발음/억양 ⊃ 정확성(자음, 모음, 받침), 자연스러움(억양)
전나영 외 (2007)	언어적 능력 ⊃ 음운 ⊃ 발음(정확성), 억양/띄어 말하기(자연스러움) 발음 : ① 발음이 정확하다 ② 발음이 정확한 편이어서 대체로 의사소통에 영향을 주지 않는다. ③ 발음이 부정확한 경우가 있어 가끔 의사소통에 영향을 준다. ④ 발음이 부정확하여 의사소통에 자주 방해가 된다. ⑤ 발음이 부정확하여 의사소통이 어렵다.

전나영 외 (2007)	억양: ① 억양이 자연스럽다. ② 억양이 자연스러운 편이어서 대체로 의사소통에 영향을 주지 않는다. ③ 억양이 부자연스러운 경우가 있어 가끔 의사소통에 영향을 준다. ④ 억양이 부자연스러워 의사소통에 방해가 된다. ⑤ 억양이 부자연스러워 의사소통이 어렵다. 띄어 말하기: ① 띄어 말하기가 자연스럽다. ② 띄어 말하기가 자연스러운 편이어서 대체로 의사소통에 영향을 주지 않는다. ③ 띄어 말하기가 부자연스러운 경우가 있어 가끔 의사소통에 영향을 준다. ④ 띄어 말하기가 부자연스러워 의사소통에 방해가 된다. ⑤ 띄어 말하기가 부자연스러워 의사소통이 어렵다.
한상미 외 (2009)	문법적 능력 ⊃ 음운 ⊃ 발음(정확성), 억양(자연스러움, 유창성)
이진영(2009)	발음(발음, 억양) ⊃ 발음: 정확성, 억양: 자연스러움
박승재(2009)	언어적 능력 ⊃ 발음: 정확성, 억양: 자연스러움
김경선 외 (2010)	인터뷰 과제 ⊃ 발음 요소: 발음 규칙에 맞게 정확한 발음을 함. 낭독 과제 ⊃ 발음 요소: 연음, 발음을 정확하게 구사함. 억양 요소: 억양의 자연스러움. 유창성 요소: 속도나 리듬이 적절하며 유창하게 읽음. 주제 발표 ⊃ 발음 요소: 자연스러운 발음으로 말하며, 명확한 의미를 이해할 수 있음. 유창성 요소: 비교적 정상적인 속도로 자신있게 반응이 이루어짐.

국립국어원 (2012)	발음 범주: 0점 - 알아들을 수 없는 발음과 억양으로 말한다. 1점 - 발음과 문장의 억양이 명료하지 않지만 겨우 알아들을 수 있는 정도로 말한다. - 화자가 수행한 발화를 청자가 주의를 기울이면 의사소통이 가능한 정도로 알아들을 수 있다. - 주저함, 더듬거림, 휴지 등이 자주 나타난다. 2점 - 알아들을 수 있는 발음과 억양을 사용한다. - 화자가 수행한 발화가 어느 정도의 의사소통은 가능한 정도이다. - 주저함, 더듬거림, 휴지 등이 때때로 나타난다. 3점 - 어색한 발음과 억양이 나타나지만 의사소통에는 지장이 없다. - 주저함 더듬거림, 휴지 등이 나타나 의사소통을 방해하지 않는다. 4점 - 적절한 속도를 유지하면서 발화한다. - 발음과 억양에서 약간 어색한 부분이 나타나지만 이해가 능하게 발화한다. 5점 - 발음과 억양이 대체로 자연스럽다. - 적절한 속도를 유지하면서 의미전달력이 높게 말한다. - 의도를 살려 문장의 억양과 어조 등을 나타낼 수 있다. 6점 - 표현의 의도를 살려 억양, 강약, 속도를 효과적으로 조절할 수 있다. - 매우 명료하고 자연스럽게 발음한다.

위 〈표 8〉으로 한국어 발음을 평가하는 데 사용된 기준을 살펴보면 '정확성, 자연스러움, 순조로움, 명료성, 모국어의 영향, 유창성 등'으로 연구자들마다 다르게 제안되어 왔음을 볼 수 있다. 특히 분절음과 같은 경우 '정확성'이라는 기준이, 억양은 '자연스러움'이라는 기준이, 속도는 '적절함'이라는 기준이 주로 제시된 것을 볼 수 있다. 그러나 문제는 이들 기준들이 어떤 이론을 근거로 제시된 것이 아닌 경험적으로, 직감적으로 제시된 것이라는 데 있다. 이는 지금까지의 연구들

이 발음이 아닌 말하기라는 말하기 능력 전체에 초점을 맞춘 연구들이라서 세부적인 이론적 검토가 이루어지지 못했다고 볼 수 있다. 그러므로 본고에서는 언어 교육에 있어서의 발음 교육과 발음 평가 기준의 변화를 살펴봄으로써 한국어 발음 평가 개발에 있어서 고려해야 할 발음 기준들에 대하여 검토해 보고자 한다.

1.1 정확성(Accuracy, Native-like pronunciation)[38)]

발음 교육과 평가에 있어서의 '정확성, 모국어 화자와 같은 발음'이라는 목표는 외국어를 배우는 데 있어서 모국어 화자와 같은 수준의 발음 능력이 필요하고, 제2외국어 화자가 모국어 화자와 같은 발음을 구사하는 것이 가능하다는 믿음에서 비롯되었다. 이는 1940에서 1960년대의 발음 교육에 있어서 중요한 발음 교육의 목표였으며, 외국어 교육에 있어서 정확한 문법과 더불어 아주 중요한 평가 목표였다(Morley 1991, Pennington & Richards 1986, Wesche 1981). Foster & Skehan(1996)과 Lennon(1990)는 '오류 없는(error free)'란 용어를 사용하여 정확성의 개념을 설명했으며, Brumfit(1984)는 형식(form)에 대한 의식적인 관심이 어느 정도인가에 따라 정확성의 능력을 측정했다(신동일 2003b: 102 재인용). 초기의 발음 교육에 있어서의 '모국어 화자와 같은' 발음 혹은 '정확한' 발음이라는 목표는 평가에서도 반영되어 학습자들의 개별음소의 정확한 발음을 평가하

38) 한국어 교육에서의 정확성 개념에 대한 통일된 정의를 찾기는 힘들었다. 본고에서는 정확성을 '모국어와 화자와 같은 정도'와 동일한 개념으로 보고자 한다.

는 데 평가의 초점이 맞춰졌다. 그러나 분절음 단위에서 초분절음으로 발음 교육의 관심 영역이 확장됨에 따라 초분절음을 평가하는 기준으로도 사용되었다. 그 대표적인 예가 평가 기준으로서 '외국인 악센트(accentedness)'를 평가하는 기준이다. '외국인 악센트'는 화자가 비원어민 화자임을 보여주는 표지로[39] 외국인 학습자가 모국어 화자와 같은 발음 수준에 이르기 위하여 반드시 제거해야 하는 요인으로 취급되어 외국인 악센트 감소 프로그램(Accent Reduction)과 같은 발음 교과과정이 한 때 성행하였다(Jenkins 2000).[40]

그러나 발음 교육에 있어서 역사적으로 오랜 기간 동안 목표가 되어 온 '정확성'이라는 기준은 1960년대에 이르러 그 목표의 현실성 여부, 개념의 모호성, 필요성 여부에 대한 의문이 제기되었다. 이와 같은 비판은 '외국인 악센트'가 과연 의사소통에 이해에 있어서 문제가 되는가에 대한 연구 결과들로 인하여 시작되었다.[41] Munro & Derwing(1995)은 이는 태도(attitude)와 관련된 용어라고 지적하며 화자의 의미를 이해하는 능력과 무관하다고 지적했다. 왜냐하면 외국인 악센트가 아주 강하고, 사회적으로 부정적으로 인식되는 악센트를 가진 사람이라고 할지라도 아주 잘 이해할 수 있는 경우들

---

39) Flege(1984)와 Ladefoged(2006)는 원어민 화자는 길이가 0.3초가 되는 분절음의 부분만 들어도 외국인 악센트를 분간해 낼 수 있다는 것을 보여주었다.

40) 그러나 Derwing & Munro(2005)는 지금까지 악센트 관련 연구들을 정리하며 실제 외국인 악센트 제거와 교육 방법에 대한 연구는 찾아보기 힘들다고 지적하고, 외국인 악센트를 제거하는 것 자체가 불가능한 일이고 이를 믿는 ESL 교사도 드물다고 하였다.

41) Gass & Varonis(1984)는 외국인 악센트가 모국어 화자에게 비모국어 화자라는 표지를 줌으로써 모국어 화자로 하여금 비모국어 화자에게 주의를 더 기울이도록 해주는 긍정적인 효과를 준다고 하였다.

이 있기 때문이다. 원어민 화자가 외국인 악센트를 판단하는 것은 실제로는 그 악센트를 사회적으로 받아들여 줄지에 대한 수용가능성(acceptability)의 문제이며 이상적인 표준 언어가 존재한다는 개념을 기반으로 한 것이기 때문이다(Levis 2008).

또한 19660년대 이후 많은 연구들이 이와 같은 모국어 화자와 같은 발음 수준은 생물학적으로 성인이 되기 전에나 달성 가능한 목표라는 결과들을 발표하면서(Scovel 1969), 성인 학습자(혹은 사춘기가 지난 학습자)에게 모국어 화자와 같은 발음이라는 목표가 과연 가능한가라는 의문이 제기되기 시작하였다(G. Brown & Yule 1983b: 27-28, Morley 1991: 498-501). 또한 아무리 몰입식 환경에서 효과적인 발음 교육을 하더라도 아주 극소수의 학생들만이 모국어 화자와 같은 수준의 발음에 도달한다는 연구 결과들이 발표되고, 발음 습득이 나이(Flege 1987, Flege et al. 1999, Scovel 2000,1988)[42], 언어 적성(Carroll 1981, Dufva et al. 2001, Dufva & Voeten 1999, Skehan

42) 발음은 결정적 시기 가설의 가장 영향을 많이 받는 다고 알려진 분야이며, Scovel(1988)이 그가 쓴 1988년 세미나 책에서 그 동안의 이루어진 많은 외국인 악센트에 대한 연구를 검토한 결과 비모국어 화자 발화 샘플은 일관되게 그리고 정확하게 모국어 화자에 의하여 구별되고, 또한 외국인 악센트는 L2가 늦은 나이에 처음 배우기 시작했을 때 생겨난다는 것을 압도적으로 보여 준다고 하며, 결정적 시기가 지나면 발음을 습득할 수 있는 생체적인 능력이 사라지게 된다고 보았다. 그러나 Flege, et al.(1999)는 이를 발음 습득 능력을 잃었기 때문이 아니라 L1을 너무 잘 습득하였기 때문이라는 또 다른 해석을 하였다. 그러나 Julie and Laula(Ioup et al. 1994)의 사례를 시작으로 Moyer(1999), Bongaerts와 그의 동료들의 연구 결과(Birdsong 1999) 등을 통하여 사춘기가 지난 이후 외국어를 학습한 학생 들 중에 모국어 수준의 발음 능력을 갖춘 학습자들이 보고 되었다.(Ortega 2009: 22-23) Ortega(2009)는 그러므로 사춘기 이후의 성인 학습자들은 발음 습득에 있어서 나이뿐만이 아니라 다양한 원인과 이유로 인하여 발음 습득에 영향을 받는 것이라고 보았다.

2002)[43], 그리고 모국어(Esling & Wong 1983, Flege 1980, Lado 1957)와 같은 다양한 요인들의 영향을 받는다는 것이 알려지고, 제2 언어 습득론에 대한 연구들이 진행됨에 따라 발음 습득이 사회문화적 그리고 심리학적인 요인들, 예를 들어 언어 자아(language ego), 자아 경계(ego boundaries) 그리고 학습자의 동기 등의 영향을 받는다는 것이 밝혀졌다(Guiora et al. 1972, Lukmani 1972, Moyer 2004, Schumann 1986,1976). 발음 습득에 이러한 복합적인 요인들이 영향을 미친다는 것은 학습자의 발음이 다양한 모습으로 나타날 수밖에 없다는 것을 보여준다. 그러므로 '모국어 화자와 같은 발음' 혹은 '정확한 발음'이 발음이라는 목표는 대다수의 학생들은 아무리 의사소통에 있어서 의미의 상호 전달에 성공한다고 하더라도 '학습 실패자(failure)'로 만드는 것이며 이는 확실히 비현실적이라고 볼 수 있다는 것이다.[44] 그래서 선천적으로 아주 뛰어난 언어 능력을 타고 나거

43) Dufva, et al.(Dufva et al. 2001, Dufva & Voeten 1999)은 핀란드 아이들을 대상으로 외국어 적성과 음운 지각 사이의 관계를 깊이 있게 장기간 동안 연구하였는데 그 결과, 음성에 대한 지각(phonemic awareness)과 음운 해독(phonological decoding)이 음운 지각(phonological awareness)에 영향을 미친다는 Snow, Burns, & Griffin(1998)와 동일한 연구 결과(이러한 음운 지각 능력은 언어 적성 시험(MLAT- The Modern Language Aptitude Test의 1, 3 영역에 걸쳐 중요하게 다루어 지는 언어 능력 중 하나이다.)와 함께 음운 기억(phonological memory)이 음운 지각에 영향을 미치며, 모국어 음운 습득 어려움(difficulty)는 후에 외국어 습득에 있어서의 같은 어려움을 예측할 수 있게 해 준다는 결론을 내렸다. 마찬가지로 Carroll(1981)은 MLAT 1, 3 영역에서 낮은 점수를 받은 학습자들은 외국어 소리를 흉내내고(mimicking) 새로운 단어를 기억하는데 문제가 있어서 일거라고 보았으며, Wesche(1981)도 이들 학습자기 제2언어 산출에 있어서 유창하지 않다는 결과를 발표하였다.(Ortega 2009: 152-154 참조)

44) 또한 왜 학습자들이 모국어 화자처럼 발음하려고 하지 않는가에 대한 몇몇 사회심리학적인 연구 결과(Leather & James 1996, Pennington & Richards 1986) 외국인 악센트가 오히려 학습자의 자아 정체성의 한 부분을 이루며, 이는 학습자들 본

나 아주 높은 동기를 지닌 학습자를 제외하고는 모국어 화자와 같은 발음이라는 목표는 비현실적이고 교사와 학습자 모두에게 짐이 되는 목표가 될 수 있다고 보았다(Derwing & Munro 2005, Morley 1991, Pennington & Richards 1986).

또한 영어와 같은 경우, 세계 공용어로 영어가 사용됨에 따라 '모국어 화자 같은 발음'의 의미가 무엇인지 모호해 지면서 '모국어 화자와 같은 발음'이라는 발음 목표가 정확히 무엇인지 알 수 있는가 하는 의문을 갖기 시작하였다(Jenkins 2000). 점점 제2 외국어로서 영어를 사용하는 화자들이 늘어나면서 예전에는 비원어민화자가 일방적으로 영어 원어민 화자와 같은 발음을 습득하기 위하여 노력하거나 이해하기 위하여 노력해야 했다면 이제는 원어민 화자와 비원어민 화자의 상호 모두 서로의 발음을 이해하기 위하여 노력하고, 다양한 영어 발음의 특징을 이해할 수 있어야 하는 시대로 변화한 것이다. 이러한 변화는 모국어 화자와 같은 발음을 구사할 수 있어야 하는 필요성에도 의문이 생기도록 만들었다.[45)]

Levis는 Levis(2008)에서 최근까지도 발음을 말하기 평가에 포함시

인이 비록 외국인이지만 그 나라 말을 아주 잘 배웠다는 것을 보여 주고, 그들이 원어민 청자에게 문화적 혹은 예의상의 실수를 범했을 때 이를 모면할 수 있게 해주는 장점이 있다고 생각하기 때문이라고 했다. 이는 학습자 스스로가 모국어 화가와 같은 발음이라는 것을 자신의 외국어 학습의 목표로 삼지 않는 경우도 있음을 보여 준다.

45) 이는 비단 영어권에서만의 일은 아니다. 한국도 점점 다문화 사회가 되어 감에 따라 한국어를 제2 외국어로 사용하는 사람들이 늘어나면서 과연 그들이 한국어 화자와 완벽히 같은 발음을 구사할 필요가 있을지는 의문이다. 물론 그들 중 한국인 사회와 완전히 동화 되야 하는 특수한 목적이 있는 경우를 제외하고는 한국인과의 의사소통에 문제가 없는 이해 가능한 수준이라는 발음 목표가 오히려 실제적이고 효율적인 목표가 될 것이다.

키고자 할 때 '정확성(accuracy)'이라는 것을 평가자가 고려 안 할 수 없는 아주 매력적인 기준(criterion)이라고 했다. 왜냐하면 다른 많은 구어 특성과는 다르게 이 개념은 수량화가 가능하기 때문이다. 그러나 그럼에도 그는 정확성(accuracy)이라는 기준이 다음 같은 이유로 말하기 평가에서도 적합하지 않다고 주장하였다. 첫째 목표어 자체가 아주 다양하고 '정확성'은 항상 상대적인 개념이고, 둘째, '정확성'은 오류를 측정해 낼 수 있는 절대적인 표준(standard)이 있다는 것을 가정하고 있어서 몇 안 되는 표준어를 사용하는 모국어 화자[46]의 발음으로 '정확성'을 평가하는 것은 방언 차별(dialect discrimination)을 제도화할 수 있으며, 셋째, 발음의 '정확성'은 수량화할 수 있지만 그로 인한 편차의 효과(effect of deviation)는 수량화할 수 없어서 그럼 어느 정도의 부정확함이 너무 많은 것인가 하는 것을 측정할 수 없기 때문이다.[47] 즉, 어느 정도의 부정확함이 청자에게 이해를 가능하게 하고 어느 정도의 부정확함이 청자에게 이해를 가능하게 하는

46) 보통 영국에서의 3% 정도가 사용하고 있는 용인 발음(RP: Received pronunciation)과 미국에서의 중서부 지역의 영어 발음(GA: General English)이 표준어라고 일컬어지나, 이들 영국이나 북미의 모국어 화자들 중에도 아주 소수만이 이를 구사할 수 있으며, 특히 이는 영어를 사용하는 다른 나라에서는 무의미한 것이다.

47) Prator & Robinett(1985: XXii)는 이해 불가능은 언어의 음성적 규범(phonetic norm)에서 벗어난 아주 작은 부분들의 누적된 효과로 나타난다고 하였다. 즉 발음에서의 오류는 청자에게 '누적 효과'가 있어서, 청자가 화자의 발화를 이해할 때 특별한 주의(attention)를 기울일 것들이 있고 만약 그 정도가 커지면 청자는 그 기능이나 그 발화의 내용을 알아내고자 하는 의욕을 상실하게 된다는 것이다. Levis(2008)는 이것이 발음의 정확성을 수량화하는 기준이 불가능하다는 것을 보여 주는 예라고 보았다. 왜냐하면 '이해 불가능'이라는 것이 단순히 오류의 숫자가 아니고, 청자의 요소에 의존하여 적절한 정확성의 수준을 수량화 하는 것은 실제 그 화자의 발화를 이해했는가 아닌가 와는 거리가 있기 때문이라고 했다.

지를 알 수 없고 이는 서로 상관 없는 것이기 때문이라고 했다. 또한 Levis(2008: 251)는 발음에서의 정확한 오류의 원인을 규명하는 것과 어떤 오류가 더 심각한 오류인지 규명하기 어렵다는 것을 지적하고, 이는 결국 '정확성'이라는 것이 쓸모 없는(useless)기준이 될 수 있다는 것을 의미한다고 하였다. 결국 '정확하다' 혹은 '부정확하다'라는 것은 화자 발화의 이해 여부와 관련없는 개념이며 이는 최근에 평가에서 일반적으로 사용되는 '이해명료성(intelligibility)' 혹은 '이해가능성(comprehensibility)'의 문제이라고 하였다.(Levis 2008: 248 참고). 이처럼 '정확성' 혹은 '모국어 화자와 같은 발음'과 같은 목표는 습득론의 연구 결과로 인한 현실성의 문제, 그리고 시대적인 변화로 인한 필요성에 대한 의문, 그리고 그 개념 자체의 모호함으로 인해 발음 교육에서 사용하기에 부적절한 기준으로 취급되고 있다.

그러나 이러한 비판에도 불구하고 지금까지도 정확성이라는 기준은 외국어 교육에서 발음을 평가하는 데 하나의 기준으로 빈번하게 사용되고 있다. 신동일(2003b: 99)에 따르면 한국에서 사용되고 있는 ACTFL을 포함한 많은 외국산 영어 말하기 평가 도구들이 준거지향 평가라고는 하지만 준거의 기준점은 능력 기준표 안에서 평가 영역과 등급에서의 구체적인 능력에 대한 기술이라기보다 교육받은 원어민(educated native speaker)이라고 하였다. 신동일은 다른 연구 신동일(2001b) 논문에서도 채점자들이 '교육 받은 원어민의 말하기 능력'을 은연 중에 수험자들의 말하기 능력 평가의 채점 기준점으로 상당 부분 이용하고 있음을 확인하였다. 그는 한국에서 사용되는 영어과 말하기 평가를 살펴본 결과 빈번하게 '원어민'이라는 용어가 등장하고 있으며, 원어민 수준의 발음과 표현 수준이 채점에 커다란 영향을 미치는 것을 발견하였다. 또한 대표적인 영어 인터뷰 말하기 시험인 OPI(Oral Proficiency Interview)에서 또한 아직까지도 정확성(accuracy)라는 개념을 문법, 발음, 어휘 사용 능력으로 나누고 각각의 요인들이 얼마나 오류 없이 정확하게 사용되는 가를 평가한다(신동일 2004). 이와 같은 현실은 발음 교육에 있어서 '정확성, 모국어 화자와 같은 발음'보다는 '이해 명료한 발음'이라는 목표가 더 포괄적으로 적용되는 범위가 넓어 지향되어야 하는 목표라고 할 지라도, 과연 평가에서도 이와 같은 목표가 유일하고 이상적인 목표로 그대로 발음 평가 기준에 적용되는 것이 적절한 것인지에 대하여 재고해 볼 필요가 있음을 시사해 준다.

발음 평가 기준을 선정할 때에는 평가자의 평가의 목적이나 수험자의 평가 참여의 목적이 무엇인가를 고려해야 한다. 즉, 평가 기준은 평가 수요자(평가 결과를 선별 목적에 사용하는 학교나, 회사 등)들의 목적, 혹은 학습자의 학습 목적에 따라 달라질 수 있다.[48)49)] 그러므로 평가의 목표를 이분법적인 잣대로 정확성과 이해명료성 중 어

48) Levis(2008)는 말하기 평가에서 발음을 평가에 대한 관점은 다음 세 가지로 구분될 수 있다고 하였다. 첫째 언어학적인 특성(Linguistic feature)으로 보는 관점, 둘째, 의사소통에서 영향을 미치는 특성(communicative effects)으로 보는 관점, 셋째, 확인 표지(identifying marker)로 보는 관점이다. 이는 발음 평가 기준이 발음 교육에서의 목표와는 구별되는 것으로 평가하고자 하는 초점과 관점에 따라 선택되는 개념임을 뒷받침해 준다.

49) 예를 들어 한국어를 학습하는 학습자 중에는 한국에서 여행이나 한국 생활의 편리를 위하여 학습을 하는 학생들도 있지만 한국어를 사용하는 고급 학습자로 한국어를 한국인처럼 사용하고자 하는 학생들도 분명히 있기 때문이다. 뿐만 아니라 평가를 사용하여 인사 기준으로 사용하거나 유학생 선발의 기준으로 사용하게 되는 경우 평가 수요자가 고급 한국어 수준을 요구하는 경우도 있기 때문이다.

느 것이 더 적절하다라고 논의하는 것 자체가 편협 된 논의일 수 있다. 예를 들어, 영어 교육에서 Derwing(2003)이 100명의 캐나다 ESL 학습자들을 대상으로 발음 학습 목표를 조사한 결과 대다수의 학습자들의 목표가 모국어 화자와 같은 수준으로 나타났는데, 이는 수험자들의 발음 습득의 목표가 모국어 과자와 같은 발음인 경우도 있으며, 모국어 화자와 같은 정도의 발음 능력을 갖춘 학습자들이 현실적으로 몇 안 된다고 하더라고 분명 평가의 목적에 따라서는 그 기준이 더 적합할 수 있음을 의미하는 것으로 볼 수 있다. 그러므로 무조건적으로 정확성을 기준으로 하는 '정확성', 즉 '모국어 화자와 같은 정도'로 평가를 하는 것이 시대에 뒤 떨어진다거나 비현실적이라고만 강조하는 것은 적절하지 않다.

또한 영어 교육에서 실시되는 TOEFL, OPI, ASLPR 등의 언어 능력 평가에서 최고 수준은 아직도 모국어 화자와 같은 수준으로 두고 있으며, 이러한 언어 평가에서 모국어 화자와 비모국어 화자를 비교한 결과 모국어 화자들의 능력 간에도 언어 능력에 있어서의 차이가 있었음에도 불구하고 채점자들이 원어민과 비원어민의 발화를 분명히 잘 구분할 수 있다는 결론을 내렸다(McNamara1996: 184-185). ACTFL/ETS의 OPI 시험에서도 '정확성'은 '기능, 내용, 정확성'의 세 가지 평가 기중 중 하나로 Higgs & Clifford(1982)는 이것을 말하기 능력의 기능적 세 부분이라고 하고 서로 다른 능력을 설정할 때 구조의 정확성에 대한 기준을 명확하게 언급하는 것은 암묵적/명시적일뿐만 아니라 가장 우선적인 역할을 한다고 함으로써(McNamara 1996: 220 재인용) 정확성이라는 기준의 필요성을 역설하였다. 또한 Arteaga(2000: 342)는 이해명료성이라는 것이 '모국어 화자와 같은 발음'이라는 기준과 독립적으로 정의될 수 없다고 하였다. 그는 물론 100%의 학습자들이 모두 이와 같은 목표에 도달할 수 없을 지라도 학습자들의 이해명료성을 판단하기 위해서 그 기준은 결국 '모국어 화자와 같음'이라는 기준이 필요하다고 주장하였다. 이는 이해명료성이라는 기준으로 수험자의 발음을 평가할 때 모국어 화자와 같은 발음일 수록 이해하기 쉬운 발음으로 평가될 수 있음을 시사하는 것으로 이 두 기준이 발음의 서로 다른 측면을 평가하는 것은 아닐 수 있음을 시사해 준다.[50] McNamara(1996)에서도 이와 유사한 논의를 찾아 볼 수 있다. McNamara는 이와 같은 '이해명료성'이나 '정확성' 기준이 전체 평가 목표에 따라 달라질 수 있는 기준임을 지적하며, OET 시험과 같은 경우 '의사소통 효과'에 초점을 두고 '정확성'을 강조하지 않게 되면서 '의사소통 효과'를 평가 항목들의 기준으로 삼아 정의하게 되었다고 하였다. 이를 위하여 OET 시험에서는 발음의 '정확성'이라는 기준은 발음 항목의 '이해명료성' 또는 발음 특징과 관련된 의사소통에서의 효과로 대치하게 되었다고 했다. 그러나 이러한 정확성과 이해명료성으로의 발음 평가 기준의 변화가 실제 수험자의 발음 능력을 측정을 하는 데 있어서 단순한 용어의 변화인지 아니면 실제 측정하는 능력 또한 달라지는지에 대한 검증은 미흡하다. 즉 '이해명료성'을 기준으로 채점을 한 경우와 '정확성'을 기준으로 채점을 한 결과가 완전히 같다면 '이해명료성'이라는 평가 기준이 '정확성'을 대치해야 한다는 논지를 약화 시킨다. 이는 '이해명료성'을 기준으로 채

50) 그러나 Arteaga(2000)에서는 정확성과 이해 명료성이 정확히 무엇을 측정하는 것인지 두 기준의 채점 결과가 어떤 차이가 있는지에 대한 객관적인 검증은 실시하지 않았다.

점을 하더라도 채점자들은 결국 '모국어 화자와 같은 정도'를 그 기준으로 해석해서 채점을 했거나 영향을 받았음을 의미한다고 볼 수 있기 때문이다. 또한 반대로 이 두 기준으로 평가한 결과가 다를 경우 무엇이 어떻게 다른지에 대해 살펴봄으로써 과연 궁극적으로 구인이 동일한지에 대한 검증도 실시해 보아야 할 것이다. 이에 대한 연구로 발음과 관련된 연구는 아니나 McNamara는 OET 하위 검사인 말하기, 쓰기 평가에서 훈련된 채점자가 문법 영역에 대한 실제 채점에서 있어서 의사소통 가능성과 정확성 기준을 어떻게 해석하고 있는지를 라쉬 모형에 의한 분석을 통하여 살펴보았다. 그 결과 채점자들은 '전반적인 의사소통 가능성'과 '정확성 기준'의 채점에서 각각 다른 점수를 주고 있음을 확인하였다. 이는 즉 채점자들이 정확성과 이해 가능성을 서로 다른 것으로 지각하고 있음을 보여 준다. 더불어 그의 연구에서는 OET 말하기 평가가 원래 목적과는 반대로 채점자들이 문법적 정확성에 대한 그들의 인상이 피험자들에 대한 판단에 압도적으로 영향을 미치고 있으며 이는 검사 개발자의 의도가 아닌 예상치 못한 것으로 말하기, 쓰기에 대한 말하기 수행 평가의 타당성에 의문을 제기하는 것이라고 하였다. 물론 그의 연구에서 살펴본 정확성과 의사소통 효과는 발음이 아닌 문법에 있어서의 정확성에 초점을 두고 있으나 이로 미루어 볼 때 발음에 있어서의 '모국어 화자와 같은 정확성'과 '발음으로 인한 의사소통 효과'에 초점을 둔 '이해명료성' 기준이 언어 능력의 동일한 측면을 평가하는 것이라고 판단하기는 어려우나, 실제로 채점자가 이 두 기준으로 채점을 할 때 채점자가 발음의 어떤 측면을 채점을 하는지에 대해서는 객관적인 검증이 이루어져야 할 것이다. 그러나 아직까지 한국어 교육에서 이 두 가지 기준의 차이가 채점자의 채점에서 어떤 차이를 보이며 평가 결과에 어떤 영향을 미치는지에 대한 연구는 찾아 볼 수 없다.

하지만 한국어 교육에서도 발음 교육에 있어서의 정확성이라는 기준은 최근까지도 가장 많이 사용되는 기준이며 앞의 〈표 8〉에서도 살펴보았듯 최근의 말하기 평가 관련한 연구들에서도 발음의 정확성이라는 기준을 제안하고 있는 것을 볼 수 있다. 또한 발음에 있어서의 정확성에 대한 관심은 평가 관련 연구뿐만이 아니라 발음 교육과 관련한 연구들에서도 찾아 볼 수 있다. 이종은(1997) 정확한 발음 교육은 완전한 의사소통을 위해 매우 중요한 역할을 하며, 한국어 발음을 정확하게 인지할 수 없으면 한국어 화자가 하는 말을 이해할 수 없으며 마찬가지로 한국어 학습자의 말소리를 한국어 화자가 이해할 수 없다면 언어 사용 본래 목적인 의사소통이 불가능하게 된다고 지적하였다. 우인혜(1998)는 일본어와의 비교를 통한 자음, 모음, 음운 규칙(경음과 격음)에 대한 발음 교육 방안을 제안하면서 발음 교육에 있어서의 정확성을 강조하였다. 우인혜는 잘못된 발음은 화석화될 수 있으므로 발음 교육은 초기에서부터의 발음에 대한 관심이 중요하며 교사의 인내심이 필요로 한다고 하였다. 또한 처음 한국말을 배울 때부터 발음 오류에 대한 식별력을 키워 줌으로써 정확한 발음 교육이 가능하다고 주장하였다. 김선정(1999)은 영어와 한국어의 비교로 자음, 모음, 음운 규칙 교육 방안을 제안하면서 정확성 강조하였다. 김선정 또한 정확한 발음은 습득 초기부터 강조해야 한다고 하며, 발음이라는 적절한 시기에 정확하게 학습 시키는 것이 중요하며, 초급부터 고급까지 계속적으로 강조해야 한다고 주장하였다. 특히 발음이라는 것은 학습 초기에 습관화되고 한 번 형성되면 고치기 힘드므로 훌

륭한 발음을 할 수 있도록 집중적인 훈련을 시키는 것이 중요하다고 하였다. 특히 발음 교육에서는 이러한 발음의 정확성에 대한 강조는 분절음 차원에서 주로 이루어져왔다. 그러나 〈표 8〉 발음 평가에서는 분절음뿐만이 아니라 초분절음에 있어서도 정확성을 기준으로 평가할 것을 제안한 연구들을 볼 수 있다(김유정 1999, 박성경 2007). 이처럼 한국어 교육에서도 발음 평가에 있어서의 '정확성'이라는 기준은 분절음과 초분절음을 평가하는 평가 기준으로 사용되어 왔으며, 최근까지도 그 중요성이 강조되고 있는 것을 확인할 수 있다.

본고에서는 '정확성, 모국어 화자와 같은 정도'라고 정의하고 발음 평가에 있어서 사용될 수 있는 하나의 평가 기준으로 보고 이에 대한 채점 타당도 검증을 실시하고자 한다. 그리고 사후 채점 타당도 검증을 통하여 '이해명료성'이라는 기준으로 채점을 하였을 때와 어떤 차이가 있는지 살핌으로써 평가 기준으로서의 타당성을 검증해 보도록 할 것이다.

1.2 이해명료성(Intelligibility)

앞에서 살펴본 정확성이라는 기준 이외에도 발음 교육과 평가에서는 자연스러움(natural pronunciation), 의사소통가능성(communicatable pronunciation), 이해명료성(intelligible pronunciation), 선명성(clear pronunciation) 등의 다양한 목표와 기준이 제시되고 사용되어 왔다. 이 중 최근의 발음 교육에서 가장 많이 사용되고 논의되는 기준은 '이해명료성(intelligibility)'[51]이다(Levis 2008). 특히 발음 교육에 있어서 '이해명료성'이라는 기준은 의사소통 교수법의 대두와 함께 의사소통에 필수적인 요소로 인식되고 있다(Morley 1991: 488). Abercrombie(1949: 120)가 '이해하기 쉬운 명료성(comfortably intelligible)'을 '청자가 무의식적으로 혹은 아주 적은 노력으로 이해할 수 있는 발음이라고 정의한 이후 몇몇 발음 연구자들(예: Dalton & Seidlhofer 1994)이 그의 정의를 받아들여 '외국인 학습자는 편안하게 이해할 수 있는 정도의 명료함 이상의 수준이 필요하지 않다'고 주장하였으며(Isaacs 2008: 557 재인용), '이해 명료한(intelligible) 발음'이라는 목표는 학습자들이 달성 가능한 목표로 간주되고 있다(Derwing & Munro 2005). Pennington et al.(1986: 489)은 학습자에게 명료한 발음을 구사하기 위한 교육을 제공하는 것은 필수적이며 이는 단순히 살아남기 위해서가 아니라 성공하기 위한 의사소통을 위한 힘을 더해 주는 것이고, 그 목표는 외국어를 '완벽하게 발음하는 학습자'를 만드는 것이 아니라 학습자의 학습목표가 무엇이든지 간에 발화가 명료하고(intelligible), 의사소통적(communicative)이고, 자신감 있는(confident) 화자가 되도록 하는 데 있다고 하였다.

그러나 많은 연구들에서 이해명료성(intelligibility)이 듣기 능력(listening ability), 이해(understanding), 또는 이해 가능도(comprehensibility) 등의 다양한 용어와 혼용되어 사용되어 왔으며

51) 'intelligibility'라는 용어는 일반적으로 '명료도' 혹은 '명료성', '이해 가능성'이라는 용어로 번역되어 사용되고 있으나 본고에서는 '이해 명료성'이라고 번역하여 사용하고자 한다. 이는 'comprehensibility' 혹은 'clearity'라는 용어와 혼동을 줄이고, 'intelliginility'의 개념을 보다 명확히 보여 줄 수 있다고 본다.

지금까지도 명확한 정의가 내려지지 못하고 있다고 지적하고 있다(Derwing & Munro 1997, Munro & Derwing 1995, 최순재 2010). '이해명료성(intelligibility)'이란 사전적 정의로 '발화가 쉽게 이해되는 것'을 의미한다(Davies et al. 1999). 이러한 '명료성'의 개념은 연구자에 따라 넓은 의미(Bamgbose 1998, Hahn 2004, Levis 2008, Mcgarity 2006) 또는 좁은 의미(Derwing et al. 1998, Field 2005, Gallego 1990, Jenkins 2000, McNamara 1996, Smith & Nelson 1985)로 사용되어 왔다. 이해명료성을 넓고 포괄적인 의미로 보는 경우는 말소리뿐만이 아닌 의미의 이해 나아가 사회맥락적 의미를 이해하는 것까지 포함하는 개념으로 본다. 그러나 최근의 연구들은 명료도를 좀 더 좁은 의미로 보고 그 개념을 상세하고 있다. McNamara는 McNamara(1996: 220)에서 '이해명료성'이 말하기와 관련된 다양한 특성들을 포함하는 것이지만 이 기준은 보통 발음과 관련하여 사용되고 있다고 하며, 의사소통에 있어서의 발음에서의 효과에 초점을 맞추어 'intelligibility'라는 용어를 사용하였다.

Gallego(1990: 221)는 Smith & Nelson(1985: 334-336)[52]를 인용하여 이해명료성(intelligibility), 이해 가능성(comprehensibility), 해석 가능성(interpretability) 세 가지를 명확히 구별할 수 있어야 한다고 주장하였다. 이해명료성은 이해의 어려움의 첫 번째 단계로 이는

52) Smith & Nelson(1985)는 이해와 관련하여 사용되고 있는 용어들을 명료도(intelligibility), 지각된 이해가능성(perceived comprehensibility), 해석가능성(interpretability)으로 구분하였다. 명료도는 단어 형태와 발화를 인식하는 것으로 정의하고, 지각된 이해도는 의미의 구성과 관련된 것으로, 그리고 해석도는 청자가 화자의 단어나 발화 뒤에 숨은 의도를 이해할 수 있는 능력으로 구분된다고 하였다(최순재 2010).

주로 코드 해석(decoding)의 문제를[53] 말하며,[54] 단어나 발화가 명료하지 않다(unintelligible)는 것은 청자가 그것을 다시 말하지 못하고, 그것을 반복하지 못할 때를 말한다고 하였다. 두 번째 어려움의 단계인 이해 가능성(comprehensibility)은 의미론적인 내용(semantic content)에서의 어려움을 말하는데, 화자의 단어나 발화를 청자는(인지하여) 반복하여 말할 수 있으나 발화 상황에서의 의미를 이해하지 못할 때 이해불가능(incomprehensible)한 경우를 의미한다. 마지막 어려움의 단계는 해석 가능성(interpretability)이다. 이는 단어 혹은 발화 이면의 의미를 말하는 것으로 청자가 화자의 말을 인식했다고 하더라고 화자가 무엇을 말하려고 하는지 그 발화의 의도를 이해하지 못하는 경우를 의미한다. 또한 Derwing & Munro(Derwing & Munro 1997, Munro & Derwing 1995)는 이해명료성을 '특정한 발화가 청자에 의하여 실제로 이해될 수 있는 정도'로 보았고, 이는 지각된 이해도(perceived comprehensibility)와 구별되는 것으로 지각된 이해도는 '청자가 발화를 이해하기 위해 들여야 하는 어려움의 정도'라고 정의하였다. 그리고 이들 연구에서는 이 둘을 별개의 것으로 보고 측정 방법도 달리해야 한다고 보았다.

---

53) Smith & Nelson(1985: 334-336)은 이를 단어와 발화의 인식(recognition)과 관련한 것이라고 했다.

54) Derwing & Munro에서 '이해 명료성'은 발음으로 인한 이해의 용이함을 의미하였으며 '이해 가능도'는 발화 문맥 차원에서의 이해의 용의함을 의미하였다.

〈표 9〉 이해명료성과 이해 가능성 그리고 외국인 악센트[55]

이해명료성 (intelligibility)	특정 발화가 청자에 의해 실제로 이해되는(actually understood) 정도
이해 가능성 (comprehensibility)	청자가 발화를 이해(understand the utterance)하기 위하여 들이는 어려움의 정도
외국인 악센트 (accentedness)	청자가 음성적으로 모국어 화자의 발화와 구별된다고 믿는 정도

Jenkins(2000)는 이해명료성, 이해 가능성, 해석 가능성으로 구별하고 이해명료성이란 형태의 문제(matter of form)이고 단어나 발화의 형태를 인지(recognition)하는 것만을 의미하는 것으로 보고 의미(meaning)를 이해하는 것은 완전히 배제시켰다[56]. Field(2003)는 청자가 발음을 인식하기 어렵더라도 다른 실마리들을 사용하여 이해할 수 있는 경우도 있으며, 발음을 자체는 인식할 수 있더라도 의미를 이해할 수 없는 경우들이 있다고 하며 이 둘이 별개임을 강조하고, Field(2005)에서 이해명료성을 청자에 의하여 의미(massage)의 음향 음성학적(acoustic-phonetic)인 내용이 인식(recognizable)되는 정도의 개념으로 정의하였다.

또한 '이해명료성'이라는 용어는 그 자체로는 화자와 청자 중 누구를 기준으로 한 것인지가 명확하지 않다. 이해명료성이 화자의 실제 발화의 명료도를 말하는 것인가 아니면 듣는 청자가 명료하다고 인

55) Derwing & Munro(1997)

56) 이는 Levis(2005), Kenworthy(1987) 등이 명료도를 이해가능도와 동일하게 본 것과는 대조된다. Levis(2005)는 명료도를 단순히 청자를 이해 시킬 수 있는 정도라고 보았고, Kenworthy(1987)는 주어진 상황과 시간 내에 청자가 이해를 하는 정도라고 보았다.

식하는 것을 말하는가 하는 문제이다. 대부분의 연구들을 보면 같은 화자의 발화라고 할지라도 청자가 누구인가에 따라 명료도에 대한 판단이 달라질 수 있다고 하며 화자의 일방적인 특성이 아닌 화자와 청자 간의 상호작용의 결과라고 보았다(Field 2005, Jenkins 2000[57], Morley 1991, Smith & Nelson 1985, 최순재 2010, 최애란 2007). 즉, 이해명료도라는 개념이 화자나 청자 일방을 기준으로 한 것이 아니라 양쪽의 모두의 상호작용에 의하여 결정된다는 것이다.[58]

Isaacs(2008)은 이해명료도가 과연 발음 숙달도를 평가하는 적절한 기준(criterion)이 될 수 있는지에 대한 연구를 진행하였다. 그는 여덟 명의 비원어민 대학생 화자의 영어 발음을 원어민 청자에게 측정하게 하고 이들의 결과를 TSE(Test of spoken English)와 비교한 결과 이해명료성이 발음에 대한 적절한 평가 기준이라고 하였다. 그러나 Munro & Derwing(1999: 289)이 지적하였듯, 이해명료성(intelligibility)은 화자의 의미가 어느 정도까지 실제로 이해될 수 있는지로 정의될 수 있으나, 그것을 측정할 수 있는 보편적으로 인정된 방법은 없다[59]는 점은 막연히 이상적인 발음 평가의 기준으로 삼을

57) Jenkins(2000)는 비원어민간의 상호작용에 필수적인 최소한의 음운자질을 추출하여 공통어 발음자질(Lingua Franca core: LFC)를 제안하면서 이에 상호 명료성(mutual intelligibility)이라는 용어를 사용하였다.

58) 명료도에 영향을 주는 청자 요인으로는 청자가 학습자의 모국어(L1) 구사가능 능력, 외국인 악센트에 익숙한가, 청자가 문맥적 정보를 사용할 수 있는가, 의사소통에 대한 의지와 역할, 해당 화자를 개인적으로 알고 있는가, 뿐만 아니라 학습자의 모국어 혹은 그 문화에 대한 청자의 태도와 같은 사회언어학적인 요인도 영향을 미칠 수 있다. 이러한 요인들은 평가에서 채점자 선별에 있어서 변인으로 작용할 수 있는 요인들이 될 수 있다.

59) Munro & Derwing(1995; Derwing & Munro 1997)는 연구 방법에 있어서 화자의 실제 발화에서의 단어를 옮게 하고 그것을 보고 보고 명료도를 판단하였고, 화

수 없음을 보여 준다. Davies, et al.(1999)에서도 이해명료성을 기준으로 채점(rating)할 경우 다른 언어 영역의 평가와 충돌할 수도 있고, 다른 채점 기준보다 신뢰성이 떨어질 수 있는데, 이는 '이해명료도'라는 개념이 한 마디로 정의하기 힘들어서 혹은 청자들 마다 허용 오차(tolerance) 또는 말하기에 대한 개념이 다르기 때문일 것이라고 했다.

한국어 교육에서는 아직까지 발음에 있어서의 이해명료성에 대한 연구를 찾아 보기 쉽지 않으나 최근들어 발음에 대한 평가 방안 제안에서 반영되고 있는 것을 볼 수 있다. 이영식(2004)에서 정확성 범주 안에 발음 평가 항목을 명료성을 기준으로 평가할 것을 제안하였으며, 김경선 외(2010)에서 주제 발표 과제의 발음 채점에서 '자연스러운 발음을 말하며 명확한 의미를 이해할 수 있다'라는 청자 기준의 이해명료도의 기준을 제안하였다. 가장 최근의 국립국어원(2012)의 CBT/IBT 기반 말하기 평가를 위한 문항 유형 개발 연구에서 발음 평가 기준으로 '이해명료도' 기준을 제시하고 있는 것을 볼 수 있다. 평가 기준을 살펴보면 '알아들을 수 없는 발음과 억양으로 말한다/ 발음과 문장의 억양이 명료하지 않지만 겨우 알아들을 수 있는 정도로 말한다/ 화자가 수행한 발화를 청자가 주의를 기울이면 의사소통이 가능한 정도로 알아들을 수 있다/ 발음과 억양에서 약간 어색한 부분이 나타나지만 이해가능하게 발화한다/매우 명료하고 자연스럽게 발음한다'의 서술식으로 제안한 평가 기준은 '이해명료성'을 기준으로 한 것으로 볼 수 있다. 이처럼 한국어 교육에서는 '이해명료성'이라는 평

자의 발화가 얼마나 쉽게 이해 될 수 있는가에 대한 전체적인 채점(overall rating)을 실시하여 이해가능도를 측정하였다.

가 기준이 제시된 연구들은 아주 드물게 찾아 볼 수 있으나 최근의 연구들에서 '이해명료성'이라는 개념을 발음 평가에 적용하려는 노력이 진행되고 있음을 볼 수있다.

본고에서는 '이해명료성'을 '화자 발음의 명료함으로 청자가 쉽게 이해할 수 있는 정도'[60]라고 정의하고 말하기 평가가 궁극적으로 추구하는 목표에 따라 선택될 수 있는 하나의 발음 기준으로 볼 것이다. 다시 말해, 본고에서는 '정확성: 모국어 화자와 같은 정도'와 '이해명료성'라는 두 가지 평가 기준이 상호 배타적인 것이 아닌 전체 평가의 목적에 맞게 선택되어야 하는 기준이라는 전제 하에 '정확성: 모국어 화자와 같은 정도' 와 '이해명료성' 두 가지 기준 모두로 수험자의 분절음과 초분절음 발화 능력에 대한 채점을 실시하도록 할 것이다. 그리고 다음 장에서 사후 타당도 검증을 통하여 이들 평가 기준들이 실제로 수험자들의 발음 능력 측정 필요한 구인들을 평가하는 데 있어서 과연 변별력 있게 작용하고 있는지, 과연 평가 기준으로서 타당하게 작용하는지에 대한 검증을 해 보도록 할 것이다.

1.3. 유창성(Fluency)

외국어 교육에 있어서 의사소통 교수법의 대두와 함께 발화의 '유창성'이 강조되면서, 유창성은 효율적인 의사소통을 위하여 갖추어야 할 언어 능력으로 취급되었다. Pennington(1989)은 '유창성'의 한 부

60) 이는 '이해 명료성'이 화자의 발음과 청자의 이해의 상호작용으로 인한 것임을 의미한다.

분으로서 발음 교육에 있어서의 '운율, 음운 유창성, 목소리의 질, 몸짓'을 강조하였다. 여기서의 '음운적 유창성(phonological fluency)'은 발화의 속도[61], 길이, 조음 속도, 휴지 등을 포함한다. Færch & Phillipson(1984) 또한 유창성이 의미적 유창성(sementic fluency), 어휘-통사적 유창성(lexical-syntactic fluency), 조음 유창성(articutory fluency) 세 가지 유형으로 구분된다고 하였다(Cumming et al. 2004: 275 재인용). 이 중 조음 유창성 부분이 발음과 겹쳐지는 부분으로 언어 평가에 따라 발음 범주에 포함하여 평가되기도 하고 별도의 유창성 범주로 다루어지기도 한다.[62] 이는 연구자들, 평가 전문가들마다 유창성의 정의에 대한 관점이 다르기 때문으로 볼 수 있다(Barnwell 1989, Fulcher 1996a, Levis 2008). Levis(2008)는 이와 같은 현상이 '유창성'이라는 용어가 다음 두 개념들이 혼용되어 사용되기 때문이라고 하였다. 첫 번째 경우는 유창성을 넓은 개념으로 이해하고 말하기의 숙달도(overall spoken proficiency)와 동일한 개념으로 사용하는 경우[63]이며, 두 번째 경우는 '유창성'을 부드러운 전

61) 이는 Hieke(1985)가 제안한 개념을 따른 것으로 여기서의 발화 속도(speech rate)는 일정 시간 동안 발화하는 음절의 양을 의미하며 조음 속도(the rate of articulation)는 전체 발화에서 휴지 시간을 뺀 것을 의미한다.

62) Pennington(1986)은 발음은 개인이 정확히 발음 이상의 것으로 능숙한 의사소통에 있어서의 다이나믹한 요소라고 지적하며 발음은 단순히 표면적인 수행 현상이 아닌 의사소통 유창성에 있어서의 하나의 구성 요소라고 했다.

63) Levis는 이처럼 '유창성'이 '숙달도'와 동일한 개념으로 사용되는 이유가 유창성의 '자동성(automaticity)'과 '의사소통 진행을 모니터링하면서 미리 계획을 하는 능력'이라는 두 가지 특성이 숙달도(proficiency)와 겹쳐지기 때문이라고 보았다. 이중 특히 '자동성'이라는 것은 능숙한 화자의 중요한 특징 중에 하나로 이는 소리, 단어, 문장 수준 모두에 있어서의 자동성과 관련이 있다. 이 중에서 소리에 있어서의 자동성이 발음과 겹쳐진다. 또한 단어나 문장에 있어서의 자동화에 문제가 있는 경우 또한 발화의 리듬이나 억양이 깨어져서 발음에 문제기 있는 것으로

달(smooth transmission)이라는 개념에 초점을 맞추어 사용하여 이를 '표현의 부드러움, 속도, 명확함, 신속함'으로 보는 경우를 말한다. 이 때의 '유창성'의 부족은 잘못되거나 빈번한 휴지, 망설임, 주저함 등을 의미한다.[64] 후자의 좁은 의미의 개념을 사용하는 연구자들은 '유창성'이 발음 범주와 구별하기 쉽지 않고, 어느 정도까지 두 범주가 겹쳐지는 부분이 있다고 보고(Koponen & Riggenbach 2000), 발음이 유창성의 한 부분임은 분명하지만 유창성이라는 것은 발음 이상의 것들을 포함하고 있다고 보았다(Levis 2008).[65] Koponen & Riggenbach(2000)는 일반적으로 유창성이란 자동화(motor activity)된 수행을 능력을 측정하는 것으로 말하기에서는 문법과 어휘를 자연스럽게 사용하면서 편안함(ease)과 적절한 속도(speed)[66]로 말하는 것을 말한다고 정의하였다. Chambers(1997: 535)는 유창성이라는 개념이 외국어 평가에서 정확성과 대비되는 중요한 개념 중의 하나로 다루어 지며 다양한 정의로 사용되고 있으나, 이는 속도(speed)와 편안함(effortlessness)이라는 두 가지 중요한 특징으로 정리할 수 있다고 하였다. 이 중 발화의 속도는 일반적으로 초당 발화되는 음절의 수

판단하게 만들기도 한다.

64) Levis(2008: 267)는 발화의 지속성(continuity)이 아닌 '속도'로 유창성을 평가하는 것은 이상적인 모국어 화자 규준(idealised native speaker norm)을 사용한 불공평한 처사라고 지적하였다.

65) ACTFL에서는 정확성을 유창성의 상위 개념으로 본다. 이처럼 좁은 의미로 유창성을 보는 경우 공통적으로 정확성과 유창성과 구별되는 개념으로 보고 정확성을 유창성의 상위 개념으로 보기도 하고 그 반대의 경우로 보기도 한다.

66) 신지영(2008)은 한국어에서 좋은 말하기를 위한 적절 속도가 초당 5음절 중반이며, 조음 속도가 7음절 가까이 되면 휴지의 비율이 약 20%전후인 경우라고 했다(p137).

로 정의될 수 있는데, 발화 속도가 인상 평가로 이루어 질 때에는 조음 속도와 휴지 시간으로 측정된다. 그러나 Chamber(1997)는 최근의 연구 결과들을 종합하여 볼 때 발화의 유창성에 영향을 주는 것은 음 초당 음절 발화의 수가 아니라 오히려 발화의 길이, 자연스러움, 그리고 발화 휴지의 위치라고 보았다. 특히 청자가 느끼는 담화자의 유창성의 기준은 발화의 길이와 망설임, 주저함의 빈도라고 지적하였다. Levis(2008)는 유창성 특성이 최근 들어 컴퓨터를 사용한 말하기 평가로 일방향 평가가 보편화되면서 더욱 강조되고 있으며 이 경우 상호 작용 대화보다는 일방향 말하기(monologue)를 가정하고 있는 경우들이 많고, 최근의 말하기 평가들(예: 들어 컴퓨터, 테이프 혹은 전화를 통하여 시행되는 Test of Spoken English, TOEFL Academic Speaking Test[67], Ordinate Corporation's SET-10 등)이 이러한 특성을 반영하고 있다고 했다.[68]

한국어 교육에서 발음 평가에 있어서의 유창성 기준은 정화영(2000)에서 제안되었다. 정화영은 유창성 범주 안에 발음과 속도, 억양을 포함시키고, 유창성을 '수행의 자연스러움과 순조로움'으로 보았다. 또한 국립국어원(2012)에서도 더듬거림, 휴지, 발화속도, 강약 등을 평가 기준에 포함시킨 것을 볼 수 있다. 김상수(2009)에서는 유

67) 예를 들면 The TOEFL Academic Speaking Test(TAST)는 속도(Pace: speed/fluency)와 같은 다른 자질들을 포함한 '전달(Delivery)'이라 부르는 더 큰 영역의 한 부분에 이해 명료성(intelligibility)을 포함 시키고 있다(ffrench 2003, Levis 2008: 246 참고).

68) 유창성은 대화의 상황에 따라 영향을 받아 대담자가 있는 상호 작용의 경우 친밀관계 전략(rapport strategies) 또는 맞장구(backchannelling)가 더 영향을 미칠 수 있으며(Fulcher 1996a), 일방향 담화에서는 비유창성 표지들이 영향을 미친다(Levis 2008).

창성은 주로 구어 능력과 관련하여 사용되며, 언어 수용적 과정보다는 표현적 행위와 주로 관계가 있다고 하면서 '말의 연속성 및 지속성 같은 시간적인 개념과 밀접한 관계가 있다'고 하고 구어 유창성의 구성 요소를 발화 속도, 휴지, 반복, 망설임, 자기 수정으로 보았다. 또한 최근 들어 발음 평가가 아닌 유창성 자체 속성에 대한 연구들이 조금씩 활발하게 진행되고 있다. 이정희(2010)에서는 유창성이라는 개념이 한국어 모국어 화자와 전문가들 사이에 차이가 있음을 지적하며 한국어 모국어 화자들의 유창성 인식의 기준이 무엇인지를 알아보았다. 이를 위하여 세 명의 외국인들의 대화를 보고 설문 조사를 통한 인상적 평가 방식을 통해 일반인(120명)들이 인식하고 있는 유창성과 전문가 집단인 교사(91명)들이 인식하고 있는 유창성 인식의 차이를 고찰하였다. 이 연구에서는 발음 및 억양의 자연스러움, 문법 사용의 정확성, 어휘 사용의 실제성 및 적절성, 담화 전개의 자연스러움, 표정과 몸짓언어 사용의 자연스러움, 자신감 있는 태도, 내용 전개의 일관성, 적절한 휴지, 적절한 속도, 총 발화량을 유창성 요인으로 선정하였다. 그 결과 전문가와 일반인 그룹 모두에게 발음 및 억양의 자연스러움이 유창성 판단의 가장 중요한 이유인 것으로 나타났다. 이 연구에서의 음운적 특징인 발화 속도의 경우 일반인은 6위로 전문 교사들은 5위로 나타났으나, 발화 휴지는 일반인은 응답 빈도 '0'로 10위인 가장 낮은 판단 요인으로 교사는 7위의 판단 요인인 것으로 나타났다. 이 연구는 일반인과 전문가의 유창성에 대한 개념의 차이가 있음을 확인한 연구로서 의미가 있다. 나아가 이 연구는 유창성이라는 범주를 평가에서 사용할 때 채점자들 간에 동의된 명확한 정의가 안된다면 이 채점 결과에 영향을 미칠 수 있다는 것을 시사해 주는 것으로 볼 수 있을 것이다.

이처럼 한국어 교육에서도 음운적 요인으로서 발화 속도와 휴지에 대하여 유창성이라는 기준이 사용되어 왔음을 확인할 수 있다. 본고에서는 유창성이라는 것은 음운적 요인뿐만이 아닌 의미와 어휘 요인들도 포함하는 개념으로 보고, 음운 유창성을 유창성을 구성하는 한 부분으로 볼 것이다. 그리고 Fæ rch & Phillipson(1984)가 제시한 유창성의 분류 중 '음운 유창성'을 '발화 속도와 휴지의 자연스러움'이라고 정의하고, 이 또한 넓은 의미의 발음 평가 범주안에 포함될 수 있다고 보고 연구 범위 안에 포함시키고자 한다. 이를 통하여 발음 평가로서 음운적 유창성을 하나의 평가 기준으로보고 발화 속도와 휴지라는 구인을 평가하는 데 있어서 독립적으로 변별력 있는 기능을 하는지 알아봄으로써 그 타당성을 살펴보고 채점에 있어서의 일반화 가능도를 살펴 최적화 방안을 제시해 보도록 할 것이다.

지금까지 언어 교육의 역사를 통하여 발음 평가에서 다루어 온 평가 기준들에 대하여 살펴보았다. 이를 통하여 발음 평가 기준으로 분절음과 초분절음 구인을 평가하는 데 있어서의 '정확성' 혹은 '이해명료성' 그리고 발화 속도와 휴지 구인을 평가하는 데 있어서의 '유창성'이라는 세 가지 기준이 발음 교육과 평가에서 사용되고 있는 기준이며 각각의 기준들이 평가하고자 하는 목적이나 의미가 다름을 살펴보았다. 본고에서는 '이해명료성'이 '정확성' 기준을 분절음과 초분절음을 평가하는데 선택 가능한 기준으로 보았으며, '유창성' 기준은 발화 속도와 휴지를 평가하기 위한 기준으로 보았다. 또한 이 세가지 평가 기준들이 상호 배타적인 기준이 아닌 모두 말하기 평가에서 발음 능력을 평가하는 데 있어서 평가의 목적이나 수험자들의 평가 참여 목적에 따라 선택적으로 사용될 수 있는 평가 기준으로 보고 이 세 가지 평가 기준들의 사후 채점 타당도를 검증해 볼 것이다. 본고에서 다루고자 하는 평가 기준들을 정리하면 다음 〈그림 10〉과 같다.

말하기 수행 평가	
정확성 혹은 이해명료성	(음운) 유창성
발음 범주	
분절음(자음, 모음, 음운 변화) 초분절음(억양)	발화 속도와 휴지

〈그림 10〉 발음 범주의 평가 항목과 평가 기준

2. 채점자

말하기 수행 평가의 타당성과 관련한 많은 연구들에서는 채점자의 배경(C. Chen et al. 1995)과 경험(A. Brown 1995, Chalhoub-Deville 1995)뿐만 아니라, 엄격성(harshness)(Lumley & McNamara 1995), 편향성(Bachman et al. 1995, Lumley & McNamara 1995, Wigglesworth 1993)을 말하기 수행 평가에 영향을 미치는 중요한 요인으로 지적하고 있다.

최근에 활발히 이루어지고 있는 채점자 배경에 관한 연구의 논의 중 하나는 평가 대상 언어를 모국어로 사용하는 평가자가 제2 외국어로 사용하는 평가자보다 과연 더 적합한가 하는 것이다. 그 결과 아직까지 모국어 평가자가 제2 외국어 화자인 평가자보다 더 일관적(consistently)으로 채점을 한다거나 채점자 타당도를 높인다는 경험적인 증거들은 발견되지 않고 있다. 오히려 이들 연구들은 채점자 다양성(rater variability)이 채점자 배경이나 경험에 상관없이 모든 채점자에게 존재한다는 것을 보여주고 있다. 이들 연구들에서는 모국어 화자로 훈련을 받은 경험 있는 채점자들 조차도 경계선에 놓인 수험자들의 점수를 채점을 할 때 서로 다르게 채점하는 경우들이 있는 것을 발견하였다. 또한 이들 점수들을 면밀히 살펴본 연구 결과들에서는 어떤 채점자는 일관되게 엄격한 점수를 주고 어떤 채점자는 일관되게 후한 점수를 주거나, 평가자 한 명이 여러 명의 수험자를 일관되게 채점하지 않는다는 것을 보여 주었다. McNamara(1996)는 채점자의 엄격함이나 관대함의 정도가 채점자들이 제공하는 등급 편차의 절반을 차지하는 것을 발견하였으며, Chalhoub-Deville(1995)는 미국에 거주하는 다양한 국적의 아랍어 교사들을 상대로 아랍어 교사와 일반인(미국에 거주하는 아랍인과 레바논에 거주하는 일반인)을 상대로 거주 지역에 따라 평가 결과가 달라지는지에 대한 연구를 진행하였다. 그 결과 일반인 중 평가 대상 언어와 같은 지역에 살고 있는 평가자일 수록 문법과 발음에 비중을 두고 채점을 한다는 것을 발견했다. 또한 A. Brown(1995)은 채점자의 직업, 언어적 배경이 채점 결과에 미치는 영향을 연구한 결과 채점자의 직업과 언어적 배경이 채점 결과에 직접적으로 영향을 미치지는 않으나 평가 기준을 사용하는데 있어서 선생님의 직업을 가진 채점자들이 다른 채점자들에 비해 문법, 단어, 유창성에 더 엄격한 채점을 하고, 비원어민 채점자들이 원어민 채점자들에 비해 정중한 표현이나 발음에 더 엄격한 채점을 하는 것으로 나타났다. Carey et al.(2011)는 말하기 평가에서의 수험자의 악센트가 채점자 간 신뢰도에 영향을 주는 가에 대한 연구를 진행하였다. 그 결과 채점자들은 자신이 익숙한 악센트를 사용하는 수험자에게 더 높은 점수를 주었으며, 본인들에게 노출이 적거나 혹은 처음 듣는 악센트를 구사하는 수험자들에게 낮은 점수를 주는 것으로 나타났다. 특히 비모국어 채점자의 경우 자신과 같은 악센트를 사용하는 수험자들에게 더 높은 점수를 주는 것으로 나타났다. 이 연구를 통하여 Carey 외는 채점자 훈련이나 말하기 채점 설계에 있어서 채점자들의 언어 간 음운 친숙성(interlanguage phonology familiarity)을 충분히 고려하여야 한다고 지적하였다.

또한 위에서 살펴본 바와 같이 채점자들이 같은 시험 결과에 대하여 채점자들이 서로 간에 동일한 점수를 주지 않을뿐만 아니라, 심지어 동일한 채점자가 같은 답안을 반복해서 채점하더라도 같은 점수를 주지 않는다는 연구 결과들도 발표되었다(Eells 1930). D.C. Hughes & Keeling(1984)는 동일한 채점자가 같은 답안을 채점하더라도 전후의 채점 결과에 영향을 받아 앞에 답안이 수준 높은 답안이었다면 뒤의 답은은 상대적으로 낮은 점수를 주고 앞에 답안이 수준이 낮았다면 다음의 답안은 상대적으로 높은 점수를 준다고 하였다(채선희 1996: 7 재인용).

지금까지 살펴본 이와 같은 연구 결과들은 채점자들 간 혹은 채점자 내에서의 신뢰도로 인한 오차 요인이 평가 전체의 신뢰도에 영향을 미칠 수 있음을 의미하는 것으로 볼 수 있다. 이러한 신뢰도 확보의 어려움으로 1950년대와 1960년의 신뢰도를 중시하던 시절에는 말하기 수행 평가를 회피하려는 경향이 나타났었다. 그러나 최근에는 이러한 신뢰도도 평가 과정의 관리를 통하여 통제할 수 있으며, 이러한 채점 과정의 객관성은 평가 기준의 명확성 확보와 최소 두 명의 채점자에 의한 채점(Mullen 1980), 그리고 채점자 훈련을 통하여 가능하다(McNamara 2000)고 본다. 말하기 수행 평가가 채점자에 의한 주관적 판단이 평가 점수에 직접적인 영향을 준다는 것을 고려한다면 채점자 훈련을 통한 채점에 있어서의 일관성 확보는 중요하다고 할 수 있다(Fulcher 2003: 145). 채점자 훈련은 채점자가 갖출 수 있는 측정의 질을 향상시키는 수단으로 채점자를 처음부터 지속적으로 훈련시키는 것을 의미한다. 채점자 훈련은 보통 조정 회의(moderation)를 통하여 이루어지는데 채점자들을 독립적으로 채점을 하게 한 후 자신의 채점과 다른 채점자들의 채점 사이의 차이를 보여 주고, 각각의 채점자들이 어떻게 해석을 했는지 의견을 나눈 후 각각의 채점 혹은 등급 판정에 대한 의견 일치를 이끌어내는 과정을 거친다. Bachman & Palmer(1996)와 A. Hughes(2003)는 채점자 훈련의 내용을 평가 개발 목적과 환경 여건 숙지, 평가 구성에 숙지하기(지문, 문항, 채점 기준), 채점 기준표 숙지하기, 채점 기준의 표준 예재 숙지하기, 문제 해결과제(채점자 간 일치가 안될 경우)로 제안하였으며, 정화영(2000)은 채점자의 기본 자질로 일관성 있는 표본 추출 능력과 측정 능력이 요구 된다고 보고, 이를 배양하기 위한 채점자 훈련 과정으로 이론, 연습, 실습의 세 단계가 필요하다고 제안하였다. 그러나 여기서 주목해야 할 점은 이러한 채점자 훈련 과정을 통하여 채점자 내 신뢰도와 채점자 간 신뢰도를 높일 수는 있으나(Morrison & Lee 1985, Shohamy 1983) 완전히 없앨 수는 없다(Lumley & McNamara 1995, Weigle 1998)는 점이다. 지금까지 채점자 훈련은 채점자 간 조정(norming)과정을 거치는 것이 일반적이었으나, 연구 결과에 의하며 이러한 조정 과정 후에도 채점자들 나름대로의 주관적인 채점 행위를 완전히 버리게 할 수는 없다는 연구 결과를 보여줬다. 이는 결국 현실적으로 모든 채점자가 같은 엄격성과 일관성을 가지고 채점을 하는 것이 불가능한 일이라는 것을 의미한다. 최근 들어 이러한 연구 결과를 반영하여 채점자 교육은 채점자들에게 모두가 동일하게 채점을 하도록 하는 조정 과정을 지나치게 강조할 것이 아니라, 상당한 일정 기간 동안에 채점자 스스로가 자기 채점 행위에 대한 일관성을 유지할 수 있도록 해 주어야 한다는 주장이 나오고 있다(Lumley & McNamara 1995, McNamara 1996, Weigle 1998, 신동일 2001b).

특히, Levis(2008)는 말하기 채점에서 다른 영역과는 달리 발음만은 음운론 전공자가 채점을 해야 한다고 지적하며 발음 채점자는 다음과 같은 능력을 갖추어야 한다고 제안하였다. 첫째, 발음의 전체적인 인상 그 이상에 대한 정보를 줄 수 있어야 한다. 그렇게 함으로서 음운 카테고리(phonological categories)를 인지하고 중요한 오류들에 이름을 붙일 수 있어야 한다. 이는 아무리 경험이 많은 교사라 할지라도 음운론에 대한 지식이 없으면 불가능하다.[69] 둘째, 채점자는 발음의 상세한 측면을 듣고 확인하고 정확성에 있어서의 상대적인 중요성을 인지할 수 있어야 한다. 우리가 학습자들의 말을 들어 보면 모든 학습자들의 발음이 조금씩 다르고 아주 다양함을 알 수 있는데 어떤 오류는 이해에 영향을 전혀 주지 않고 어떤 오류는 이해에 영

---

69) Levis(2008)는 경험적으로 볼 때 발음 진단 평가를 상세하게 할 수 있는 교사가 표준화된 발음 평가에서도 잘할 수 있다고 했다.

향을 주는데, 이 때 채점자는 오류의 빈도, 혹은 의미를 전달을 흐리게 하는 요인들을 더 중요하게 볼 수 있어야 한다고 하였다. 이처럼 Levis(2008)는 발음 범주를 채점하는 데 있어서의 음운적인 지식과 이를 평가할 수 있는 능력을 갖춘 채점자의 중요성을 강조하였다. 한국어 교육에서 이향(2012c)에서도 정확성 기준의 발음 능력을 평가 결과를 다국면 라쉬 모형으로 분석한 결과 한국어 교육 경험이 가장 많은 채점자와 음운론 채점자로서 OPI 채점자 훈련 과정을 거친 채점자가 채점자 내 일관성이 가장 높은 채점자로 나타났다. 비록 이 연구를 통하여 한국어 교육 경험, 음운론 전공, 말하기 채점자 훈련 과정의 여부가 발음 채점을 할 때 보다 신뢰할 수 있는 채점을 할 수 있다는 가능성을 제기하였으나 이 연구는 채점자 특성에 관한 연구가 아니므로 이를 일반화시키기에는 부족할 것이다. 그러나 이 연구를 제외하고는 한국어 교육에서는 아직 발음 능력 채점자로서 음운론 전공자가 비전공자 채점자보다 실제 채점에 있어 더 정확하고 일관적인 채점을 하는지, 혹은 만약 정말 그렇다면 얼마나 타당도에 있어서 얼마나 큰 차이가 있는지에 대한 실증적인 연구가 전무하다. 이와 같은 현실적인 한계로 본고에서는 한국어 교육 경험과 말하기 수행 평가 채점 경험을 우선하여 채점자를 선정하였다. 또한 음운론 전공자와 OPI 말하기 훈려 과정 이수 채점자를 포함시킴으로써 이들의 채점 경향을 분석, 비교함으로써 실제로 발음 채점에 있어서 이들 요인들이 영향을 미치는가에 대한 근거를 마련해 볼 수 있을 것으로 기대한다.

이와 같은 채점자들에 대한 정보를 얻기 위하여 최근에 가장 보편적으로 사용되는 방법이 문항반응이론 모형 중 하나인 라쉬모형을 근거한 분석이다. 이는 컴퓨터 프로그램 FACET[70]을 통하여 적용해 볼 수 있다. 최근의 채점자 신뢰성에 대한 많은 연구들에서는 라쉬 모형을 활용한 분석의 효율성을 지지하고, 이를 사용함으로써 채점자들의 채점 경향을 통계적으로 조정함으로써 채점 오류를 찾아내어 채점자 내부의 일관성을 높이도록 도움을 줄 수 있다고 본다(Lumley & McNamara 1995, McNamara 1996, North 2000, North & Schneider 1998, Weigle 1998). 또한 채점자 경향을 연구하거나 채점 결과를 해석하는 데 있어서 이러한 통계적 방법뿐만이 아닌 질적인 방법도 동원되어야 한다고 보는 연구들도 있다. 그 대표적인 연구로 Douglas(1994)는 여섯 명의 채점자들에게 채점을 하게 한 후 채점자 인터뷰를 통하여 채점을 분석한 결과 같은 점수를 내놓은 채점자들이라고 해도 각각의 채점자들이 같은 이유로 같은 점수를 준 것이 아니라는 것을 발견하였다. Douglas는 그의 연구를 통하여 채점자들의 채점 경향을 분석하거나 그 결과를 해석하는 데 있어서 통계적인 방법뿐 아닌 질적인 연구 방법도 병행되어야 한다고 주장하였다.

채점자 간 혹은 채점자 내 일관성의 문제는 평가의 결과에 영향을 미침으로 신뢰도와 직결되는 문제이며 타당성 있는 평가가 갖춰야하는 전제 조건이다. 즉 채점자의 신뢰도 확보 없이 평가 전체의 타당성을 검증하기 어렵다.[71] 본고에서는 말하기 수행 평가에서의 발음 능력을 채점하는 데 있어서 채점자들의 채점자 간, 채점자 내 신뢰도와 엄격성의 정도를 다국면 라쉬 모형을 활용한 FACETS 분석으로 살펴

---

70) 이 프로그램에 대해서는 뒤 장에서 자세히 논하였다.

71) 채점자 신뢰도에 대한 논의는 뒤 장에서 자세히 논하였다.

보도록 할 것이다. 이를 통하여 타당성 검증을 위한 필요 조건인 채점자들의 채점의 일관성에 대한 정보를 확인함으로써 본고에서 살펴보고자 하는 평가 국면들의 타당성 여부를 판단하기 위한 정보로 활용하고자 한다.

3. 평가 과제

수행이란 '특정한 상황에서의 실제적 언어 사용'을 의미한다(Chomsky 1965: 10). 그러나 Valette(1977: 152)가 지적하였듯 말하기 수행 평가를 통하여 수험자 스스로가 자유롭게 말하도록 함으로써 수험자들이 언어를 창조적으로 사용하는 것을 평가할 수 있지만, 현실적으로 우리는 수험자들을 녹음기 앞이나 교실 앞에 세워 놓고 단순히 '말해!'라고 함으로써 말하기를 유도해 낼 수는 없다. 그러므로 수험자들의 '수행'을 평가하기 위해서는 학생들의 말하기를 촉진시킬 수 있는 '평가를 위한 틀(framework)', 즉 '과제'가 반드시 필요하다(Valette 1977). 이를 통하여 수험자는 모의 상황에서의 기능적 언어 과제(functional language task)를 수행하고, 채점자는 이를 얼마나 잘 수행하는가를 평가하게 된다(McNamara 1996). 또한 채점자의 과제 수행에 대한 채점 결과를 통하여 수험자가 실제 생활에서 어느 정도 수행할 수 있는 가를 예측한다(Bachman 1990, Chapelle 2001, Fulcher 2000, McNamara 1996). Norris 외(1998)는 말하기 수행 평가에서의 '과제(task)'를 다른 평가들과 구별해 주는 가장 중요한 특징이라고 하며 말하기 수행 평가의 특징을 다음과 같이 기술하였다. 첫째는 수험자는 과제를 수행해야 하며, 둘째로는 과제가 최대한 실제적이어야 하고, 셋째는 수행의 성공과 실패는 과제의 결과에 의하여 평가되어야 한다고 하였다. 이처럼 말하기 수행 평가에서 수험자의 수행의 중심에 있는 과제(task)는 지금까지의 많은 말하기 수행 평가와 관련된 연구들에서 말하기 수행 평가의 중요한 특징 중의 하나로 취급되어 왔다(Bachman & Palmer 1996, H.D. Brown 2004, J.D. Brown 2004, J.D. Brown et al. 2002, Douglas 2000, Norris et al. 1998, Skehan 1998).

특히 과제는 수험자의 발화를 이끌어 내는 틀을 제공해 주는 역할을 함으로써 수험자의 수행의 중심적인 역할을 하며, 이러한 역할은 '문항'과 '과제'를 구별해 주는 중요한 특징이라고 볼 수 있다. 즉, 고정 반응 평가에서는 '문항(item)'이 수험자의 지식 습득 여부를 가려내는 직접적인 역할을 하였다면, 말하기 수행 평가에서는 '과제'가 '수험자의 언어 사용'을 이끌어 내는 역할을 하고, 평가를 위한 수험자의 '발화 수행 데이터'를 산출해 내는 매개체로서의 역할을 한다. 이에 대하여 이완기(2007)는 수험자로부터 말을 이끌어 내는 방식도 중요하지만 수험자의 발화가 평가하기에 적절한 양과 질을 갖추도록 해야 한다고 지적하였다.[72] 이는 말하기 수행 평가에서의 '과제'가 수험자의 발화를 이끌어 내는 역할뿐만이 아니라 수험자의 발음 능력을 평가할 수 있는 만큼의 적절한 양과 평가하고자 하는 항목들이 포함된 발화를 유도해 낼 수 있어야 함을 의미한다. 아무리 학습자가 말

72) 이완기(2007)는 말하기 수행 평가의 핵심이 수험자로부터 채점하기 충분한 만큼의 말을 어떻게 도출해 내느냐(elicitation technique)와 도출된 수험자들의 말을 어떻게 효과적으로 채점하느냐(marking technique)하는 것에 있다고 지적하였다.

을 많이 했다고 하더라고 같은 말을 반복하거나, 평가하고자 하는 구인 들을 제대로 포함하지 않고 있다면 그 발화는 평가하기 적당한 산출물로 보기 힘들 것이다. 이를 종합해 볼 때 과제는 말하기 수행 평가에서 평가자가 알고자 하는 능력을 판단할 수 있는 만큼의 양과 질을 갖춘 수험자의 발화를 이끌어내는 역할을 하는 것으로 볼 수 있다.

Norris 외(1998)는 일반 언어 교육 과정에서 사용되는 '과제'에 대한 정의에 포함된 특성들을 정리하고[73] 이러한 과제에 대한 정의나 과제의 특징들이 말하기 수행 평가에서의 과제의 특수성을 표현하기에는 적절하지 않다고 지적하였다. Norris 외(1998)는 그 이유를 언어 '교육과정'에서의 과제는 실제 생활 과제를 어떻게 달성하는가라는 '학습 과정'에 초점을 맞추고 있으나 '평가'에서는 '과제가 언어를 사용하여 해결되는 방법'에 더 관심이 있어야 하기 때문이라고 보았다. 이처럼 말하기 평가에서의 과제를 연구하는 연구자들은 평가에서의 이와 같은 과제의 역할이나 과제의 틀은 일반적인 언어 교육이나 언어 습득론에서의 과제와는 구별된다고 보고 말하기 평가에서의 과제의 역할이나 특성을 제안해 왔다. Bachman & Palmer(1996)은 다음 〈표 10〉과 같이 평가에서 과제가 갖추어야 하는 특성 정리하여 제시하였다.[74]

---

73) 그는 일반적인 언어 교육에서 과제를 묘사하기 위하여 사용되는 특성들을 과제의 유한성(finiteness), 목표 지향성, 결과물의 선택, 상호작용 요구, 상호작용적 관계, 입력 형태, 활동 유형, 교사와 학습자의 역할, 과제와 학습 환경, 통합 가능성, 언어학적인 도움, 수정과 피드백의 기호, 정확성/복잡성/유창성의 요구, 주의 집중에 대한 요구라고 정리하였다.

74) 이 외에도 Weir(1993)는 이를 좀 더 세분화 하여 일반적인 시간 제약의 과정(예: 계획 시간의 유무, 짧은 상호작용대화의 허용 여부 등), 상호작용의 호혜(reciprocity)/참여의 정도, 대화의 목적, 대담자(수, 지위, 격식성, 친밀성, 성별),

〈표 10〉 말하기 수행 평가 과제의 특성(Fulcher 2003: 57)

	구분	특성
1	평가 세팅(setting) 특성	물리적 특성, 참가자, 과제의 시간
2	평가의 틀(rubrics) 특성	지시문, 구조, 시간 배분, 채점 방식
3	입력 특성	형식, 입력 언어, 주제의 특성

C. J. Weir(1993)와 Fulcher(2003)에서도 위와 유사하게 과제의 특성들을 제안하였는데 Fulcher(2003: 54)는 이러한 특성들 중 어떤 특성이 말하기 평가에서 더 중요한지에 대한 연구는 미흡하다고 지적하였다. 이는 말하기 평가 개발이나 실시에 있어서의 타당도와 관련이 있는데, 먼저 이와 같은 과제의 특성들 중 각각의 요인들이 타당도와 신뢰도에 어떤 영향을 미치며 또한 어떤 요인이 상대적으로 더 많은 영향을 미치는지를 살핌으로써 평가의 타당성에 긍정적인 영향을 미치도록 설계하는 데 도움을 줄 수 있기 때문이다. 지금까지 말하기 평가의 연구들을 살펴보면 이러한 과제의 특성 중 과제 유형과 과제 난이도가 수험자의 평가 결과에 영향을 미치는 주요한 요인들로 지적되어 온 것을 볼 수 있다. 말하기 수행 평가에서의 '과제의 난이도'란 평가의 결과와 관련이 있는데 과제 난이도가 높다는 것은 수험자가 점수를 받기 어려움을 의미하며 과제의 난이도가 낮다는 것은 상대적으

세팅, 역할, 주제, 체널(예: 전화, 면대면), 입력 차원, 입력 크기, 사용된 언어의 복잡성, 주제의 범위를 과제의 특성으로 제안하였으며, Fulcher(2003)는 과제의 특성을 바탕으로 말하기 평가에서 과제가 갖추어야할 틀로 1. 과제 지향성: 개방형 과제, 안내된 과제, 닫힌 과제, 2. 상호작용적 관계: 비상호작용적 과제, 상호작용적 과제(일방형/쌍방향/다방향 과제), 3. 목표 지향성: 무목표, 귀납적, 연역적 과제, 4. 대담자 상황과 친밀도: 대담자가 없는 과제, 높은 지위, 낮은 지위, 같은 지위, 5. 주제, 6. 상황(p57)을 제안하였다.

로 수험자가 점수를 받기 쉽다는 것을 의미한다. Skehan(1998)은 이러한 과제의 난이도에 친숙한 정보, 구조화된 과제, 복잡성과 많은 작업, 기초 지식의 복잡성, 차별화된 산출이라는 특성이 영향을 준다고 하였다. Elder et al.(2002)는 관점(perspective), 즉시성(immediacy), 충분성(adequacy), 계획 시간(planning time)이 과제의 난이도에 영향을 미치는 특성들이라고 보고, 이 기준들을 실제 언어 평가에 적용해 보았다. 그러나 그 결과 이 조건들이 실제 과제 난이도에 미치는 영향은 아주 미미하다는 것을 발견하였다.

또한 몇몇 연구자들은 연구를 통하여 과제의 '유형'의 변화로 수험자의 담화가 변화된다는 점을 발견하였는데, 이러한 발견은 과제 유형의 변화로 인한 수험자 담화의 변화가 수험자의 점수 결과에도 영향을 미치지 않을까 하는 의문을 제기하도록 만들었다. 이에 대한 연구 결과 평가 유형을 현저하게 다르게 하면 평가 결과의 유의미한 차이가 발견되는 것으로 나타났다. Fulcher(1996b), Bachman et al.(1995), Wigglesworth(2001)은 일반화가능도 이론, 다국면 라쉬 모형을 활용한 분석을 하였는데 그 연구 결과들은 모두 과제의 유형이 아주 작지만 유의미한 영향을 미친다는 것을 알아냈다.[75] 또한 이들 연구들 결과 모두 과제의 난이도에 가장 많은 영향을 미치는 것은 학습자 고유의 능력인 것으로 나타났다.[76]

---

75) Fulcher(2003)는 이러한 결과를 해석하는데 있어서 Fulcher & Márquez Reiter(2003)가 지적하듯 샘플 크기를 고려한 실제적인 유의미성(practical significant)를 고려해야 함을 지적하였다(p65).

76) Fulcher & Márquez Reiter(2003)에서는 말하기 평가에서 과제의 난이도의 차이를 만들어 내는 것은 오직 수험자의 특수성(specific speakers)에서 비롯되는 것이라고 하였다. 여기서는 수험자의 특수성을 수험자의 문화 배경과 과제 간의 상

Norris, J. M 외 Norris et al.(1998: 25 참고)는 말하기 수행 평가를 위한 과제를 개발하기 위해서는 먼저 다음과 같은 두 가지 평가 목적에 따라 과제를 구별해야 한다고 보았다. 첫 번째는 '구인에 기반을 둔 평가'이고, 두 번째는 '과제에 초점을 둔 평가'이다. 그는 이 둘 중 실시하고자 하는 평가가 어떤 평가인가에 따라서 과제의 개발부터 과제의 성격이나 유형 등이 결정되어야 한다고 주장했다. 전자는 먼저 평가하고자 하는 구인들에 초점을 맞춘 후 구인, 점수의 사용 등을 나타낼 수 있는 과제를 개발하는 것이고, 후자는 수험자가 궁극적으로 그 언어를 사용하여 할 수 있기를 원하는 수행이 무엇인지에 우선 초점을 두고 과제를 개발하는 것이다. Bachman(2002) 또한 말하기 수행 평가에 있어서의 기존의 과제에 대한 이론들을 정리하여 말하기 수행 평가에 있어서 과제는 그 본질에 따라 다음 〈그림 11〉과 같이(a) '구인 기반 해석'과(b) '과제 기반의 해석' 두 가지 방식으로 해석될 수 있는다고 제안하였다.[77]

호작용과 같은 상황(context)이라고 가정하고 사회적 거리, 부담의 정도(degree of imposition)와 모국어 배경 간의 상관관계를 관찰한 결과 이들 세 국면간의 상관관계가 있다고 주장하였다. 이러한 사회적인 힘이나 부담의 정도가 어느 정도 과제의 난이도에 영향을 미친다는 연구 결과들은 평가뿐만 아니라 언어 습득론에서도 볼 수 있다.

77) 그러나 Bachman(2002)은 이 둘을 양분의 개념으로 보는 시각에 대한 문제를 지적하였다. 그는 언어 능력 구인에만 초점을 둘 경우에도 큰 문제가 있으며, '과제 기반으로만 해석만을 실시할 경우 예측 가능성이나 대표성에 문제가 있다고 지적하며 두 가지 모두에 대한 해석을 해다 한다고 주장하고 이 두 가지 측면에서의 해석이 모두 이루어지지 않는다면 평가가 의도한 바로 대로 평가를 사용할 수 없게 된다고 지적하였다(p470).

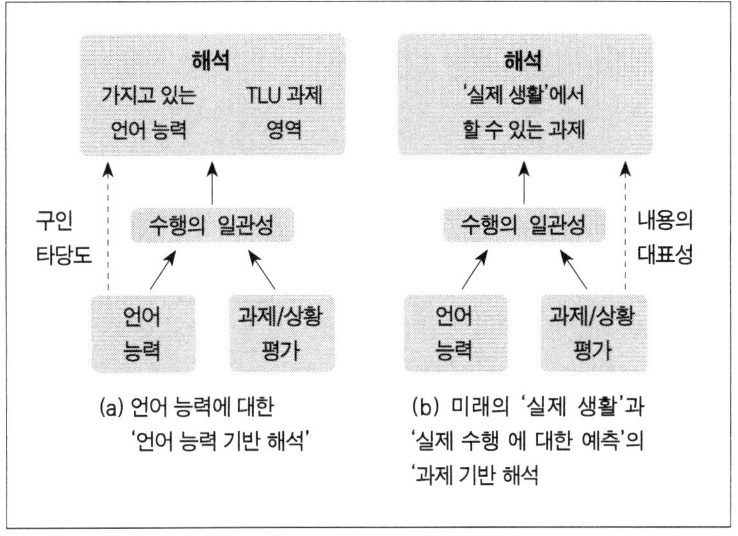

〈그림 11〉 언어 평가 과제에 있어서의 해석 방법(Bachman 2002: 457)

위의 〈그림 11〉에서 제시된 두 가지 유형 중 본고에서 다루고자 하는 과제는 '과제 기반으로 한 말하기 수행 평가'가 아닌 '일반적인 말하기 수행 평가'에서의 과제이며, 이는 Norris et al.(1998)의 '구인 기반 평가'를 의미하며, Bachman(2002)의 '언어 능력 기반으로 한 해석' 방식을 의미한다. 특수 목적의 말하기 수행 평가의 경우는 '과제 기반 평가'와 '과제 기반 해석'에 적절할 것이나 본고에서 다루고자 하는 말하기 수행 평가는 일반 목적의 말하기 수행 평가로 궁극적으로 수험자의 말하기 능력을 추론하는 것이 목적이고 '과제'는 말하기 능력을 유도해 내기 위한 수단으로 본다. 그러므로 말하기 평가에서의 수험자의 발음 능력을 평가하고자 할 때 수험자는 가지고 있는 수준의 언어 능력을 가지고 주어진 상황에서 주어진 과제에 대하여 말을 하고, 채점자는 도출된 '발화'를 기반으로 수험자의 발음 능력을 추정한다. 과제 개발의 초점 또한 과제의 '내용의 대표성'보다는 '실제성/일반화/추정 가능성'에 두고 수험자의 과제 수행에 있어서 일관성 있는 수행을 이끌어 내도록 하는 데 그 초점을 두도록 할 것이다. 이는 실제성, 일반화 가능성, 추정 가능성을 갖춘 발화를 이끌어 내는 과제일 수록 더욱 타당도가 높은 과제임을 의미하는 것이다.

한국어 교육에서 이러한 말하기 평가 과제 난이도와 유형에 대한 구체적인 언급은 강승혜 외(2006)와 국립국어원(2012)에서 확인된다. 강승혜 외는 일반적으로 한국어 교육 현장에서 사용되고 있는 말하기 평가 과제 13가지 유형을 제시하면서 각각의 과제를 초급, 중급, 고급 수준의 난이도에 따라 다음 〈표 11〉과 같이 분류할 수 있다고 하였다. 그러나 이러한 분류에 대한 객관적인 근거는 제시하지 않고 있다.

〈표 11〉 말하기 평가의 유형 및 급별 활용 가능성

	평가 유형	초급	중급	고급
1	소리 내어 읽기	○	○	○
2	질문 읽고 대답하기	○	○	○
3	질문 듣고 대답하기	○	○	○
4	인터뷰	○	○	○
5	그림, 자료 보고 이야기하기	○	○	
6	정보 결함 활동	○	○	
7	역할 놀이	○	○	
8	시청각 자료 내용 이야기하기	○	○	○
9	토론하기		○	○

10	발표하기	○	○	○
11	통역하기		○	○
12	TOP TEST	○	○	○
13	포트폴리오 평가	○	○	○

국립국어원(2012)는 CBT/IBT 기반 말하기 평가를 위한 문항 유형 개발에 대한 보고서로 컴퓨터 기반 평가를 위한 과제 유형들을 제안하였다. 여기서는 CBT/IBT 도구의 특성에 맞는 과제를 개발하는 것을 목표하고 과제 개발의 예를 제시하였다.

〈표 12〉 CBT/IBT 기반 말하기 평가 과제의 등급별 유형

수준별	기본 문항	문항 수	변형 문항
초급	1. 따라 말하기	5	
	2. 단순 질문에 답하기	5	2-1 상황을 보여주는 배경이 제시된 질문에 답하기 2-2 상황 주고 말하기
중급	3.경험이나 계획 말하기	1	3-1 녹음된 담화를 듣고 개별 질문하기 3-2 자료(광고, 메모, 전단지, 메뉴판)를 보고 연계 질문에 답하기
	4. 그림 묘사하기	1	4-1 복잡한 그림 묘사하기 4-2 비슷한 그림 보고 차이점 말하기 4-3 연속적으로 그림 보고 이야기하기 4-4 연속적으로 그림을 보고 이야기하기 +마지막 그림 창의적 말하기

고급	5. 도표/그래프 설명하기	1	5-1 도표/그래프 보고 정보 말하기 5-2 도표/그래프 보고 발표하기
	6. 의견 말하기	1	6-1 사회문제가 포함된 자료를 보고 자기 의견 제시하기 6-2 찬반이 있는 설명을 듣고 근거를 들어 자기 의견 제시하기
	7. 설득/대안 제시하기	1	7-1 설득하기 7-2 대안 제시하기

이는 기존의 외국어 말하기 시험과 이미 개발되어 있는 한국어와 외국어의 CBT/IBT 말하기 평가 문항 유형의 검토를 통하여 제안된 평가 과제이며, 이는 이론과 기존의 연구들을 근간으로 한 이론 타당도 검증을 통하여 제안된 과제이다. 그러나 이 연구에서도 이와 같은 과제 유형을 제안하고 이에 대한 객관적인 검증은 이루어지지 않았으며 위의 과제 수준을 제안한 난이도에 대한 근거 또한 제시하지 않고 있다.

물론 이에 대한 근거를 제시하지 않은 것은 아직까지 한국어 교육에서는 말하기 평가 유형과 말하기 과제의 난이도에 대한 객관적인 연구가 전무하기 때문일 수도 있다. 그러나 한국어 교육에서뿐만 아니라 앞에서 제시한 영어 교육에서도 아직까지 과제의 난이도에 무엇이 얼마나 영향을 미치는지 그리고 무엇이 과제를 어렵게 만드는지에 대해서 정확히 밝혀지지 않았다. Bachman(2002)는 그 이유를 난이도(difficulty)라는 것이 과제 자체에 있는 것이 아니라 과제와 상황, 수험자 간의 상호작용에서 비롯되기 때문이라고 주장하였다. 이와 같이 과제의 난이도에 영향을 미치는 요인이 직접적인 평가 요인뿐만 아니라 다른 여런 요인들과의 상호작용에서 기인한다는 주장은 연구들을 통하여 뒷받침되고 있다. Henning(1983)은 평가 과제 유형과 평가 영역 간의 상호 작용에 대한 연구를 진행하였다. Henning은 제2 외국어로 영어를 배우는 학습자를 대상으로 '모방, 완성, 인터뷰'의 세 가지 유형의 평가 과제를 '유창성, 발음, 문법, 유창성-발음-문법 점수'의 평가 영역으로 타당성을 연구하였는데 그 결과 학습자에게 간단한 문장을 읽게 한 모방 방법이 실제 생활에서의 복잡한 사용을 유도해 내는 인터뷰 과제나 완성하기 과제보다 총체적인 타당도가 가장 높은 것으로 나타났다고 한다. 또한 Chalhoub-Deville(1995)은 제2 외국어로 아라비아어를 학습하는 학습자를 대상으로 '인터뷰, 서술(narration), 큰 소리로 읽기(read-aloud)' 세 가지 유형의 과제를 '문법과 발음, 정보 표현에 있어서의 창의성, 표현의 상세함'의 세 가지 영역으로 구어 능숙도를 평가하였다. 그 결과 '표현의 상세함'이라는 영역의 점수는 변화가 거의 없는 반면, '문법과 발음 범주', '표현에 있어서의 창의성 영역'은 과제마다 평가 결과에 영향을 주는 영역이 다른 것으로 나타났다. '인터뷰 과제'에서는 문법, 발음, 단어 사용이 중요한 평가 영역으로 나타났으며, '그림 묘사하기 과제'에서는 창의성 영역이 가장 중요한 평가 기준으로, '소리 내어 읽기 과제'에서는 자신감과 발음이 중요한 영역으로 나타났다. Foster & Skehan(1996)은 과제 계획 시간과 평가 과제 유형 간의 상호 작용을 연구하였는데, 수험자가 과제를 수행 하는 중에 계획(planning)의 여부나 그 조건에 따라 평가 결과가 달라지며 이 또한 과제의 유형에 따라 다르다고 했다. 예를 들어 개인적인 정보 교환 과제보다 묘사하기나 의견 주장하기 과제가 과제 계획 여부와 얼마나 계획했는가에 더 영향을 받는다는 것을 알아냈다. 또한 과제의 배열이 평가의 난이도에 영향을 미친다는 연구도 있다. 신동일(2001b)은 숙명여대에서 개발한 MATE 채점자들의 채점 경향을 분석한 결과 채점자들이 과제의 선형적인 난이도에 의지한 채점 전략을 채택하고 있음을 발견하였다. 신동일은 이러한 원인이 선형적 난이도에 대한 이론적인 그리고 경험적 입증이 대단히 빈약하다는 데 그 원인이 있다고 보았다. 그러므로 말하기 평가에서 등급별 과제의 설정이 타당한지, 과제의 난이도가 실제로 존재하는지, 수험자들은 어떻게 인지하고 있는지에 대하여 영어 평가 전문가들은 보다 많은 경험적 자료를 분석해 볼 필요가 있다고 지적하였다.

이와 같은 연구들에서 볼 수 있듯 과제 자체의 속성뿐만이 아니라 다른 외적 요인들 간의 상호작용으로 인한 특성 또한 말하기 평가의 결과와 평가의 타당성에 영향을 준다. 그러므로 과제가 평가에 어떻게 영향을 미치는 가를 알기 위해서는 과제 자체의 유형, 난이도뿐만 아니라 평가 영역이나 수험자, 채점자 간의 상호작용에 대한 종합적인 검토가 필요할 것이다. 본고에서는 컴퓨터를 기반으로 한 말하기 평가 개발을 전제로 하여 말하기 평가 과제 유형을 선택하였다. 그러므로 쌍방향 과제가 아닌 일방향 과제 유형으로 모든 수험자의 발화가 발화할 수 있는 초급 수준의 과제를 선택하였다. 그 기준은 강승혜 외(2006)과 박동호(2012)를 참고로 하였다. 또한, 본고에서는 다국면 라쉬 모형을 통하여 평가 과제 유형별로 평가 과제들의 난이도와 반응의 일관성을 살펴보고, 사용된 과제들의 변별성을 살펴보도록 할 것이다. 그리고 나서 일반화가능도 이론을 활용하여 이들 과제들이 다른 국면들과 어떻게 상호작용하고 있는지 살펴보도록 하겠다.

4. 채점 방식과 채점 척도

말하기 수행 평가 결과는 다양한 국면들의 영향을 받는다. 그 중 발음 채점을 위한 채점 방식은 채점자가 채점을 하는 데 있어서 채점 기준과 함께 그 과정에 영향을 미치는 요인으로 이에 대한 타당성 검증도 필요하다. 특히 채점 방식과 채점 척도는 채점 기준표에 채점자가 점수를 주는 방법을 의미하며 그 방법의 신뢰성과 타당성이 없다면 평가 결과도 신뢰할 수 없어진다. 여기서는 먼저 지금까지 발음 능력 측정에 사용되온 평가 유형과 채점 척도 살펴보고 발음 평가를 위한 적절한 방안을 탐색해 볼 것이다.

먼저 말하기 수행 평가의 채점 방식은 총체적 채점과 분석적 채점으로 구분할 수 있다. 본고는 발음 평가 범주만을 다룸으로써 이미 말하기 수행 평가에 있어서 각각의 범주를 따로 분석적으로 채점한다는 것을 전제로 하고 있다. 그러나 발음 범주를 채점하는 데에도 총체적 채점과 분석적 채점 유형 중 어느 것이 더 타당도가 높은가를 검증하여 적절한 평가 유형을 선택하여야 할 것이다. 즉 발음 범주에서 '발음'이라는 하나의 항목으로 총체적 채점을 할 것인지, 아니면 이를 좀 더 세분화 하여 항목별로 채점할 것인가 하는 결정을 의미한다.

〈표 13〉 총체적 채점 범주와 분석적 범주의 비교[78)]

	총체적 범주	분석적 범주
신뢰도 (reliability)	분석적 유형보다는 낮으나 수용할 수 있다(acceptable).	총체적 유형보다는 높다.
구인 타당도 (construct validity)	총체적 유형은 말하기 능력의 모든 측면이 같은 속도로 발달해서 하나의 점수로 표현할 수 있다고 가정한다.	분석적 범주는 말하기 능력의 모든 측면이 서로 다른 속도로 발전하는 제2언어 학습자에게 적합하다.
실용성 (practicality)	상대적으로 빠르고 쉽다.	시간이 많이 든다. 비용이 많이 든다.
영향력 (impact)	단일 점수는 똑같지 않은 말하기 능력의 모든 측면을 포괄하고 있어서 배치(placement)에 적합하지 않다.	많은 범주들이 배치 혹은 교육에 유용한 진단 정보를 제공한다. 채점자 훈련에 더 유용하다.
실제성 (authenticity)	White(1995)는 총체적 유형이 분석적인 것보다 더 자연스럽다고 주장했다.	채점자는 총체적인 인상을 분석적 점수로 표현하다.

지금까지 한국어 말하기 발음 평가에서 발음 범주를 제시한 연구들의 경우 발음이라는 범주를 총체적인 채점으로 제시하고 있는 경우들이 대부분이다(강유리 2005, 박성경 2007, 이진영 2009). 그러나 이향(2012a)에서 발음 범주의 분절음과 초분절음을 정확성(모국어 화자와 같은 정도)을 기준으로 총체적 채점과 분석적 채점을 실시한 결과를 일반화가능도 이론으로 분석한 결과 분석적 채점이 총체적 채점

78) 〈표13〉은Weigle(2002: 121)을 참고하였다. Weigle의 연구는 쓰기 수행 평가를 중심으로 총체적 범주와 분석적 범주의 특징을 〈표13〉과 같이 정리하였다. 그러나 본고에서는 이 특징들이 쓰기 수행 평가뿐이 아니라 말하기 수행 평가에도 적용된다고 보고 Cushing Weigle이 제시한 표를 부분적으로 말하기를 추가하여 제시하였다.

보다 높은 신뢰도를 확보할 수 있다는 것을 확인하였다. 그러므로 이에 따라 본고에서는 정확성 기준의 발음 능력을 채점하는 데 있어서는 분석적 채점이 적절하다고 본다. 이는 일반적으로 정확성 기준으로 발음 능력을 평가하는 경우 분절음과 초분절음 능력을 개별적으로 각각 평가해 온 것을 반영한 것이기도 하다. 그러나 분절음과 초분절음을 이해명료도를 기준으로 채점할 경우 이들을 분리하지 않고 이들 구인에 대한 총체적 채점을 실시하였다. 이는 비록 이해명료성이 정확성과 대치되는 개념으로 분절음과 초분절음이라는 동일한 구인을 채점하는 기준이기는 하나 정확성은 각각의 음소, 음운 변화, 초분절음 각각을 정확하게 발음하는 것을 평가하는 것이므로 평가에 있어서도 이를 개별적으로 평가를 하는 것이 타당하고, 이해명료성은 화자와 청자의 상호작용 측면에서의 이해의 용이성을 평가하는 것으로 이들을 별개로 측정하는 것은 이 평가 기준 개념과 상충하는 것이므로, 이해명료도는 이들 구인들을 총체적으로 측정하는 것이 타당하다고 보았다. 또한 발화 속도와 발화 휴지를 '유창성'을 기준으로 평가하는 경우도 총체적 채점 방식을 사용하였다. 이는 발화 속도와 휴지가 상호작용하여 나타나는 하나의 현상이기 때문에 이 둘을 각각 분석적으로 채점하는 것은 부적절한 것으로 보았다.

다음으로 고려해야 하는 것은 채점 척도이다. 지금까지 발음 능력을 측정과 관련된 연구에서 사용된 채점 방법은 수험자의 발화를 들은 후에 철자 전사를 하는 방법을 사용하여 잘못 발음한 음소나 어절의 수를 세어 측정하는 것이 대부분이었다(Dale & Poms 1994, Dauer 1993, De Jong 1977, Dobbyn 1976, Prator & Robinett 1985). 그러나 말하기 수행 평가에서 이와 같은 방법을 사용할 경우 타당성은 높아질 수 있으나 시간과 비용이 너무 많이 들어 평가의 실용성에 문제가 생기게 될 것이다. 그러므로 현실적으로 리컬트 척도를 사용한 평가를 하는 방법이 적합하다고 본다. 리컬트 척도는 보통은 숫자 형식을 취하지만 '아주 잘함' 혹은 '보통'과 같은 구어 카테리들로 각각의 점수가 의미하는 바를 짧거나 긴 문장으로 표현하기도 한다. 그렇다면 채점자는 얼마나 많은 리컬트 척도를 사용해야 할까. 채점자는 변별력 있고 일관성 있게 수험자들의 능력을 구분할 수 있어야 하고, 채점 척도가 이를 가능하게 할 수 있어야 한다. 예를 들어 수험자의 수행을 여섯 개의 리컬트 척도를 사용하여 채점을 하도록 하였는데 그 결과 채점자들이 네 개의 척도만을 사용하여 채점하였다면 나머지 두 개의 척도는 의미가 없다는 것을 의미하거나 변별력이 없음을 의미하는 것으로 볼 수 있다. 이에 대하여 Common European Framework(2001)은 4~5개의 척도부터 채점자들에게 인지적인 부담(cognitive load)를 느끼게 하며 7개가 넘으면 심리적인 한계를 넘는 것이라고 했다. 왜냐하면 채점자들이 각각의 척도가 변별력있게 독립적으로 해석할 수 있어야하기 때문이다(Luoma 2004: 80 참고). 또한 일반적으로 가장 많이 사용되는 3점, 5점 척도와 같은 홀수의 척도는 채점자들이 중립 점수를 사용하는 회피 전략을 사용할 수 있다(신상근 2010). 예를 들어 3점 척도의 경우 2점을 5점 척도의 경우 3점을 선택함으로써 채점에서의 부담으로부터 회피하는 전략을 사용함으로써 변별력 있는 채점이 불가능할 수 있다. Bachman & Palmer(1996)는 채점자의 배경이나 경험이 채점 척도를 사용하는 데 영향을 미치는데 경험이 많은 교사는 더 정확한 변별을 할 수 있으며 더 많은 척도를 일관적으로 사용할 수 있다고 했다.

대부분의 한국어 말하기 평가 연구에서 제안된 말하기 평가 채점 기준표와 채점 방식도 리커트 척도를 사용한 평가를 제안하고 있는 것을 볼 수 있다. 이진영(2009)은 초급, 중급, 고급에 따라 평가 범주들의 배점은 달리하나 채점 시 발음과 억양 범주는 모두 5점 척도를 사용할 것을 제안했으며, 박성경(2007)은 과제 유형별로 발음/억양 범주를 채점하는 데 3점 척도에서 5점 척도까지 평가 영역마다 다르게 사용할 것을 제안하였다. 강유리(2005)는 급별 말하기 채점표를 제안하면서 구체적으로 몇 점 척도를 사용할지는 평가자가 결정하도록 하였지만 역시 리커트 척도를 사용하여 채점할 것을 제안하였다. 장준호(2010)도 발음 범주에 5점 척도를 제안하였다.

채점 기준표의 채점 척도는 적당한 타당도와 실용성을 고려하여 결정되어야 한다. 본고에서는 채점 기준표의 타당성을 검증하는 데 있어서 6점 리커트 척도를 제안하고자 한다. 이는 홀수 척도로 인한 중립 채점으로 인한 채점자들의 판단 회피 전략과, 7점 채점 척도로 인한 채점자의 인지적 부담을 피하기 위해서이다. 본고에서는 사후 채점 타당도 검증을 통하여 이 여섯 개의 척도가 모두 변별력이게 유의미하게 작용하고 있는지 검증을 해 볼 것이다.

지금까지 사전 채점 타당도 과정 검증을 통하여 제안한 구인, 채점 방식, 채점 척도를 정리하며 다음 〈표 14〉과 같이 나타낼 수 있다.

〈표 14〉 말하기 수행 평가에서의 발음 범주 채점 기준표

정확성		이해명료성	유창성
분절음	초분절음	분절음, 초분절음	발화 속도, 휴지
1 2 3 4 5 6	1 2 3 4 5 6	1 2 3 4 5 6	1 2 3 4 5 6

채점 기준표를 바탕으로 지금까지 제안한 채점 방안을 정리하면 다음과 같다.

말하기 수행 평가에서 발음 범주를 구인으로 분절음과 초분절음, 발화 속도와 휴지 구인에 대한 평가를 하도록 한다. 분절음은 자음과 모음 그리고 음운 변동을 포함하며, 초분절음은 억양에 대한 평가를 하도록 하며 발화 속도와 휴지는 서로 상호작용을 하는 구인으로 보고 이를 하나의 구인으로 보도록 한다.

채점 기준에 있어서는 분절음과 초분절음은 정확성 기준과 이해명료성을 기준으로 채점하도록 하였으며, 발화 속도와 휴지는 유창성을 기준으로 채점하도록 하였다. 정확성은 '모국어 화자와 같은 정도'를 의미하며, 모국어 화자와 같은 발음이라고 판단되면 가장 높은 점수를 받고 상대적으로 모국어 화자와 같지 않다면 낮은 점수를 받게 된다. 이해명료성은 '화자의 발음의 명료함으로 청자가 쉽게 이해할 수 있는 정도'를 의미하며, 채점자가 피험자의 발화를 이해하는 데 있어 발음의 불명료함으로 이해하기 어려웠다면 낮은 점수를, 발음의 명료함으로 이해하기 쉬웠다면 상대적으로 높은 점수를 받게 된다. 예를 들어 진리를 [질리]가 아닌 [진리]로 발음하였을 경우 정확성에서의 분절음의 평가에 있어서는 감점의 요인이 될 수 있으나, 이해명료성의 기준으로 보면 청자 즉, 채점자에 따라 [진리]로 발음하여 이해를 하는 데 어려움을 느꼈다면 감점의 요인이 되고, 이와 같은 발음 오류에도 불구하고 청자가 발음을 이해하는 데 어려움이 없었다면 감점 요인이 안될 수도 있는 것이다. 마지막으로 발화 속도와 휴지는(음운) 유창성을 기준으로 채점하도록 하며, 여기서의(음운) 유창성은 발화 휴지와 속도의 자연스러움을 의미한다. 이는 자연스러운 속도와 휴지로 발화를 하는 피험자는 높은 점수를 받고, 상대적으로 부자연스러운 발화 속도와 휴지를 나타내는 피험자는 낮은 점수를 받게 되는 것이다.

채점자는 이와 같은 기준으로 각각의 구인들에 대하여 6점 채점 척도로 채점을 하도록 한다.

또한 이와 같은 채점 기준표를 사용하는 데 있어서 고려해야 하는 점은 다음과 같다. 먼저 채점을 하는 데 있어서 과제별 채점으로 할 것인가, 모든 과제를 듣고 한번만 채점을 하는 일시 채점으로 할 것인가하는 것이다. 즉 수험자의 말하기 수행 평가를 과제별로 각각 채점을 하는 것과 모든 과제를 들은 후 단 한 번의 채점으로 채점하도록 하는 것 중 어느 방식이 적합할 것인가 하는 문제이다. 전나영 외(2007)는 말하기 숙달도 평가를 제안하면서 음운 영역에 있어서만 과제별 분석적 채점과 일시 채점을 동시에 할 것을 제안한 바 있다. 물론 이에 대한 객관적인 타당성이나 신뢰도에 대한 검증은 이루어지지 못했다. 본고에서는 먼저 세 가지 유형(낭독하기, 그림보고 묘사하기, 서술하기)의 과제에 대한 과제별 채점을 실시한 후 일반화가능도 이론을 활용한 분석을 통하여 발음 채점에 있어서 적절한 신뢰도를 확보하기 위한 과제수를 탐색해 보도록 할 것이다. 만약 한 개의 과제로도 높은 신뢰도 계수를 확보할 수 있다면 이는 과제 일시 채점이 가능함을 의미하는 것으로 볼 수 있으며, 그 이상의 과제를 필요로 한다면 과제별 채점이 불가피함을 의미하는 것으로 볼 수 있다.

또 다른 고려해야 할 문제는 과제별로 채점을 할 경우 모든 과제를 동일한 채점 기준표를 사용하여 채점을 하는 것이 타당한가 하는 것이다. 이는 과제별로 이끌어 낼 수 있는 발화의 종류와 유형 그리고 특징이 다르기 때문에 이를 반영하여 채점 항목과 기준 혹은 배점[79]을 달리해야 할 수 있기 때문이다. 이를 위해서는 먼저 과연 '발음'이라는 것이 과제의 유형별로 평가 결과가 다른지를 살펴보고, 만약에 평가 결과가 다르다면 어떤 과제에서 발음 능력을 좀 더 효과적으로 측정할 수 있는가를 알아내어 이를 배점에 반영해야 할 것이다. 예를 들어 발음 평가 과제로 과거로부터 가장 많이 사용되어 온 낭독하기 과제의 경우 대화체 낭독하기와 서술체 낭독하기 과제보다 분절음과 초분절음을 높은 신뢰도로 변별력 있게 평가할 수 있는지에 대한 객관적인 검증이 필요할 것이다. 또한 사진보고 서술하기, 과거의 경험 서술하기와 같은 서술형 과제와 역할극과 같은 과제 유형이 모두 분절음과 초분절음의 채점 결과가 같은지, 아니라면 어떤 과제가 어떤 구인을 채점하는 데 더 적합한지에 대한 검증이 필요할 것이다. 그러나 아직까지 한국어 말하기 평가에서는 이에 대한 어떤 검증도 이루어지지 않고 있다. 그러므로 본고의 다음 장에서는세 가지 과제를 사용하여 실제 말하기 수행 평가를 실시하고 그 채점 결과를 사용하여 사후 채점 타당도 분석을 실시하고자 한다. 먼저 다국면 라쉬 모형을 활용한 분석 결과를 바탕으로 평가 과제별로 발음 능력 측정 결과

79) 전나영 외(2007)의 경우 말하기 숙달도 평가의 급별 채점 방안을 제시하면서 발음 범주의 점수 비율을 초급: 20%, 중급: 15%, 고급: 10%로 다르게 설정하고, 초급 발음(10점): 발음(5점), 억양/띄어 말하기(5점), 중급 발음(10): 발음(5점), 억양/띄어 말하기(5점), 고급(5점): 발음/억양/띄어말하기(5점)의 점수를 배분하여 급별로 그리고 언어 능력 구성 요인 별로 다른 배점을 해야 한다고 주장하였다. 하지만 이는 경험적인 직감에 의한 배점일 뿐 어떤 실증적인 검증을 근거로 한 배점은 아니다.

가 다르게 나타나는지를 살펴봄으로써 평가 과제별로 각각의 구인들에 대한 측정에 타당성을 검토해 보도록 할 것이다.

Ⅳ

발음 범주 채점의 사후 채점 타당도 검증

Ⅳ 발음 범주 채점의 사후 채점 타당도 검증

3장에서는 말하기 수행 평가에서 발음 범주에서 평가해야 하는 평가 구인에 대한 이론 기반 타당도 검증을 실시하였으며, 각각의 구인들에 대한 평가 기준, 평가 유형, 평가 방식에 대한 사전 채점 타당도 검증을 실시하였다. 또한 이를 근거로 발음 채점에 사용할 채점 방안을 제안하였다. 그러나 이 채점 방안은 어디까지나 이론과 연구, 경험과 직관을 바탕으로 한 것일 뿐 실제 채점 상황에서 사용되었을 때 얼마나 정확하고 일관성있게 작용하여 신뢰할 수 있는 채점 결과를 도출해 낼 수 있는지에 대한 객관적인 검증이 필요하다. 이를 위하여 본 장에서는 사후 채점 타당도 검증을 실시하고자 한다. 본고에서는 다국면 라쉬 모형과 일반화가능도 이론을 활용한 분석을 통하여 채점의 타당도를 검증해 봄으로써, 말하기 수행 평가의 타당성 확보에 필요 조건인 채점에 있어서의 신뢰도를 살펴보도록 할 것이다.

가. 사후 채점 타당도 검증을 위한 실험 방법

1. 실험 방법

지금까지 본고는 이론 기반 타당도 검증과 채점 타당도 검증을 통하여 구인을 선정하고 이들 구인에 대한 채점 방안을 제안하였다. 본 절에서는 앞서 제안한 채점 방안에 대한 사후 채점 타당화 과정을 실시하고자 한다. 이를 위하여 연구자는 한국어 학습자를 대상으로 컴퓨터 기반의 말하기 수행 평가를 실시한 후 그 결과를 한국어 교사 채점자들로 하여금 제안한 채점 방안을 사용하여 채점을 하도록 하였다. 채점자들이 사용한 채점 기준표는 지금까지 본 연구를 통하여 타당하다고 고려된 구인과 평가 기준, 채점 방식과 척도로 구성하였다. 다음으로 그 결과를 다국면 라쉬 모형과 일반화가능도 이론을 사용한 일반화연구를 통하여 타당도를 검토한 후 결정연구를 통하여 신뢰도 확보를 위한 최적화 조건을 탐색해 보도록 할 것이다. 구체적인 실험 방법은 다음과 같다.

1.1 실험 참가자

1) 수험자

본 연구는 한국에서 외국어로서 한국어를 학습하는 성인 학습자를 대상으로 한다. 실험 참가자들은 한국 대학 내 한국어 교육원 학습자들로 44명(N=44)이 참가했다. 이들 피험자는 모두 한국어를 제2 외국어로 학습하는 학습자들로 18~23살, 고등학교 졸업 이상으로 한국에서 체류한지 3개월~4년 이내의 학습자들로 구성하였으며, 초급에서 고급에 이르는 학생들이 골고루 분포할 수 있도록 하였다. 학생들에게는 이 연구의 목적에 대하여 충분히 전달하고, 연구에 참가할 의사가 있는 학생들만을 연구에 참여시켰다.

2) 채점자

본고에서는 우선적으로 한국어 교육 현장에서의 교육 경험과 말하기 평가 경험을 어느 정도 갖췄다고 판단되는 채점자를 선정하였다. 이로 인하여 본 실험에 참여한 채점자는 국내 4년제 대학 내 언어교육원 이상의 기관에서 한국어 교육 경력 7년 이상이며, 경험과 기관에서의 레벨 평가, 성취도 평가나 진단 평가 형식의 말하기 수행 평가의 경험이 있는 채점자들을 섭외하였다.

또한 Levis(2008)가 발음 범주를 채점하는 데 있어서의 음운론적인 지식과 이를 평가할 수 있는 능력을 갖춘 채점자의 중요성을 강조하으나, 실제 음운론 전공자들이 발음 평가에 있어서 얼마나 신뢰할 수 있는 채점을 하는지에 대한 객관적인 검증이 아직 이루어지지 않은 점을 고려하여, 본고에서는 음운론 전공자들을 채점에 참여시킴으로써 이들의 채점 경향 및 신뢰도를 살펴볼 수 있을 것으로 기대하였다. 또한 이상적으로는 모든 채점자들이 말하기 평가나 발음 평가에 대한 채점자 훈련 과정을 거친 후 채점을 하여야 하나 본고에서는 별도의 채점자 훈련 과정은 실시하지 않았으며 대신 1:1로 채점자들에게 충분한 채점 기준과 방법에 대한 설명을 하고 이해를 할 수 있도록 하였다. 또한 OPI채점자 훈련 과정을 이수한 채점자 한 명을 참여시킴으로써 비록 본 실험을 위한 채점자 과정은 아니지만 말하기 평가에 대한 훈련 과정을 거친 채점자의 채점 경향도 살펴보도록 할 것이다. 본 실험에 참여한 채점자들의 특성을 정리하면 다음 〈표 15〉과 같다.

〈표 15〉 채점자 특성

번호	경험(대학 기관)		전공			평가자 훈련
	교육	평가	학부	석사	박사	
1	10년	있음	국어국문	국어국문	통사론	
2	9년	있음	국어국문	한국어교육	*	
3	12년	있음	불어불문	한국어교육	*	
4	12년	있음	일어일문	한국어교육	음운론	O
5	7년	있음	국어국문	국어국문	음운론	
6	15년	있음	일어일문	한국어교육	통사론	
7	10년	있음	국어국문	국어국문	문학	

1.2 평가 도구

본고에서는 말하기 수행 평가를 위한 도구로 컴퓨터를 기반으로 한 평가 방식이 그 효율성과 실용성을 고려할 때 소규모의 말하기 수행 평가뿐만 아니라 대규모의 표준화된 말하기 수행 평가 개발에 기여할 수 있는 대안이라고 보고, 컴퓨터 기반의 한국어 말하기 평가를 실시하여 발음 채점 방안에 대한 검증을 실시하였다. 본 실험은 'Brigham Young University(1999, 2000)' 에서 제작한 'Enhance Oral Testing Software window version 1.1'을 사용하여 컴퓨터 기반 말하기 평가를 제작하였으며, 모든 피험자들이 컴퓨터를 사용한 말하기 평가 경험이 없는 학습자들이므로 사전에 충분히 예제를 통하여 사용법을 익히고 학습자의 모국어로 사용법을 설명해 준 후 평가를 실시하였다.

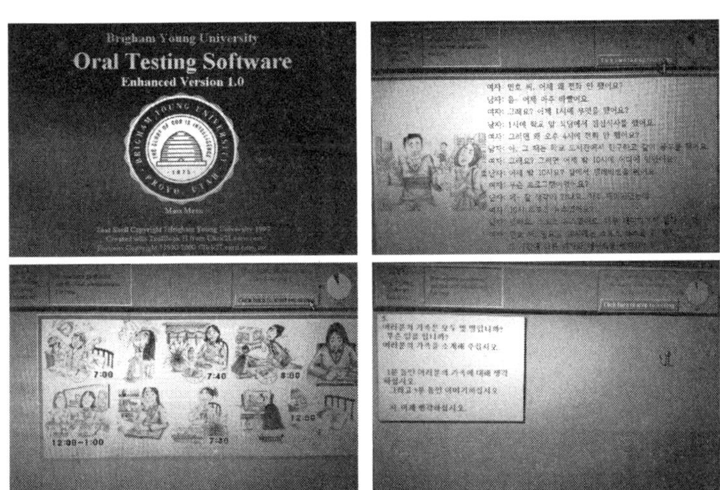

〈그림 12〉 Enhance Oral Testing Software window version 1.1' 화면

본 실험에 사용된 프로그램은 CD-R으로 Brigham Young University 홈페이지에서 온라인으로 구매하였다. Enhance Oral Testing Software는 온라인 기반이 아닌 컴퓨터 기반의 말하기 평가 개발 툴로 평가 1) 평가 개발자를 위한 툴, 2) 수험자를 위한 평가 수행 툴, 3) 채점자를 위한 채점 툴 세 가지 옵션으로 구성되어 있어 말하기 수행 평가 시행의 모든 과정을 통제할 수 있도록 프로그램이 되어 있다.

먼저 평가 개발자 툴에는 개발자가 원하는 형태의 평가 문항/내용을 입력하기 쉽도록 입력 필드가 구성되어 있다. 이 필드를 통하여 텍스트, 녹음 파일, 사진 파일을 원하는 순서와 성격에 맞게 선택적으로 입력할 수 있다. 또한 준비 시간과 시험 수행 시간을 설정하여 말하기 시험 시간을 설정할 수 있다. 저장된 평가 내용은 하나의 폴더에 저장되며 이 폴더를 수험자 용 컴퓨터에 저장하여, 평가 내용 폴더를 불러와서 수행 평가를 실시할 수 있다.

수험자 말하기 수행 평가 용 툴은 수험자들이 실제 말하기 평가를 보게 되는 화면을 구현해 준다. 이를 위하여 먼저 평가자는 시험 실시 전에 수험자들이 시험을 볼 모든 컴퓨터에 CD-R에 담긴 말하기 평가 프로그램을 설치한 후, 미리 만들어 놓은 평가 내용이 담긴 폴더를 저장해 놓아야 한다. 시험 시작과 함께 수험자들은 이 수험자 용 툴 화면을 시행하고 시험을 보게 된다. 맨 먼저 첫 화면에서 수험자는 본인의 이름과 수험자 번호를 입력하라는 창이나오고 이 때 입력한 수험자 번호와 이름은 수험자가 말하기 평가 실시로 녹음된 파일의 파일 명으로 자동 저장 된다. 수험자 이름과 번호를 입력한 후 'Continue(진행)'버튼을 누르면 프로그램 자체에서 이미 프로그래밍되어 있는 컴퓨터를 사용한 시험의 진행 방법에 관한 설명이 영어로 나온다. 수험자가 평가 방법을 이해했으면 수험자는 'Continue(진행)'버튼을 누른다. 다음은 녹음 상태를 확인할 수 있는 화면이 자동으로 구현이 된다. 수험자는 준비된 마이크와 이어폰을 사용하여 5초 동안 본인의 육성을 녹음하고 들어 볼 수 있다. 만약에 녹음에 문제가 있으면 'STOP(멈춤)'이라는 버튼을 누르고 시험 관리자에게 문의를 하라고 자동으로 안내가 영어로 나온다. 또한 문제가 없으면 'Continue(진행)'버튼을 눌러 진행할 수 있다. 녹음 확인까지 마치면 미리 개발자가 만들어 놓은 말하기 평가가 진행이 된다. 화면 상단에는 시계가 표시되어 미리 설정해 놓은 시간에 맞추어 시계 바늘이 움

직이며 평가 진행 시간을 알려 준다. 준비 시간이나 수행 시간이 끝남과 동시에 부저음이 울리며 녹음이 멈추고 다음 페이지로 넘어가라는 영어로된 안내가 나온다. 수험자는 한 번 지나간 문항은 다시 돌아 갈 수 없으며 한 번 녹음한 내용을 다시 반복해서 녹음할 수 없다. 시험이 완료가 됨과 동시에 시험을 마쳤다는 영어로된 안내가 나오며 시험 관리자에게 시험이 종료되었음을 말하라는 안내가 나오고 시험은 종료된다. 다음으로 채점자 툴은 평가자가 수험자의 말하기 평가를 채점한 결과를 입력하는 툴이다. 앞서 저장된 모든 수험자의 말하기 녹음이 저장된 폴더를 미리 컴퓨터에 저장한 후 이 툴에서 그 폴더명을 찾아 선택하면 각각의 수험자별로 평가 점수, 코멘트를 입력할 수 있다. 그리고 채점 결과를 프린터하거나 바로 수험자의 E-MAIL로 발송할 수 있다. 그러나 본 고에서는 CD-R에 이미 프로그래밍되어 있는 채점자 툴의 형태가 고정되어 있어서 본 실험을 위하여는 적합하지 않다고 판단하여 사용하지 않았다. 본 실험의 채점자들은 수험자들의 녹음 파일을 윈도우에 설치되어 있는 일반 음성 재생 프로그램을 사용하여 듣고 본 연구자가 제공하는 채점 기준표에 의거하여 채점하였다.

이 프로그램의 기본 틀은 현재 영어 교육에서 실시하고 있는 TOIEC말하기[1)]나 OPIc말하기 시험의 기본 틀과 유사하며, 본 프로그램으로 대규모의 컴퓨더 기반 평가 뿐이 아닌 기관 내에서의 레벨 평가, 성취도 평가, 진단 평가 등과 같은 목적의 말하기 수행 평가에도 충분히 활용될 수 있다고 보고 본 프로그램을 사용하여 말하기 수행

1) TOEIC speaking은 YBM에서 개발하고 한국 YBM 위원에서 주관하는 시험이다.

평가를 진행하였다.

1.3 평가 과제

본고에서는 다음 〈표 16〉의 세 가지 과제 유형을 사용하여 말하기 수행 평가를 실시하였다.[2)]

2) 본고에서는 컴퓨터를 기반으로 한 말하기 수행 평가를 진행하고자 하므로 현재 시행되고 있는 컴퓨터를 기반으로 한 영어 교육과 한국어 교육에서 시행되고 있는 웹 기반 평가들에서의 사용되는 과제의 예를 살펴보면 다음과 같다.

〈현행 한국에서 시행 중인 컴퓨터 기반 말하기 평가의 과제의 종류의 예〉

평가	과제 유형	문항	시간
ACTFL OPIc	특정 장소, 사람, 사물에 대한묘사, 평소에 하는 일이나 활동에 대한 묘사, 과거 경험의 설명, 진물하고 질문에 대답하기	12 - 15	40분
TOEFL iBT Speaking	독립적인 말하기 과제(수험자 관련 내용 말하기, 이유 말하기) 통합적인 말하기 과제(학교 생활과 관련된 주제, 수업과 관련된 주제에 대하여 읽기/듣기/말하기가 통합된 과제)	6	20분
TOEIC Speaking	문장 읽기, 사진 묘사하기, 듣고 질문에 답하기, 제공된 정보를 사용하여 질문에 답하기, 해결책 제안하기, 의견 제시하기	11	20분
KPT	질문에 답하기, 그림 보고 설명하기, 질문하기, 설명하기, 문제 해결하기, 연속된 그림 보고 이야기하기, 의견 말하기, 도표나 그래프를 보고 말하기, 발표하기, 토론하기	10	30분

〈표 16〉 실험에 사용된 과제 유형

	과제 유형	내용	준비 시간	수행 시간
1	대화문 낭독하기	친구간의 다툼 대화 낭독하기	1분	2분
2	그림 보고 묘사하기	그림 보고 상황 묘사하기	1분	2분
3	서술하기	자기 가족 소개하기	1분	3분

먼저 낭독하기 과제는 보통 발음을 평가하기 위하여 가장 많이 사용되는 과제이다. 본 말하기 평가가 컴퓨터를 기반으로 한 일방향 평가이므로 그 특성 상 면대면의 상호작용 대화의 특성을 평가하기 어려움을 감안하여 낭독 과제는 대화의 특성을 살려 낭독해야 하는 '대화문'을 선택하였다. 또한 대화의 내용은 남, 녀 간의 말싸움 내용으로써 발음뿐만이 아닌 적절한 억양까지 사용하여야 자연스러운 낭독이 되도록 하였다.[3] 두 번째 그림보고 이야기묘사하기 과제 또한 말하기 평가에서 초급-중급 수준을 평가하기 위한 과제로 많이 사용되는 과제이다. 본고에서는 한 여자 주인공의 하루일과를 묘사한 사진을 사용하여 지시문에서 사진에서 보여 주는 모든 정보를 가능하면 상세히 말하도록 하였다. 마지막 과제는 서술하기 과제로 자신의 가

3) 본 실험에서 사용된 평가 도구는 컴퓨터를 기반으로 하는 일방향 평가이다. 일방향 평가는 그 특성상 면대면 대화와 같은 상호작용으로 인한 억양의 변화를 평가하기 어렵다. 그러므로 본고에서는 그 차선책으로 대화에 있어서의 내용상 억양이 중요한 영향을 미치는 낭독 과제를 선택하였다. 이는 과제의 실제성이라는 데에서 문제가 될 수 있으나 아직까지도 TOEIC speaking 등에서 낭독하기 과제는 발음을 평가하기 위한 과제로 사용되고 있으며, 과연 이러한 낭독하기 과제가 발음 평가에 다른 과제들 보다 더 적합한가에 대한 연구가 전무하여 이에 대한 타당도를 검증해 보는 데에도 그 의미를 두고자 한다.

족을 소개하도록 하였다. 지시문을 통하여 주어진 시간 안에 가능하면 자세히 자연스럽게 서술하도록 요구 하였다. 가족 소개하기 과제는 초급에서 고급 수험자들까지 본인의 문법이나 어휘 수준에 맞추어 모두 발화할 수 있으므로 선택하였다.[4)]

Cohen(1991: 495)은 평가에 있어서 다음과 같은 점을 유의해야 한다고 지적하였다. 첫째, 과제 지시는 간단하고 명확하며 모호하지 않아야 하고, 둘째, 평가 시행 전에 학생들은 시험을 보기 전에 어떻게 답을 해야 하는지 충분한 훈련을 받아야 하며, 셋째, 각각의 문항에서 무엇을 원하는지 그리고 무엇을 평가하고 있는지에 대한 충분한 정보를 주어야 하며, 마지막으로 주어진 평가 시간을 명확하게 알고 있어야 한다. 이를 참고하여 본고에서도 과제 설계에는 다음과 같은 바를 유의하여 적용하였다.

1. 과제의 유형을 달리하였다. 이는 본고에서도 위 세 가지 과제 유형에 따른 발음의 양상을 살펴봄으로써 발음 범주의 채점이 과제의 유형에 영향을 받는가를 살피고자 하는 데 그 목적이 있다. 과제 유형은 피험자와 채점자 모두에게 영향을 미칠 수 있다고 보고 수험자 측면으로 수험자의 발음 능력이 과제 유형에 따라

4) 본 실험에 사용된 과제들은 한국어 교육의 초급 교재에서 다루는 내용들을 기반으로 구성하였다. 과제 '1. 낭독하기'와 '2. 그림보고 이야기하기'는 이화여자대학교 출판사 '말이 트이는 한국어1'에서 발췌하였다. 또한 학생들이 이화여자대학교 출판사의 '말이 트이는 한국어1'을 사용해 본 경험이 있으면 평가에 영향을 미칠 수 있으므로 이전에 이 교재를 사용해 본적이 있는지를 확인하여 이 교재로 학습한 경험이 없는 학생들로 선별하였다.

차이를 나타내는가를 알아보고, 채점자 측면으로 과제의 유형이 채점자의 채점에 영향을 미치는가 하는 것을 알아보고자 한다.

2. 과제 난이도는 초급에서 고급 수험자가 모두가 답할 수 있도록 난이도 하의 과제(강승혜 외 2006)로 구성하였다. 이는 발음을 채점하기 위해서는 적절한 양의 발화를 이끌어 내야 하는데 과제가 어려워 학습자가 발화를 하지 않거나 혹은 발화 양이 충분하지 않아 채점이 불가능해 지는 경우를 제외시키기 위함이다.
3. 문항마다 준비 시간을 주어 수행 이전에 말하기 계획을 할 수 있는 시간을 주었다. 이는 준비 시간의 여부가 말하기 수행 평가에 영향을 미친다는 연구 결과를 반영한 것으로, 본고에서는 말하기 수행 평가의 과제로 원하는 양의 원하는 질을 갖춘 말하기 샘플을 유인해 내기 위하여 실제성에는 위배되나 평가의 질을 위하여 반영하였다.
4. 평가 과제는 쉬운 것부터 어려운 순으로 나열하였다. Cohen (1991: 495)은 평가 과제를 쉬운 것부터 어려운 것으로 나열하면 수험자들이 한 번 벽에 부딪치면 다음 문제를 풀 시도를 전혀 안 할 수 있고, 중간 중간 어려운 문제를 흩어 놓는 것 또한 새로운 문제를 풀 때 좌절하게 할 있으므로 한 단계씩 아주 조금씩 어려워지도록 배열하는 것이 좋다고 하였다. 이를 반영하여 본고에서도 과제를 난이도 순으로 배열하였다.[5)]
5. 컴퓨터 화면에 지시문과 과제 설명을 제시하였다. 한상미 외 (2009)는 컴퓨터를 기반으로 한 말하기 평가 과제 개발 시 평가

5) 강승혜(2006)와 국립국어원(2011)를 참고로 하였다.

도구의 '일방성'으로 인한 단점을 피하기 위하여 문항에 정교한 맥락을 부여하고 다양한 시각 자료와 명시적인 지시문을 구성을 통해 각 문항이 수험자에게 측정하고자 하는 능력을 제대로 측정할 수 있도록 하여 문항 타당도를 높여야 한다고 했다. 본 실험에서는 과제 수행 방법에 대한 지시를 명확히 하기 위하여 사전에 시험 시행 방법과 과제 수행 방법에 대한 안내를 했으며, 시험 실시 중에도 화면에 각각의 과제와 파트별로 수행 방법에 대한 설명을 시각적으로 제시하고 같은 내용을 녹음하여 지시 내용을 청각적으로도 제시하였다.

1.4 채점 방법

채점자들은 녹음된 수험자들의 말하기 수행을 들으면서 주어진 채점표를 사용하여 채점을 진행하였다. 6점이 모국어 화자와 같음, 가장 이해 명료함, 가장 음운적으로 유창함을 의미한다. 채점 기준표는 다음 〈표 17〉과 같다.

〈표 17〉 채점 기준표[6)]

이해명료성	유창성	정확성	
분절음/초분절음	발화 속도, 휴지	분절음	초분절음
1 2 3 4 5 6	1 2 3 4 5 6	1 2 3 4 5 6	1 2 3 4 5 6

6) 실제 채점에 있어서는 〈표10〉과 순서를 다르게 하였다. 이는 정확성과 이해 명료성이 같은 분절음과 초분절음을 채점하는 것으로 두 영역을 연속으로 채점할 경우

채점을 하는 방법에 있어서는 다음과 같은 바를 유의하도록 한다.

1. 후광 효과(halo effect)를 방지하기 위하여 수험자의 녹음을 과제별로 무작위 순서로 들려 주었다.
2. 채점이 완전히 완료되기 전 타 채점자와의 대화, 접촉을 금지 하였다.
3. 컴퓨터 사용 채점의 장점으로 채점자가 원하는 시간에 언제든 채점이 가능하고 반복하여 들을 수 있다는 장점을 활용하여 채점 도중 피로할 경우 휴식을 허락하였으며 채점자가 원하는 만큼 반복하여 들을 수 있도록 하였다.[7) 8)]

1.5 채점 지침

채점자의 주관성과 채점에서의 오차 요인을 줄이기 위해서는 채점 지침이 필요하다. 이는 채점자 간 일관성 뿐아니라 채점자 내에서 일관적인 채점을 위해서도 필요하며 구체적으로 기술되어야 한다. Brennan & Johnson(2005)는 채점자 지침이 상세하면 동일한 수

채점 후광 효과로 앞의 점수가 뒤의 채점에 영향을 미칠 것을 고려하여 먼저 이해명료성을 기준으로 채점하고, 다음에 유창성을 그리고 마지막으로 정확성을 채점하도록 하였다.

7) 김정태(2009)는 채점 시작 시간과 마침 시간을 기제하도록 해야 한다고 하였다. 이는 추후에 문제가 발생할 경우 역추적이 가능하여 매우 유용할 수 있기 때문이라고 하였다(71p). 그러나 본고에서는 사후에 역추적을 통한 처리가 불필요하므로 이와 같은 과정은 생략하였다.

8) 그러나 Lunz & Stahl(1990)은 수필 시험, 임상 시험, 구술시험으로 다국면측정 기법을 사용하여 반나절부터 나흘 사이에 이루어지는 채점 기간 동안에 채점기간이 반나절을 넘어서면서부터 채점자의 판단의 엄격성 수준의 불일치가 나타남을 보고하였다.

험자 수행에 대하여 채점자들 간에 비슷한 점수를 부여하여 채점의 타당성을 보장할 수 있다고 주장하였다. 또한 채선희(1996)는 채점 지침 작성자는 평가 전문가여야 하며 문항 출제자와 채점 예정자들이 작성 과정이 함께 참여하는 것이 실제로 적용하는 데 도움을 주고, 채점 지침이 명확할 수록 채점자 훈련 기간을 줄일 수 있다고 하였다. 채선희(1996)는 지금까지 연구자들이 제시한 채점 지침 작성 과정을 다음과 같이 정리하였다. 1) 먼저 무선 표집을 통해 뽑힌 답안을 읽고 전반적인 수준에 따라 이들을 순서대로 정리한다. 그리고 샘플 담안은 실제 시험이 아닌 예비 검사 혹은 과거에 치렀던 답안에서 선택할 수 있다. 2) 다음으로 답안이 정리된 순서를 서로 비교해 가면서 채점 방법 등에 관한 토의를 통해 수준을 구분하기 위한 등급수를 결정하고 수준별 준거를 구체적으로 제시한다. 3) 마지막으로 각 수준을 대표하는 답안을 선정하고 수준별 준거를 재검토 한다. 그러나 본고에서는 실제 한국어 말하기 수행 평가 데이터 분석 통하여 제안된 수준별 발음 능력 샘플이 전무한 관계로 앞 장의 사전 타당도 검증을 통하여 제안한 채점 방법 및 평가 기준을 명확히 기술하고 1:1로 상세한 설명을 함으로써 전문적으로 개발된 채점 지침서를 대신하였다.

2. 사후 채점 타당도 분석 방법

지금까지 말하기 수행 평가의 타당도나 신뢰도를 추정하기 위해서는 상관관계, ANOVA, t-test, 회기 분석, 요인 분석 등의 여러 가지 분석 도구들이 사용되어 왔다. 그러나 최근 들어 관찰, 면접, 작문, 실기 평가 등의 말하기 수행 평가와 같이 복합적인 측정 상황을 분석하기 위해 적용되는 이론 중 가장 대표적인 것이 일반화가능도 이론과 문항 반응 이론 중 다국면 라쉬 모형이다(김성숙 2001: 304). 이들 두 가지 방법을 통하여 말하기 수행 평가 데이터를 이해하면 시험의 타당화 과정에 유용한 정보를 제공 받을 수 있어 말하기 수행 평가와 같이 척도 등급에 의하여 채점자가 판단하는 과정으로 인해 채점자의 주관성이 개입할 수 있는 평가를 검사하는 데 좋은 프로그램으로 여겨지고 있다(Bachman et al. 1995, Lumley & McNamara 1995, McNamara 1996, 이영식 1997).[9] 본고에서는 최근 영어 말하기나 쓰기 수행 평가의 신뢰도와 타당도 분석에 주로 사용되고 있는 이 두 이론을 사용하여 피험자의 발음 능력 평가 결과를 분석함으로써 발음 채점의 타당도를 추정해 보도록 할 것이다.

2.1 다국면 라쉬 모형(Many-Facet Rasch Model)

말하기 수행 평가에서 채점자, 평가 과제, 채점 기준, 채점 척도의 타당성은 수험자의 능력을 추정하는 과정과 결과에 영향을 미친다. 수험자의 채점 결과가 타당성을 갖추기 위해서는 이 모든 국면들을 통제, 분석, 해석하여 그 타당성을 검증해야 할 것이다. 이러한 필요에 의하여 개발된 모형이 다국면 라쉬 모형(Linacre 1989)이다.

다국면 라쉬 모형(Many-Facet Rasch Model)은 FACET모형으로

9) Bachman et al.(1995)은 일반화가능도 이론과 다국면 라쉬 모형은 평가와 연구 과정에서 평가 점수에 영향을 미칠 수 있는 요인들을 확인할 수 있게 해 줌으로써 평가 개발자나 사용자에게 유용한 정보를 제공해 주며, 이 둘이 서로 배타적이라기보다는 상보적인 것이라고 지적하였다.

도 불리며 Linacre(1989)에 의해 1모수 로지스틱 문항반응 모형(item response theory)인 라쉬 모형(Rasch 1980)에서 확장된 모형이다.[10] 이는 수험자의 능력, 과제의 난이도 이외의 다양한 국면들이 평가의 결과에 영향을 미칠 수 있다는 가정하에 다른 변수들을 포함하여 모형화한 것이다. 이 모형은 평가 도구의 등급 조절, 평가 영역 및 과제의 유형이나 수의 조정을 위한 타당화 근거 자료를 제시해 준다(장소영 · 신동일 2009).

다국면 라쉬 모델은 모든 국면[11]을 동시에 분석하여, 학습자, 채점자나 과제가 어떤 수준에 놓이게 되는지에 대한 확률을 로가리듬(logarithm)의 등간 척도(interval scale)를 사용하여 로짓 범주(logit scale)로 나타내 준다. 이는 '0'로짓을 중앙으로 상하 혹은 좌우로 +, - 값으로 나타난다. 또 각각의 국면들은 표준 오차(standard error)와 적절 통계치(fit statistics)를 고려하여 측정된다. 측정 결과는 점수가 아닌 객관적인 측정 범주인 로짓값으로 표현된다. 여기서 표준 오차는 평가와 관련된 있을 법한 오류들을 의미하며, 적절 통계치란 어느 정도까지 각각의 국면들이 평가와 맞으며 모델과 부합하는지를 나타낸다. 충분하지 못한 적절 통계치는 일관성에 결함이 있거나 혹은 평가의 결과가 부적합함을 나타낸다. 특히 이 모형은 채점자의 엄격성(severity)이나 관대함(leniency)을 로짓값으로 나타내 줌으로써 주관적인 채점의 신뢰도를 측정할 수 있게 해 준다. 또한 이 외에도 평

10) 일찍이(McNamara 1990: 70)는 문항반응 이론(IRT)을 사용하여 전문를 위한 OET시험의 사후 구인 타당도를 검증하는 연구를 진행한 후 문항 반응 이론이 사후 타당화과정에 유의미하게 사용될 수 있다고 주장하였다.

11) 여기서의 국면은 수험자의 수행에 영향을 주는 모든 측면 조건을 의미한다.

가 결과에 영향을 미칠 수 있는 각 국면의 타당도와 신뢰도를 구체적으로 검토할 수 있는 데이터들을 제공해 준다. 이와 같은 특성의 다국면 라쉬모형은 1980년대 이후 빠른 속도로 많은 연구 분야에 적용되어 문항 특성 분석, 수험자의 능력 추정, 평가 척도와 능력 기준표 개발 및 검증, 문제 은행에 근거한 검사지 제작, 검사지 동등화, 편파성 문항 추출, 그리고 컴퓨터 적응 검사에 중요한 측정 이론으로 광범위하게 사용되고 있다(신동일 2003a, 황정규 1998). 특히 최근의 말하기, 쓰기 말하기 수행 평가 개발이나 타당성 검증을 위한 데이터 분석 도구로 많은 연구에서 사용되고 있다(Lumley & McNamara 1995, McNamara 1996, North & Schneider 1998, Weigle 2002,1998,1994).

〈표 18〉 다국면 라쉬 모형 공식(Linacre, 1989)

log(Pnijk/Pnijk-1) = Bn - Di - Cj − Fk Pnijk: 피험자 n이 말하기 과제 i에 대하여 j 평가자로부터 k의 점수를 받을 확률 Pnijk-1: 피험자 n이 말하기 과제 i에 대하여 j 평가자로부터 k-1의 점수를 받을 확률 Bn: 피험자 n의 능력 수준 Di : 문항 i의 난이도 Cj : 평가자 j의 엄격성 Fk : 점수 k-1에 비해 점수 k를 받기가 어려운 정도

Pollitt & Hutchinson(1987)은 영어 작문 평가 연구에서 라쉬 측정 모델이 전통적인 상관관계분석보다 더욱 효과적인 정보를 제공해 준다는 연구 논문을 발표하였으며, North(1993)는 기존의 언어 능력 척도들의 문제점을 지적하고 새로운 말하기 수행 평가 척도 개발을 중다특성-중다방법(multitrait-multimethod)이나 요인분석에 근거한

전통적인 양적연구에서 벗어나 문항 중심으로 양적 정보를 제공할 수 있는 다국면 라쉬모델과 다차원 척도법(multidimensional scaling)을 사용해야 한다는 주장을 하였다(신동일 2001b 재인용). 또 하나의 다국면 라쉬 모형이 가지는 잇점은 모든 채점자가 모든 수험자를 채점하지 않아도 수험자의 능력을 추정할 수 있다는 것이다. 이는 대규모의 수험자를 소수의 채점자가 채점할 경우의 타당도 분석도 간단하게 처리할 수 있게 해 준다.

이와 같이 말하기 수행 평가에서 다국면 라쉬 모형의 유용성이 인정되면서 이를 활용한 말하기와 쓰기 말하기 수행 평가에 대한 연구들이 늘어나고 있다. 일찍이 Lumley & McNamara(1995), Weigle(1998,1994)은 말하기 수행 평가에서 채점자의 신뢰성에 대하여 라쉬 모형을 활용하여 연구하였으며, North & Schneider(1998)는 라쉬 모형을 이용하여 언어 능력 척도를 종합적으로 그리고 실증적으로 개발하는 방안을 제시하였다. McNamara(1996)에서는 언어 평가에서 라쉬 모델이 언어 평가자들이 적극적으로 활용할 필요가 있는 유용한 모델임을 주장하였다. 또한 최근 말하기 수행 평가의 중요성 강조와 함께 이를 활용한 연구도 활발히 진행되고 있다. 진경애 · 설현수(2002)는 다국면 라쉬 모형으로 고등학교 수행 평가를 분석하였다. 88명의 고등학생을 대상으로 일상 생활에 대한 면접, 그림 보고 묘사하기, 상황에 맞게 역할극하기 과제를 의사소통 정도, 발음의 정확성, 유창성, 문법의 정확성, 담화적 능력 영역으로 4점 척도를 사용하여 세 명의 채점자들에게 채점한 결과를 분석하였다. 여기서는 채점자들에 대한 편향 분석도 병행하여 채점자와 수험자, 평가 과제, 평가 영역 간의 상호작용도 분석하였다. 그 결과 채점자들이 특정 국면에서 편향적인 성향을 보일 수 있다는 것이 발견되어 채점자 훈련의 필요성이 제기되었으며, 면접법으로 수험자의 말하기 능력을 측정하는 경우 채점자들의 일관적인 채점이 어려울 수 있다는 것을 발견하였다. 신동일(2001b)은 다국면 라쉬 모델을 활용한 FACTS 프로그램을 사용하여 숙명여대에서 개발한 말하기 시험인 MATE 채점자들의 채점 경향을 분석하여 채점자와 수험자, 평가과제와 영역간의 상호작용을 분석하고 세 명의 채점자와의 인터뷰 결과와 비교하였다. 그 결과 FACETS에서 제공되는 출력 정보는 채점자의 엄격성의 정보나 등급 판정의 편차, 일관성, 특정 평가 과제나 평가 영역의 편향적 채점 경향에 관한 채점자 개개인의 채점 특성을 파악하는 데 커다란 도움을 줄 수 있으며, FACETS 분석 결과와 채점자 인터뷰가 함께 사용된다면 앞으로의 채점자 훈련 및 인증에 큰 도움을 줄 것으로 예상된다고 하였다. 최연희(2002)는 현직, 예비 중등 교사를 대상으로 영어 작문 채점자 훈련 과정을 고안하여 채점자 훈련을 실시한 후 채점의 신뢰도의 변화를 다국면 라쉬 모형을 활용하여 분석하였다. 그 결과 채점자 훈련 후 1개월 간은 채점자 신뢰도가 증가하나 그 이상의 기간이 지난 후에는 그 효과가 사라져 장기간의 채점자 훈련의 필요성을 보여 주었다. 또한 분석적 채점이 총체적 채점보다 채점자 내 신뢰도가 높았으나, 채점자 훈련에 있어서는 총체적 채점이 채점자 간 신뢰도에 더 큰 변화가 있는 것으로 나타났다. Eckes(2005)는 외국인을 위한 독일어 시험인 TestDaF에서의 쓰기와 말하기 수행 평가에서 채점자 효과에 대한 연구를 다국면 라쉬 모델을 활용하여 진행하였다. 채점은 전체적인 인상(overall impression), 과제 수행 방법(treatment of the task), 언어 요인에 대한 인지(linguistic realization)의 세 영역으로 이루어졌으며 그 결과 채점자들은 각자 다른 엄격성을 가지고 수험자들의 수행을 채점하고, 채점자 모두 채점을 하는 데 있어서 각기 다른 일관성을 가지고 채점을 하고 있는 것으로 나타났으나, 평가 영역이나 평가 과제와의 상호 작용에 있어서는 일관성이 떨어지는 것으로 나타났다. 또한 채점자 성별간의 채점에 있어서의 편향성은 발견되지 않았다. 채선희(1996)는 일반화가능도 이론과 다국면 라쉬 모형을 활용하여 논술 쓰기 채점의 공정성과 효율성을 확보하기 위한 연구를 실시하였다. 그 결과 응답자의 약 40%가 채점자 간에 공통 부분으로 연결될 경우 각 채점자별 채점량을 약 1/2로 줄이고도 완전한 공통 분배방식으로 채점한 경우와 통계적으로 의미가 있는 차이 없으며 같은 방법으로 타당한 응답자 능력 모수치를 추정해 낼 수 있다고 하였다. 한국어 교육에서는 아주 근래의 쓰기 말하기 수행 평가에서의 이은하(2007)와 말하기 수행 평가에서의 이향(2012c)에서 다국면 라쉬 모형을 활용한 타당도 검증을 실시하였다.

본고에서는 FACETS 프로그램을 사용하여 다국면 라쉬 모형을 적용하여 사후 채점 타당도를 분석해 보도록 할 것이다. 이를 통하여 말하기 수행 평가 결과에 영향을 미칠 수 있는 국면들이 채점 과정에 어떻게 영향을 미치는지 살펴보고 신뢰할 수 있는 채점이 이루어졌는지에 대한 타당성을 검증해 보도록 할 것이다. 이는 평가하고자 하는 발음 관련 구인에 대한 채점이 정확하고 일관성있게 이루어졌는지에 대한 정보를 알려 주고 그 결과인 채점 점수를 얼마나 신뢰할 수 있는가에 대한 추론을 가능하게 해 줄 수 있다.

2.2 일반화가능도 이론(Generalizability theory)

일반화가능도 이론은 Cronbach 외(1972)가 "The Dependability of Behavioral Measurements"를 집대성함으로써 소개되었다. 이후 이는 Brenan과 Shavelson이 이를 실제 자료 분석에 적용할 수 있는 방안들을 제시했고, GENOVA 프램그램(Crick & Brennan 1983)의 개발로 지난 20여년 동안 지속적으로 언어 평가에서 이를 활용한 연구 범위가 확장되어 왔다(김성숙 2001). 특히 말하기 수행 평가에서 일반화 이론(G theory)은 평가 결과에 영향을 미치는 오차 요인을 분석해 주고 적정한 일반화가능도를 확보하기 위한 자료를 제공해 줌으로써 더욱 활발하게 적용되고 있다.

일반화가능도 이론은 단일오차원만을 고려하는 고전 검사이론을 확대하여 중다오차를 고려하는 측정모형에 변량분석(ANOVA)의 변형된 절차를 적용한 이론이다. 고전 검사 이론에서 신뢰도가 시간의 변화만을 고려했다면 일반화가능도 이론에서는 측정 상황에서 가능한 모든 오차 요인을 포함하여 그 영향력을 분해할 수 있으며, 그 결과를 활용하는 데 있어서도 상대적인 파악으로 예측뿐 아닌 절대적 위치에 대한 해석 기준도 가능하다. 뿐만 아니라 평가 시기, 채점자, 과제 등 오차 국면의 측정 조건을 결정하고 각 오차 요인(국면)의 영향력에 따라 그 수를 다르게 조절함으로써 신뢰도 계수 향상 방법을 다면화할 수 있다. 일반화가능도 이론을 기초로 한 신뢰도 추정은 두 가지 단계로 이루어진다. 첫번째 단계는 일반화가능성 연구(Generalization study)이며 두 번째 단계는 결정연구(Decisions study)이다. 일반화연구는 측정의 표본(sampling)이 측정의 전집

(universe)에 일반화되는 정도를 말하며 허용 가능한 관찰의 전집과 관계된 조건들의 분산성분 추정값을 산출하는 과정으로 오차분산성분의 상대적 크기를 비교하여 각 오차원의 영향력을 분석함으로써 어떤 요인이 측정의 일반화 과정을 저해하는지 설명할 수 있고 결정연구 설계 조건을 결정하는 근거로 활용한다. 결정연구는 일반화연구의 결과 산출된 각 점수의 분산성분 추정값을 토대로 측정 대상과 일반화 전집의 정의에 따라 전집 점수 분산, 오차점수 분산, 일반화가능도 계수의 정보를 제공해 줌으로써 효율적인 측정 절차와 측정대상에 대한 측정조건을 결정할 수 있도록 정보를 제공해 준다(김성숙·김양분 2001 참고). 그러나 일반화가능도 이론은 원점수를 사용하여 분석하므로 원점수가 잘못 되었을 경우 분석 데이터를 신뢰하기 어렵고, 개개의 수험자의 능력에 관한 정보가 제시될 수 없다는 단점이 있다.

이러한 일반화가능도 이론이 언어 말하기 수행 평가에 활용되면서 말하기와 쓰기 말하기 수행 평가 타당도 분석에 이를 활용하고자 하는 연구들이 진행되었다. 김성숙(1995)은 논술 고사의 채점 신뢰도를 검증하기 위한 연구로 일반화가능도 이론을 적용하였다. 적정 수준(.80)의 일반화가능도 계수를 산출하기 위해서는 채점자 수를 늘리는 것보다 평가 영역/요소를 구체화 시킴으로써 더 효율적으로 발견될 수 있음을 발견하였다. 신동일(2001a)에서는 영어 MATE 평가에 대하여 일반화가능도 이론뿐만이 아니라 상관관계 회귀분석, 요인분석의 채점 결과 분석 도구들을 상호보완적으로 사용하여 말하기 평가 영역, 척도, 과제 국면에 제공 받을 수 있는 타당화 관련 정보에 대한 연구를 진행하였다. 이 연구에서는 고전적인 Cronbach α계수는 말하기 수행 평가의 신뢰도 추정 방법으로 전적으로 의존할 수 없으며, 일반화가능도 이론을 근거로 평가 영역이나 과제의 수를 더 적은 수로 줄여도 지금의 신뢰도를 유지할 수 있으나 채점자 국면이 가장 민감한 국면이며 특정 평가 영역을 특정 과제로 묶는 내재 평가 설계로 안정감 있는 신뢰도를 확보할 수 있다는 것을 확인하였다. 회귀 분석 결과로 몇몇 평가 과제가 수정되어야 함을 발견하였으며, 요인 분석 결과를 통하여 등급별 평가 과제 특성이 평가 영역보다 새로운 요인 구조 형성에 커다란 영향을 미친다는 것을 확인하였다. 또한 다국면 라쉬 모형으로 편향 분석을 실시함으로써 타당도를 검증할 수 있다고 하였다. 김성숙(2001)은 일반화가능도 이론과 다국면 라쉬 모형 활용에 있어서의 두 가지의 방법의 장단점을 비교하고 어떤 상황에서 어떤 방법으로 접근하는 것이 효율적인가를 고찰하였다. 분석 결과 두 방법 모두 채점자 효과보다 각 문항을 채점하는 기준에 의한 변동이 더 의미있게 나왔으며 각 국면이 점수에 미치는 영향을 해석하기에 적절하였다. 또한 일반화가능도 연구 결과 문항내 채점 기준으로 인한 오차 요인을 감안하여 결정연구에서 국면의 수를 조정함과 동시에 다국면 라쉬 모형을 설정함에 있어서 채점자와 채점 기준의 상호작용 효과를 탐색할 수 있었다.

지금까지 살펴본 이 두 가지 이론을 비교하면 다음 〈표 19〉와 같다.

〈표 19〉 일반화가능도 이론과 다국면 라쉬 모형의 분석(김성숙 2001: 308)

	다국면 라쉬 모형	일반가능도 이론
측정 이론 근거	잠재특성 모형 (latent trait model)	무선표집 모형 (random sampling model)

연구 질문	측정상황의 오차를 배제한 후 개별 피험자 능력 추정값은 얼마인가?	피험자의 관찰 점수가 정의된 전집에 대하여 어느 정도 일반화가 가능한가?
연구 목적	• 개별 피험자 능력추정에 미치는 오차 효과 통제함 • 각 국면 효과 배제 후 능력 추정하고자 함 • 다국면 측정 상황을 효율적으로 설명하는 모형 탐색하고자 함	• 오차요인을 동시에 분석하고 측정값에 미치는 상대적 영향력을 비교하고자 함. • 일반화가능도 계수를 산출하고 측정조건의 최적의 수를 제공하고자 함
연구 설계 /모형	• 국면: 모형(공식) 내 고유 변인으로 정의 • 모형: 주효과와 상호작용 효과	• 국면: 전집 구성의 오차 요인으로 정의 • 설계: 교차 설계와 내재 설계 무선 효과와 고정 효과 구분
분석 결과	• 모형 내 모수치 추정값. 각 효과의 신뢰도 및 카이제곱검정 • 모형 모수추정값 분포도	• G 연구 결과: 분산분석표와 상대 분산 성분, 절대 분산 성분 비교 제시 • D 연구 결과: 각 오차국면의 조건 증가 시 오차 분산성분과 G계수의 변화 요약표
결과 활용	• 개별 피험자에 대한 독립적 선형정보 제공 • 오차 배제 후 피험자 능력 추정 정보 제공	• 복합측정 과정을 이해하기 위한 전반적 요약 • 효율적 측정과 검사 제작을 위한 예비조사로써 활용
분석 방법 제한점	• 다국면 모형의 상호작용에 대한 해석 불충분 • 분리신뢰도 계수 해석의 오해 가능성	• 무선 표집과 선형모형에 대한 가정 • 개별 피험자 정보 제공하지 못함

김성숙(2001: 307)은 이론적으로 볼 때 일반화가능도 이론과 다국면 라쉬 모형의 가장 큰 차이점은 분석 대상과 연구 목적에 있고 하였다. 일반화가능도 이론은 분석대상이 수험자의 그룹 평균, 즉 각 집단

인 반면, 다국면 라쉬 모형의 경우 분석 대상은 피험자 개별 단위이며 각 개인에 대한 정보를 제공해 준다. 연구 목적 또한 일반화가능도 이론은 원점수를 이용하여 오차분산 추정과 일반화가능도 계수를 추정하여 전집에 대한 관찰 점수의 일반화 정도를 파악하는 반면, 다국면 라쉬 모형은 오차 국면을 고려한 조정 점수를 사용하여 보다 공정한 수험자의 능력을 추정하는 데 있다.

본고에서는 앞 장에서 제시한 발음 범주의 평가 채점 기준표의 신뢰도와 타당도를 검증하기 위하여 다국면 라쉬 모형과 일반화가능도 이론을 활용할 것이다. 먼저 다국면 라쉬 모형을 활용하여 채점자 간 신뢰도와 채점자 내 신뢰도를 살펴봄으로써 채점의 주체인 채점자의 타당성을 검증함으로써 부적합 혹은 과적합 채점자가 있는지 살펴볼 것이다. 이는 다국면 라쉬 모형과 일반화가능도 이론을 활용한 분석이 채점 원점수를 사용하기 때문에 원점수가 잘못될 경우 다른 국면들의 분석의 타당도에도 영향을 미칠 수 있기 때문이다. 이와 같은 검증 과정 후에 신뢰도할 수 있는 채점자들의 채점 결과만을 사용하여 다시 한번 다국면 라쉬 분석을 실시함으로써 수험자, 평가 기준, 평가 과제, 평가 척도의 적합도를 살펴봄으로써 사후 채점 타당도 검증을 할 것이다. 이는 궁극적으로 평가 구인에 대한 평가 결과의 타당성의 증거로 볼 수 있다.

나. 발음 범주 채점의 사후 채점 타당도 검증

다국면 라쉬 모형(Linacre 1989)은 일모수(one-parameter) 문항 반응 이론에 근거를 두고 수험자의 언어 수행 능력뿐만아니라 평가 항목이나 채점 기준 등의 난이도를 기존의 고전적 검사이론(classical test theory)보다 정확하게 추정할 수 있으며 필요한 경우 채점자의 엄격성/일관성에 관한 정보 또는 시험 결과에 영향을 미치는 여러 단면에 관한 정보들을 추가적으로 제공해 준다.(Lumley & McNamara 1995, McNamara 1996, Weigle 2002,1998, 신동일 2003a) 본고에서는 먼저 다국면 라쉬 모형에 근거한 타당도 검증을 실시하여 모형 타당도와 채점자 국면에 대한 적합성을 살펴봄으로써 채점 원점수의 타당성을 검토하는 것으로 사후 채점 타당도 검증을 시작해 보도록 할 것이다.

1. 다국면 라쉬 모형에 근거한 타당도 검증

앞 장에서 제안한 채점 방안의 객관적 타당도 검증을 위하여 먼저 본 실험에 참가한 수험자 44명에 대한 채점자 7명의 채점 결과를 모두 FACETS 프로그램으로 분석하였다. 이는 만약 어떤 채점자의 채점을 신뢰할 수 없다면 그 채점자의 채점 결과는 본 실험에서 제외하도록 하는 데 목적이 있다. 신뢰할 수 없는 채점자의 채점 결과는 단순히 채점자 문제일 뿐만이 아니라 채점 기준, 평가 과제, 채점 척도에 대한 타당도 검증, 궁극적으로는 수험자의 시험 결과인 점수에도 영향을 미칠 수 있기 때문이다.[12] 이를 위하여 먼저 본 실험 데이터가 다국면 라쉬 모형 분석에 적합한가를 판단하게 해 주는 문항 특성 곡선에 의한 모형 적합도를 살펴보도록 하겠다.

1.1. 1차 채점 타당도 검증

1) 문항특성 곡선에 의한 모형 적합도 분석

문항특성곡선은 다국면 라쉬 모형 이론에 근거한 문항반응 곡선과 실제 관찰된 자료에서 나타난 반응 빈도 간의 관계를 나타낸 곡선이다. 채점 자료가 라쉬 모형에 적합하다면 수집한 채점 자료가 라쉬 분석 모형에 적합하다는 것을 의미하며 이후의 분석 및 논의가 의미를 갖게 된다(신동일 2006: 147).

〈그림 13〉에서 굵은 중앙의 곡선[13]은 문항특성 곡선을 나타내며, X로 나타난 점들은 관찰점수의 평균을 나타내며, 문항특성 곡선 양쪽의 얇은 곡선은 95% 신뢰구간을 나타낸다. X점들이 95% 신뢰구간 안쪽으로 위치한다면 이는 수집한 자료가 라쉬분석 모형에 적합함을

---

12) 그러나 이와 같은 부적합 혹은 과적합 채점자의 경우 채점자 훈련을 통하여 신뢰할 수 있는 채점자로 만들 수 있다는 연구결과들이 있다. 그러나 본고에서는 채점자 훈련 과정과 그 결과에 대한 분석은 논 외로 하기로 하고 향후 후속 연구를 통하여 그 결과 밝히고 발음 평가에서의 채점자 훈련에 대한 연구를 진행하려고 한다.

13) FACET프로그램으로 코딩 된 자료를 입력한 후 그래프 자료 출력을 하면 각각의 선은 칼라로 나타나며 문항특성곡선은 굵은 붉은색으로, 관찰치들은 검은색 X로, 관찰치를 연결한 곡선은 푸른색, 그럭 95%의 신뢰구간은 양쪽 측면에 검은 얇은 곡선으로 출력된다.

나타내고 반대로 대부분의 X가 신뢰구간 밖에 위치한다면 이는 라쉬 모형 분석에 적합하지 않다는 것을 의미한다. 〈그림13〉를 보면 난이도 추정치 -3~-2 범주 사이에 신뢰구간 밖에 있는 관찰치X가 있으나 이외의 관찰치 X가 95% 이상 신뢰구간 안쪽에 위치하고 있는 것을 볼 수 있다. 이로 부분적으로 모형이 설명할 수 없는 채점 경향이 있음을 알 수 있으나 대부분의 관찰치가 신뢰구간 안에 위치하고 있는 것으로 수집된 채점 자료가 라쉬 모형 분석에 적합한 것으로 볼 수 있다.[14)]

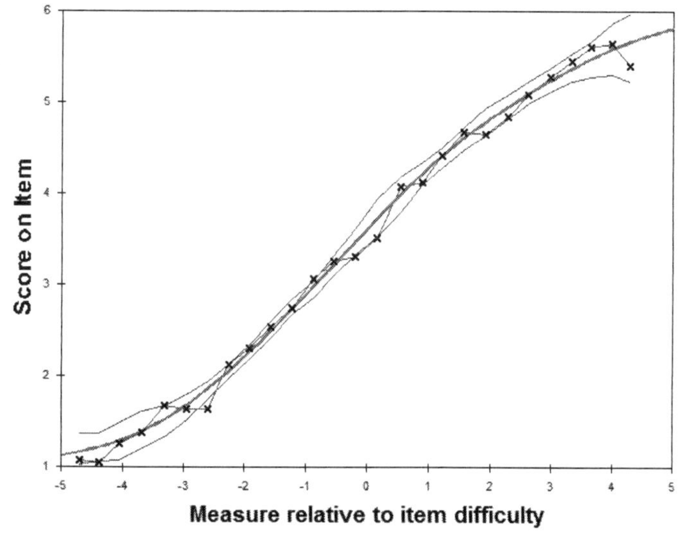

〈그림 13〉 1차 채점 타당도 검증의 문항특성 곡선

14) 일반적으로 10% 정도의 관찰치가 95% 신뢰구간 밖으로 나타나는 것까지는 다국면 라쉬 모형에 분석에 적합하다고 본다.

2) 측정 단면의 분포도 분석 중 채점자 적합도 분석

FACETS프로그램은 채점 결과에 영향을 미치는 국면들에 대한 적합도 분석 결과를 제공해 주는데, 먼저 이 중 타당성의 필요 조건인 채점자의 신뢰도에 대한 정보를 살펴봄으로써 원점수가 향후 타당성 논의에 적절한지를 살펴보도록 하겠다. FACETS 출력 결과의 채점자 신뢰도 정보는 다음 〈표 20〉와 같다.

〈표 20〉 1차 타당도 검증을 위한 채점자 적합도 분석

채점자	능력 추정치	측정 오류값	내적합		외적합		Exct Obs%	Agree Exp%
			MnSq	ZStd	MnSq	Zstd		
R6	.11	.06	1.69	9.0	1.69	9.0	26.4	34.5
R2	.35	.06	.59	-7.9	.61	-7.5	39.9	35.7
R3	.62	.06	.86	-2.3	.89	-1.9	39.5	36.4
R4	.74	.06	1.03	.4	1.02	.3	38.1	36.4
R1	.74	.06	.68	-5.9	.69	-5.8	40.1	36.4
R5	.97	.06	1.29	4.4	1.27	4.1	32.5	36.0
R7	1.04	.06	.90	-1.7	.87	-2.2	37.8	35.7
평균	.65	.06	1.01	-.6	1.00	-.6		
표준편차	.30	.00	.35	5.4	.34	5.3		
고정된 카이검정		204.9	d.f.	6	유의도	.00	분리도	5.31
무선 카이검정		5.8	d.f.	5	유의도	.32		
분리 신뢰도		.97	실제일치도		36.3%	기대일치도		35.9%

채점자 국면 출력 정보로는 평가가 타당성을 갖추는데 필요 조건이

되는 채점에 있어서의 일관성, 즉, 신뢰도에 대한 정보를 알 수 있다. 이는 적합도(Fit)에 대한 내적적합도 제곱평균(Infit MnSq), 표준화된 내적적합도(Infit ZStd), 외적합도 제곱평균(Outfit MnSq), 표준화된 외적적합도(Outfit ZStd)에 대한 정보로 알 수 있는데, 이는 채점된 관찰값과 라쉬 모형으로 예측한 값 사이의 적합도로 채점의 일관성을 판단할 수 있게 해 준다. 채점자 지수의 적합도에 대한 판단은 일반적으로 내적적합도 제곱 평균 0.7, 또는 0.8에서 1.2 또는 1.3(Linacre 1989), 혹은 0.5~1.5 사이 값(Lunz & Stahl 1990, Upshur & Turner 1999), 또는 0.75~1.3의 값을 적절하다고 본다(McNamara 1996: 173). 본 고에서는 수험자의 수가 많지 않은 편이므로 적합도 기준에 좀 더 신중을 기울일 필요가 있다고 보고 Z 표준값이 아닌 내적적합도 제곱 평균을 사용하여 판단하였다.[15] 또한 채점자들에 대한 채점자 훈련을 하지 않고 채점자들의 한국어 평가에 대한 경험을 바탕으로 채점을 실시하였음을 고려하여 0.5~1.5의 값을 기준으로 적합도를 살펴보고자 한다.[16] 만약 이 경우 내적적합도 제곱평균값이 1.5

---

15) 보통은 라쉬 모형에서 예측한 값과 실제 관찰값을 관찰한 값의 차이가 Z 표준값 -2~+2일 경우 적합하다고 보나, 신동일(2006: 158~159 각주4 참고) 6장에서 평가 과제 및 평가 영역을 분석하는데 있어서 제한적인 수험자의 수와 등급 분포가 정규분포로 고르지 않을 경우 Z 표준값으로 적합도를 판정하는 것이 무리가 있어서 측정치 로짓값 사용을 선호한다고 하였다.

16) McNamara(2000)는 적합도를 n 크기가 30명이나 이보다 많을 경우 FACET출력 정보 표 하단에 제시된 Mean Square 통계값에 대한 Standard Deviation 값의 2배의 ±값으로 계산할 수 있다고 하였다(p181). 이는 표 하단에 제시된 값들의 Mean±[2×S.D.]의 식으로 산출할 수 있다. 이에 따르면 표본의 수가 작으면 작을 수록 그 범위가 넓어진다. 이 계산 식에 따르면 본 실험에서는 0.41~1.62의 범위를 적합하다고 볼 수 있다. 그러나 본 고에서는 일반적인 수행 평가에서 사용되는 적합도 판단 기준인 0.5~1.5의 기준을 사용하고자 한다.

보다 클 경우는 부적합 채점자임을 의미하는데, 이는 채점을 하는 데 있어서 채점자의 채점 경향이 모형이 예측한 것과 다르다는 것을 의미하며 채점자 내 일관성이 결여됐음을 의미한다. 반대로 0.5보다 작을 경우는 과적합 채점자임을 의미한다. 과적합 채점자 경우는 채점에 변별력이 없고 모든 척도를 고르게 사용하고 있지 못함을 의미한다. 이 두 경우 세부적인 편향 분석이나 원자료와의 비교 분석을 통하여 그 원인을 찾아볼 필요가 있으며, 채점자 훈련을 통하여 일관성을 갖도록 교육을 시키는 것도 고려해 봐야 할 것이다. 이와 같은 적합도 판단 기준에 따라 살펴본 결과 재첨자6(R6)이 부적합 채점자로 나타났다. 이는 채점자6이 채점자 내 일관성이 없이 채점을 하고 있음을 의미하므로 채점자6의 채점 결과는 타당성이 결여되었음을 의미하는 것이다.

또한 출력 정보를 통하여 각각의 채점자들 간의 일치도에 실제 관찰 일치도(Exact Obs)와 라쉬 모형 기대 일치도(Agree Exp)를 알 수 있다. 실제 관찰 일치도는 실제 채점 결과에서 채점자 간에 정확하게 일치한 정도를 나타내며, 기대 일치도는 라쉬 모델에 데이터가 얼마나 일치하는지에 대한 정도를 의미한다. 여기서도 채점자6(R6)이 채점자 간 일치정도가 26%로 가장 낮음을 볼 수 있다. 일반적으로 관찰된 일치도가 기대되는 일치도보다 약간 높다(장소영 · 신동일 2009: 82). 그런데 여기서 보면 채점자5(R5)의 경우 모형기대 일치도보다 실제 일치도가 낮음을 볼 수 있다. 이는 모형에서 예측된 채점자 간 일치도에 비하여 실제 채점자 간 불일치가 크다는 것을 의미하므로, 채점자5(R5)의 채점 결과 채점 간 불일치하는 정도가 크다고 볼 수

있다.[17)]

채선희(1996)가 지적하였듯 다국면 라쉬 모형을 활용한 분석은 어디까지나 원점수가 타당하게 채점되었다는 원칙이 보장되었을 때 비로소 그 역할을 할 수 있다. 그러므로 본 실험에서는 이와 같은 채점자 국면의 분석 결과를 바탕으로 채점자6(R6)은 채점자 내 일관성 결여로 인한 부적합 채점자로, 채점자5는 채점자 간 일치도가 낮은 부적합 채점자로 보고 이 둘의 채점 결과를 제외한 후 다시 다국면 라쉬 모형 분석을 실시하여 발음 평가의 채점 타당도를 살펴보았다.

1.2. 2차 채점 타당도 검증

2차 타당도 검증은 본 실험에 참여한 채점자 중 부적합한 채점자들로 나타난 채점자5와 채점자6을 제외하고 실시하였다. 이와 같은 과정은 전체 채점 타당도를 높이고 평가 결과에 영향을 미칠 수 있는 다른 국면들에 대한 타당성을 분석하는 데 오차를 줄이고자 하는 데 그 목적이 있다. 2차 타당도 검증 분석 결과를 보면 다음과 같다.

17) 이와 같은 채점자 간, 채점자 내 일관성 문제는 채점자 본인의 능력의 문제일 수 있으나 채점 지침이 명확하지 않았기 때문일 수도 있다. winters(1978)는 같은 채점 지침에 대하여서도 채점자들 간의 해석이 일치하지 않기 때문에 채점 결과가 달라질 수 있음을 보여 주었다. 이는 향후 이들 채점 결과의 원인을 구체적으로 살펴보고 채점 지침을 수정하거나 채점자 훈련을 통하여 채점의 객관성을 확보하기 위한 노력이 필요함을 의미한다.

1) 문항 특성 곡선에 의한 모형 적합도 분석

앞 절에서도 언급하였듯 문항특성곡선은 다국면 라쉬 모형 이론에 근거한 문항반응 곡선과 실제 관찰된 자료에서 나타난 반응 빈도 간의 관계를 나타낸 곡선으로 채점 자료가 라쉬 모형에 적합하여야 이후의 분석 및 논의가 의미를 갖게 된다. 가로축은 '수험자의 능력 추정치-문항 난이도 추정치'를 나타내며, 세로축은 그에 따른 기대 점수를 나타낸다. 양쪽의 얇은 선을 통하여 95% 신뢰 구간안에 관찰치 곡선이 문항특선 곡선을 따라 얼마나 잘 부합하는지를 판단해 볼 수 있다(장소영·신동일 2009: 121).

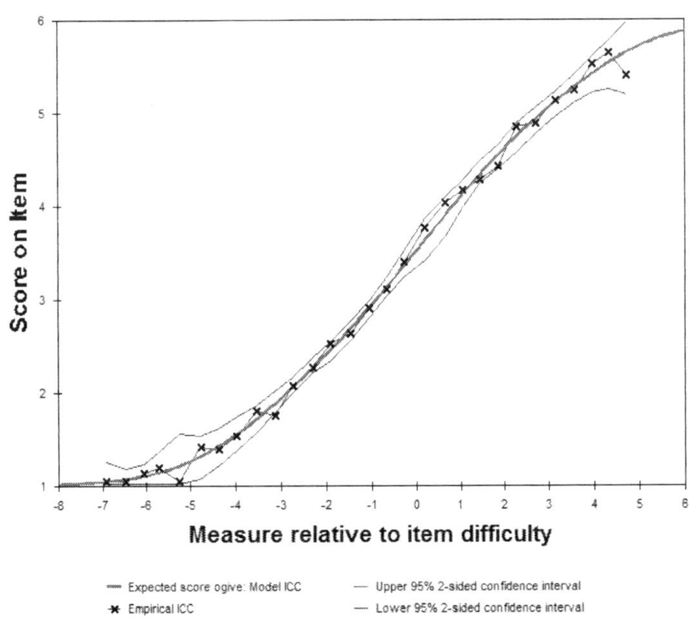

〈그림 14〉 2차 채점 타당도 검증의 문항특성 곡선

〈그림 14〉를 보면 모든 관찰치X가 모두 95% 신뢰구간 안쪽에 위치하고 있는 것을 볼 수 있다. 1차 타당화 과정을 통하여 채점자6과 채점자5를 제외한 결과 신뢰도 구간 밖에 나타나는 관찰치가 사라졌음을 확인할 수 있다. 이로 수집된 채점 자료가 라쉬 모형에 적합한 것으로 볼 수 있으므로 이를 근거로 각각의 국면에 대한 채점 타당성을 살펴보도록 하겠다.

2) 측정 단면의 분포도 분석과 각 단면의 적합도 분석

가. 측정 단면도 분포도

Linacre & Wright(2004)는 수험자의 능력 추정치는 수험자 능력, 과제 난이도, 채점자 엄격성, 채점자가 채점척도를 사용하는 방식의 네 가지 요소들이 상호작용함으로써 산출된다고 하였다. 본 연구에서도 말하기 평가에 영향을 미치는 국면으로 수험자, 채점자, 과제, 평가 기준의 네 가지 국면을 설정하였다. FACETS 프로그램을 사용하여 이들 국면들을 동일 척도 상에 배치하고 하나의 분포도로 나타내면 〈그림 15〉와 같다. 이 분포도는 연구에서 설정된 국면들에 대한 수험자의 상대적인 능력, 채점자의 상대적인 엄격함, 과제의 상대적인 난이도, 채점 기준에 따른 상대적 곤란도를 확률 척도에 시각적으로 나타내 준다. 이 모든 정보들은 특정 과제에 대하여 특정 채점자가 평가할 경우 수험자가 성공할 확률을 척도로 제공된다.

```
+--------------------------------------------------------------------------------------------------------+
|Measr|+Examinee                        |+Examinee |-Rater   |-Task  |-Criterion                          |Scale|
|-----+---------------------------------+----------+---------+-------+------------------------------------+-----|
|   5 +                                 +          +         +       +                                    + (6) |
|     | 26                              | *        |         |       |                                    |     |
|     |                                 |          |         |       |                                    |     |
|     | 10                              | *        |         |       |                                    | --- |
|   4 + 32                              + *        +         +       +                                    +     |
|     | 9                               | *        |         |       |                                    |     |
|     | 33                              | *        |         |       |                                    |     |
|     |                                 |          |         |       |                                    |     |
|   3 +                                 +          +         +       +                                    +     |
|     | 12 16                           | **       |         |       |                                    |  5  |
|     | 14                              | *        |         |       |                                    |     |
|     | 17 23                           | **       |         |       |                                    |     |
|   2 + 30 31                           + **       +         +       +                                    +     |
|     |                                 |          |         |       |                                    | --- |
|     | 13                              | *        |         |       |                                    |     |
|     |                                 |          | R7      |       |                                    |     |
|   1 +                                 +          + R1   R4 +       +                                    +     |
|     |                                 |          | R3      |       |                                    |  4  |
|     | 2                               | *        | R2      |       |                                    |     |
|     | 18 27 28                        | ***      |         |       | Fluency            Intelligibility |     |
*   0 * 1  11                           * **       *         * 1 2 3 *                                    * --- *
|     | 3  4  5  29 38                  | *****    |         |       | Segmental          Suprasegmental  |     |
|     |                                 |          |         |       |                                    |     |
|     | 22                              | *        |         |       |                                    |     |
|  -1 + 15 36 40 42                     + ****     +         +       +                                    +  3  |
|     |                                 |          |         |       |                                    |     |
|     | 21 39                           | **       |         |       |                                    |     |
|     | 6  7  8  19 20 25 34 37         | ******** |         |       |                                    | --- |
|  -2 + 41                              + *        +         +       +                                    +     |
|     |                                 |          |         |       |                                    |     |
|     |                                 |          |         |       |                                    |     |
|     | 43 44                           | **       |         |       |                                    |  2  |
|  -3 +                                 +          +         +       +                                    +     |
|     |                                 |          |         |       |                                    |     |
|     | 24                              | *        |         |       |                                    |     |
|     |                                 |          |         |       |                                    |     |
|  -4 +                                 +          +         +       +                                    +     |
|     |                                 |          |         |       |                                    | --- |
|     |                                 |          |         |       |                                    |     |
|     |                                 |          |         |       |                                    |     |
|  -5 +                                 +          +         +       +                                    +     |
|     | 35                              | *        |         |       |                                    |     |
|     |                                 |          |         |       |                                    |     |
|     |                                 |          |         |       |                                    |     |
|  -6 +                                 +          +         +       +                                    + (1) |
|-----+---------------------------------+----------+---------+-------+------------------------------------+-----|
|Measr|+Examinee                        | * = 1    |-Rater   |-Task  |-Criterion                          |Scale|
+--------------------------------------------------------------------------------------------------------+
```

〈그림 15〉 수험자×채점자×평가 과제×평가 기준 분포도

위의 〈그림 15〉의 가장 왼쪽 칸부터 측정척도(Measr: Measure), 수험자(Examinee), 채점자(Rater), 채점 기준(Criterion), 채점 척도(Scale)에 대한 정보를 보여주고 있다. 측정치(Measr)는 로짓(logits)의 측정 단위를 보여주는 것이다. 이는 제공되는 정보들, 즉, 수험자의 능력, 채점자의 엄격성, 과제의 난이도, 채점 기준의 곤란도를 나타내는 '자'와 같은 기능한다. 이 로짓 척도는 평균이 '0'으로 고정되어 있어서 양수치일 때와 음수치일 때 서로 상대적인 의미를 나타낸다. 양수치에 위치한 정보들은 각각 수험자의 능력, 채점자의 엄격성,

과제의 난이도, 평가 영역의 곤란도가 평균보다 높음을 의미하며, 음수치에 위치한 정보들은 이와 반대되는 의미를 갖게 된다.

먼저 수험자(Examinee)와 관련된 정보는 〈그림 15〉의 2열과 3열에 나타나 있다. 2열은 수험자의 분포를 주어진 학생들의 번호로 나타낸 것이며, 3열은 이들 수험자를 '*'로 나타내어 한 눈에 학생들의 능력 분포를 볼 수 있도록 해 준다. 이를 보면 수험자들이 5~-6 로짓까지 넓게 분포되어 있음을 볼 수 있다. 발음 능력에 있어서 수험자 26이 가장 높은 능력을 가진 수험자 인 반면 수험자 35가 가장 낮은 능력을 가진 수험자로 나타났다.

4열은 채점자의 엄격성에 대한 정보를 제공해 준다. 본 데이터 분석에서는 채점자 엄격성을 좀 더 자세히 보기 위하여 채점자 국면은 'noncentered'로 설정하여 실시하였다. 이는 채점자 평균을 '0'로짓으로 주지 않음을 의미한다. 그 결과를 보면 채점자 다섯 명의 엄격성이 채점자7, 채점자1, 채점자4, 채점자3, 채점자2 순으로 엄격성에 차이가 있음을 볼 수 있다. 채점자7은 가장 엄격한 채점자이며 채점자2는 가장 관대한 채점자인 것이다[18]. 전체 채점자들이 엄격성에 있어서 2로짓 정도의 상대적인 차이를 보이는데 이는 가장 관대한 채점자가 지금 점수를 줄 확률이 50%라고 가정할 경우 가장 엄격한 채점을 하는 채점자가 이를 채점해서 똑같은 점수를 받을 확률이 12%밖에 되지 않음을 의미한다.[19]

---

18) FACET 프로그램을 위해 명령어를 사용하여 엄격한 채점자가 상단에 위치하도록 하였다. 이에 대한 정보는 표 하단에 위치한 행에 '-Rater' 표기로 나타난다.

19) 이 추정치는 McNamara(1996)의 책 6장에 제시된 로지트-확률 변환표(Wright와 Linacre1991)를 참고하였다. McNamara(1996)에 의하면 이는 심각한 결과이긴 하나 희귀한 사례는 아니며 실제 거의 대부분의 상황에서 이러한 평가 유형이 발

다음으로 5열에 과제에 대한 난이도 정보가 척도 상에 나타나 있다. 〈그림 15〉를 보면 과제1(낭독하기), 과제2(그림보고 말하기), 과제3(서술하기) 모두 비슷한 난이도를 갖는 것으로 나타났다. 이는 발음 능력을 측정하는 데 있어서 과제1, 과제2, 과제3의 서로 다른 평가 유형에 있어서 수험자들이 느끼는 어려움의 정도가 비슷함을 의미한다. 학생들이 과제1을 수행하는 데 있어서 발음에 더 어려움을 느끼거나, 과제3을 수행하는데 발음을 더 쉽게 하는 정도가 미미함을 의미한다. 이에 대한 정확한 난이도 로짓값은 다음 장의 평가 과제 단면에 대한 세부 분석을 통하여 더 자세히 살펴보도록 할 것이다.

6열에서는 채점 기준에 따른 곤란도에 대한 정보를 볼 수 있다. 이 곤란도는 수험자의 내재된 능력의 편차일 수 있으나 채점자가 채점 기준별로 보이는 상대적인 엄격성에서의 차이, 혹은, 수험자가 느끼는 상대적인 수월함의 정도의 차이로 해석할 수 있다.[20] 〈그림 15〉 6열을 통하여 각각 정확성을 기준으로 채점한 분절음과 초분절음이 이를 이해명료도 기준으로 채점한 경우보다 곤란도가 더 낮음을 볼 수 있으며, 음운 유창성을 기준으로 채점한 발음 속도와 휴지는 정확성을 기준으로 채점한 경우보다는 곤란도가 높으나 이해명료성을 기준으로 채점한 경우와는 비슷한 곤란도를 보이는 것을 확인할 수 있다. 즉, 유창성과 이해명료성 기준으로 채점한 경우가 정확성을 기준으로

생한다고 한다(p. 136 참고).

20) 예를 들어 분절음 영역이 초분절음보다 더 곤란함의 정도가 높다면 이는 수험자가 원래 초분절음음 발음 능력이 분절음 발음 능력보다 더 높다고 볼 수도 있으며, 채점자가 분절음을 채점하는데 더 까다롭게 채점을 했음을 의미할 수도 있으며, 수험자의 입장에서 초분절음이 분절음보다 더 감당하기 쉬운 것으로 해석할 수도 있다.

채점한 경우보다 수험자가 점수를 받기 더 어렵다고 느끼거나, 채점자가 유창성과 이해명료성 기준의 채점에서보다 엄격하게 점수를 주고 있다고 추정할 수 있다. 이에 대한 정확한 곤란도 수치는 다음 절의 평가 국면 별 세부 정보를 통하여 확인하여 볼 것이다.

마지막으로 우측 끝 열의 평가 척도(Scales)는 평가자가 채점할 때 사용한 척도의 관찰 범위를 수직 척도 상에 나타낸 것이다. 이는 -2~0 로짓에 해당하는 학생들이 척도3에 해당하는 점수를 받았음을 의미하며, 0~+1.5 로짓에 해당하는 학생들이 척도4의 점수를 받았음을 보여 준다. 〈그림 15〉를 보면 척도1, 2, 3, 4 는 비교적 동간의 척도로 평가한 반면 척도5는 좀 더 넓게 사용되어 5등급을 사용하는 데 조금 더 집중되어 있음을 볼 수 있다.

지금까지 위의 〈그림 15〉로 나타난 수험자, 채점자, 과제, 평가 기준, 채점 척도에 대한 분포를 살펴보았다. 이는 평가 과정 전체에 대한 경향에 대한 정보를 제공해 주며 이는 평가 실시 이후의 평가 방법의 수정 혹은 채점자 교육을 위한 정보로 활용하여 평가의 타당도와 신뢰도를 높일 수 있다. FACETS 프로그램은 위에서 살펴본 기본 정보뿐 아니라 각각의 국면의 단면에 대한 상세한 정보도 제공된다. 다음에서는 각각의 국면의 분리된 정보를 살펴봄으로써 실시된 평가의 신뢰성과 타당성에 대하여 더 자세히 살펴보도록 하겠다.

나. 각 단면의 적합도 분석

① 수험자 국면

〈표 21〉은 본고에서 제안한 채점 방안으로 채점한 결과를 라쉬 모

형에 의해 분석한 수험자 국면에 대한 정보이다.[21)] 여기서는 개별 수험자들에 대한 능력 추정치(Measure), 능력 추정치의 오차(Model S.E.), 적합도(Fit)에 대한 통계치로 내적적합도 제곱평균(Infit MnSq), 표준화된 내적적합도(Infit ZStd), 외적합도 제곱평균(Outfit MnSq), 표준화된 외적적합도(Outfit ZStd)에 대한 정보를 볼 수 있다. 적합도란 라쉬 모형에 의해 기대되는 점수와 실제 관찰된 점수를 비교한 것이다. 외적합도 지수는 수험자의 능력 수준에 비추어 너무 쉬운 문항을 틀리거나 너무 어려운 문항을 맞은 경우와 같은 예상할 수 없는 문항 형태에 예민한 지수이다. 그러므로 본 연구자는 소수의 부적합한 정보에 민감하게 반응하여 부적합으로 판단되는 것을 막기 위하여 내적합 지수를 사용하여 해석하였다(신동일 2006: 152 참고). 앞 절에서 언급하였듯 일반적으로 내적적합도 제곱 평균 값이 1.0 로짓을 기준으로 0.5~1.5 로짓 범위 안에 위치하면 적절한 수험자 반응으로 간주하며 1.5보다 크면 모형에 부적합(misfit)한 것로 보며, 0.5보다 작은 지수의 수험자 반응은 과적합(overfit)한 것으로 본다.[22)]

21) 신동일(2003a)은 말하기 능력을 선형적으로 서열화 시킬 수 있는가 하는 현실적인 문제를 지적한 바 있다.(신동일 2003a)은 실제 고등학교 영어 말하기 쓰기 능력을 선형적으로 서열화 시킬 수 있는가 하는 문제가 현실적인 영어 평가 영역에서의 고민이면서 관련 학문 언어습득/학습 이론 영역에 대한 도전이기도 하지만 이러한 작업은 어떤 식으로든 진행되어야 할 사회교육적인 필요성 때문에 원론적인 고민은 내려 놓도록 한다고 하며 라쉬 모델을 활용한 고등학교 영어 말하기 및 쓰기 능력 등급 기술표 개발에 대한 연구를 진행하였다.

22) 이는 표준화된 내적적합도 값으로도 판단할 수도 있는데 +2 이상인 경우 부적합, -2 이하일 때 과적합한 것으로 판단할 수 있다.

〈표 21〉 수험자 국면 출력 정보[23)]

수험자 번호	능력 추정치	측정 오류값	내적합		외적합		Correlation	
			MnSq	ZStd	MnSq	Zstd	PtMea	PtExp
35	-5.36	.43	.95	.0	.88	-.1	.20	.11
07	-1.72	.19	.69	-1.9	.68	-1.9	.47	.25
23	2.25	.18	2.12	4.8	2.18	5.0	.01	.27
12	2.77	.19	.84	-.8	.84	-.8	.15	.26
26	4.85	.22	.90	-.6	.90	-.5	.21	.22
평균	.00	.19	.99	-.1	-.00	-.1		
표준편차	2.24	.04	.26	1.3	.27	1.4		
고정된 카이검정		5010.0	d.f.	43	유의도	.00		
무선 카이검정		42.5	d.f.	42	유의도	.45		
분리		11.42	분리신뢰도		.99			

수험자 국면의 출력 정보를 보면 수험자 23이 내적적합도 2.12로 부적합(misfit)한 수험자임을 볼 수 있다. 이는 평가 과정이 이 수험자들에게 맞지 않거나 검사 결과로 도출된 결론이 맞지 않을 수 있다는 정보를 의미한다. 이 수험자에 대해서는 원 수집 자료를 분석해서 그 원인을 찾아 필요에 따라 재채점의 필요성을 평가자들이 결정할 필요가 있다. 수험자 국면의 정보 중에 주로 이용되는 정보는 표 하단에 제공되는 신뢰도(Reliability)값[24)]으로 이는 과제별 난이도 분포가 수험자의 능력 분포를 적절하게 설명하고 있는지를 수치로 나타낸 값이

23) 전체 데이터는 뒤 〈부록〉을 참고.

24) 신동일(2006, p153)은 이를 분리 신뢰도(Separation Reliability)라고 하였다.

다(신동일 2006: 153). 이는 일반적인 통계에서 사용되는 채점자 간 일치도를 나타내는 신뢰도와는 구별되는 개념으로 평가가 수험자들의 능력 차이를 변별해 주는 능력을 나타낸다. 이 신뢰도 지수는 0에서 1의 값으로 나타나며 1에 가까울 수록 신뢰도가 높으며 수험자의 능력 분포를 잘 설명해 준다고 판단할 수 있다. 여기서는 0.99 값으로 나타나고 있다. 이는 수험자 관찰 변량의 대부분이 측정 오차가 아닌 수험자의 능력에 의한 편차로 발생했다는 의미로 볼 수 있으며 수험자의 능력 편차가 높은 것으로 볼 수 있다.

② 채점자 국면

다음으로 채점자 국면 출력 결과를 통하여 채점자의 엄격성과 일관성에 대한 정보를 살펴보면 다음 〈표 22〉와 같다.

〈표 22〉 채점자 국면 출력 정보[25)]

채점자	능력 추정치	측정 오류값	내적합		외적합		Exct Obs%	Agree Exp%
			MnSq	ZStd	MnSq	Zstd		
R2	.39	.06	.72	-4.9	.76	-4.2	42.0	39.7
R3	.72	.06	1.05	.8	1.06	.8	43.6	40.9
R4	.88	.06	1.27	4.0	1.27	3.9	41.1	41.0
R1	.88	.06	.83	-2.8	.82	-3.0	44.5	41.0
R7	1.25	.06	1.11	1.7	1.07	1.1	41.0	40.2
평균	.82	.06	1.00	-.2	1.00	-.3		

25) 추정 오차(Model S.E.)는 평가자의 엄격성에 존재하는 실제적인 변량인데 0값에 가까울 수록 긍정적인 해석을 할 수 있다(장소영 & 신동일 2009: 80). 여기서는 .06으로 나타났다.

표준편차	.28	.00	.19	3.2	.18	3.0		
고정된 카이검정		97.5	d.f.	4	유의도	.00	분리도	4.3
무선 카이검정[26]		3.8	d.f.	3	유의도	.28		
분리 신뢰도		.95	실제일치도		42.5%	기대일치도		40.6%

<표 22>는 1차 타당도 검증 과정을 거쳐 채점자 내 일관성과 채점자 간 일관성이 부족하였던 채점자5와 채점자6을 제외하고 실시한 결과이다. 먼저 채점자 간의 실제 관찰 일치도(Exact Obs)와 모형에 의해 기대되는 모형 일치도(Agree Exp)의 차이로 살펴보면 모두 모형에서 기대한 일치도보다 높음을 알 수 있다. 채점자1은 41%, 채점자2는 42%, 채점자3은 40.9%, 채점자4는 41%, 채점자7은 40.2%의 일치도를 라쉬 모형 이론에 근거하여 기대하였는데 실제 관찰 채점자1은 44.5%, 채점자2는 43.6%, 채점자3은 43.6%, 채점자4는 41.1%, 채점자7는 41%의 일치도를 보인 것을 볼 수 있다. 이와 같은 결과는 표 하단의 전체 채점 일치도에 정보로 확인할 수 있는데 모형이 기대한 채점자 간 일치도는 40.6%였는데 실제 관찰 일치도가 42.5%인 것으로 나타났다. 이 수치를 활용한 라쉬 모형 전체 일치도 통계치를 산출할 수 있다.[27] 이는 라쉬 모형 전체에 대한 일치도 값과 같은 경우 0

26) 무선 카이 검정 결과는 측정이 정규분포에서 무선 표본 되었는지에 대한 가설을 검증하는 것이다(장소영 & 신동일 2009). 여기서 p=.28입으로 가설이 채택되어 채점자들이 정규분포로부터 무선 표본되었다고 할 수 있다.

27) 이는 표 하단의 [(실제 일치도 퍼센트 - 기대 일치도 퍼센트)/(100-기대 일치도 퍼센트)]의 공식으로 산출한다(신동일 2006: 155 참고).

로짓으로 산출되며, '-' 값을 가지면 예측된 채점자 간 일치도와 실제 관찰된 일치도가 불일치한다는 것을 의미하며, '+'값을 가지면 기대 이상의 과적합 양상의 채점자 간 일치도로 채점자 간의 편차가 없이 채점함을 의미한다. 이는 채점자 간 일치도 통계로서 개인의 엄격성 혹은 일관성 지수와는 구별되는 정보이다(신동일 2006: 155). 여기서는 약 0.03로짓으로 나타나, 0에 가까운 수치를 보여 전체 모형이 기대한 값과 실제 채점자들 간의 채점이 거의 비슷하게 일치하고 있는 것으로 나타났다.

또한 앞의 1차 타당화 과정에서보다 전체 채점자 내 일치도가 증가한 것을 볼 수 있는데 채점자 내 일관성이 .65에서 .68로 늘어난 것을 볼 수 있다[28]. 이는 부적합 채점자 두 명을 제외함으로 약간의 전체 채점자 내 일관성이 수치상으로 향상된 것으로 볼 수 있다. 또한 내적적합도 제곱 평균을 기준 값인 1을 중심으로 0.5~1.5을 적합하다고 볼 때 5명의 채점자들 모두 모형이 예측한대로 일관성 있는 채점을 하고 있음을 볼 수 있다. 채점자1는 .83, 채점자2는 .72, 채점자3은 1.05, 채점자4는 1.27, 채점자7은 1.11로 어느 정도 내적 일관성을 갖춘 채점자들로 나타났다. 이 값은 1을 기준으로 볼 때 1에 가까 울 수록 더욱 내적 일관성이 있는 것으로 해석할 수 있는데 채점자3, 채점자7, 채점자1, 채점자4, 채점자2의 순으로 상대적으로 더 높은 내적 일관성을 갖췄음을 알 수 있다.

다음으로 채점자 엄격성, 채점자에 대한 정보를 살펴보면 다음과

28) 채점자 일관성은 내적합 제곱평균의 표준 편차를 1에서 뺀 값으로 추정할 수 있다(최연희 2002: 273).

같다. 먼저 능력 측정치(Measure)는 관찰된 점수를 라쉬 모형 이론에 적용하여 나온 값으로 채점자들의 엄격성을 알 수 있다. 앞의 측정 단면 분포도에서도 확인했듯이 채점자7, 채점자1, 채점자4, 채점자3, 채점자2 순으로 채점자의 엄격성의 차이가 있는 것을 볼 수 있다. 채점자7은 가장 엄격한 채점자이며 채점자2는 가장 관대한 채점자인 것이다.[29]

이를 바탕으로 표의 하단에 제공되는 채점자 간 엄격성 신뢰도(Reliability)와 분리도(seperation) 지수로 채점자 간 신뢰도를 알 수 있다.[30] 먼저 신뢰도는 채점자들의 엄격함에 있어서의 차이를 나타내는데 .95로 매우 높은 것으로 나타났다.[31] 그러나 이는 1차 실험 때 .97보다 약간 준 수치로 채점자 두 명을 제외시킴으로써 엄격성의 차이가 줄어들었음을 확인할 수 있다. 분리도를 통하여서도 채점자들 간의 엄격성에 차이가 있음을 다시 한 번 확인할 수 있는데 분리도가 4.3으로 1차 실험 때의 5.3보다는 줄었으나 여전히 엄격성의 차이가 큰 것으로 나타났다. 고정된 카이스퀘어(Chi-square) 검증으로도 채점자들의 엄격성이 모두 같다는 영가설(null hypothesis)을 검증한 결과 모두 p=.00으로 영가설을 기각하고 채점자 집단의 엄격성 차이가 크다는 것을 알 수 있다. 이와 같은 채점자들 간의 채점에 있어서의

29) 이는 관찰값(Obsvd Average)으로도 확인된다. 전체 출력 정보는 〈부록〉 참조.

30) 분리도는 채점의 전 과정에 있어서 정확성에 대한 상대적인 평가치의 분포를 보여주는 것으로써 채점자들의 이질성을 나타내는 채점자 간 엄격성 지수이며, 신뢰도는 채점자 간의 엄격성의 차이를 나타낸다. 엄격성이 다른 채점자들과 유사하다면 그 지수가 낮아진다. 보통 통계적으로 '1-신뢰도'의 값으로 비교하기도 한다(참조:최연희 2002: 279).

31) 최연희(2002: 279)는 1~0.92 범위일 겨우 매우 크다는 것을 의미한다고 하였다.

엄격성의 차이는 본 실험이 어떤 채점자 훈련이나 특별한 채점 가이드가 없이 실시되었기 때문으로 볼 수 있다. 이는 채점 가이드를 만들거나 채점자 훈련이 이루어 질 필요가 있음을 시사해 주는 것으로 볼 수 있다.[32)]

③ 과제 국면

다음으로 과제 국면을 살펴보도록 하겠다. 본 실험에서 사용된 과제 유형은 과제1은 '낭독과제', 과제2는 '그림 보고 이야기하기', 과제3은 '서술하기 과제'이다. 출력 정보의 과제 국면을 정리하면 다음 〈표 23〉와 같다.

〈표 23〉 평가 과제 국면 출력 정보

과제 번호	능력 추정치	측정 오류값	내적합		외적합		Correlation	
			MnSq	ZStd	MnSq	Zstd	PtMea	PtExp
3	-.04	.05	.97	-.5	.97	-.5	.84	.85
2	-.02	.05	.96	-.9	.96	-.8	.86	.85
1	.07	.05	1.06	1.1	1.05	1.0	.85	.85
평균	.00	.05	1.00	-.1	1.00	-.1		
표준편차	.05	.00	.04	.9	.04	.9		

32) 신동일(2006: 173)은 FACET 연구 논문(Weigle, 1998)을 보면 채점자 교육이 효과적으로 이루어진 후나 특정 채점자 집단이 참여하여 채점자 엄격성 일치도를 확보했음에도 불구하고 다른 지수와는 달리 신뢰도 지수 값이 여전이 높게 산출된 것을 볼 때 FACET 프로그램에서 신뢰도가 제대로 측정되는지 의심해 볼 여지가 있음을 지적하였다.

고정된 카이검정	2.8	d.f.	2	유의도	.24		
무선 카이검정	1.2	d.f.	1	유의도	.28		
분리	.00	분리신뢰도		.00			

위의 과제 유형별 특징 또한 로짓으로 볼 수 있는데 여기서의 로짓은 동간성(intercal scale)을 갖는 장점이 있어, 이를 통하여 하나의 과제가 다른 과제보다 어렵다는 정보뿐만이 아니라 얼마나 어려운지까지도 알 수 있다. 과제의 평균 난이도가 '0'으로 설정되어 '0'보다 큰 양수 로짓은 어려운 과제를 음수 로짓은 상대적으로 쉬운 문항임을 의미한다. 수험자 능력 추정치는 과제 난이도 추정치와 연관되어 있어서 0로짓의 능력을 가진 피험자는 평균 난이도(과제 난이도 0로짓) 문항에 정답할 확률이 50%임을 의미한다. 위의 〈표 23〉에서 능력 추정치를 보면 3. 서술하기 과제, 2.그림보고 이야기하기 과제, 1. 대화문 낭독하기 순으로 난이도가 증가하는 것을 확인할 수 있으나

표 하단에 제시된 분리도와 신뢰도 모두 편차가 0.0으로 나타나 과제 난이도에 있어서 통계적으로 유의미한 편차가 없는 것으로 볼 수 있다. 이는 두 방법으로 평가한 세 가지 과제가 미세한 차이는 있으나 다국면 라쉬 모형 전체로 볼 때 통계적으로 유의미한 난이도에 있어서의 차이가 없음을 보여주는 것으로 수험자가 세 가지 과제에서 상대적으로 점수를 받기 쉽거나 어려운 과제는 없고 모두 비슷하게 어려운 과제들임을 알 수 있다.

과제 적합도를 살펴보면 모두 적합도 기준 범위인 0.5~1.5 사이

에 위치하고 있는 것으로 나타났다. 이는 다국면 라쉬 모형으로 예측된 자료와 실제 관찰된 자료 사이의 불일치가 되는 경우가 없음을 의미한다. 만약에 과제 내적합도 제곱평균이 0.5 이하라면 이는 과적합 과제이며, 반대로 1.5보다 크다면 이는 부적합임을 의미한다. McNamara(1996)에 의하면 과적합 문항의 경우 과제로서의 독립성이 결여된 것으로 다른 문항[33]이 주는 정보 이외에 추가적인 정보를 주지 못한다는 것을 의미한다. 과적합한 문항들의 응답유형은 다른 문항들에 대한 응답 유형으로 충분히 예측할 수 있고 그 문항이 다른 문항들에 의존하고 있음을 의미한다. 또한 부적합 과제는 관찰값이 다른 과제들의 응답과 어울리지 않는 응답을 하는 문항으로 이 문항을 맞출 확률의 일관성이 결여되어 있음을 의미하는데 이는 구체적으로 첫째, 문항 자체가 문제가 있어서 무성의하게 작성된 문항임을 알려주는 것으로 전통적인 분석에 따르면 변별력이 없는 문항에 대한 해석과 유사한 경우이거나, 둘째, 부적합한 과제 자체는 괜찮지만 하나의 특성을 재는 검사로는 적절하지 못하다는 것을 알려주는 경우로 그 문항과 다른 문항들을 단순히 총점을 더해서 해석할 수 없으며 따로 보고 되어야 하는 과제임을 의미한다. 이런 과제들은 삭제되거나 수정되어야 할 수 있음을 시사해 준다. 그러나 본 실험에서 사용된 세 가지의 과제들은 적합도 값에서 수용 가능한 범위 내에 있는 것을 볼 수 있다. 이는 각각의 과제들이 변별력 있게 평가에 사용되고 있음을 의미하는 것으로 볼 수 있으며 각각의 과제들이 평가하고자 하는 요

33) 그의 책에서 'item'이라는 용어를 사용하고 있어서 '문항'으로 번역하였다. 이는 본고의 과제(task)와 같은 개념이다.

인에 대한 서로 다른 정보를 제공해 주고 있음을 의미하는 것으로 볼 수 있다.

④ 채점 기준 단면

다음으로 채점 기준이 타당성 있게 작용하고 있는가를 살펴보면 다음과 같다.

〈표 24〉 채점 기준 국면 출력 정보

평가 기준	능력 추정치	측정 오류값	내적합		외적합		Correlation	
			MnSq	ZStd	MnSq	Zstd	PtMea	PtExp
정확성(초분절음)	-.31	.06	.90	-1.8	.90	-1.7	.87	.85
정확성(분절음)	-.16	.06	0	0	98	-.2	.85	.85
유창성	.13	.06	1.16	2.7	1.16	2.6	.83	.85
이해명료도	.35	.06	.93	-1.3	.94	-1.1	.84	.85
평균	.00	.06	1.00	-.1	1.00	-.1		
표준편차	.26	.00	.10	1.8	.10	1.7		
고정된 카이검정		83.0	d.f.	3	유의도	.00		
무선 카이검정		2.9	d.f.	2	유의도	.23		
분리		4.45	분리신뢰도		.95			

위의 내적합 제곱평균 값을 보면 '정확성(분절음)' 기준은 1.00, '정확성(초분절음)' 기준은 .90, '유창성' 기준은 1.16, '이해명료성' 기준은 .93으로 모두 0.5~1.5이내로 과적합하거나 부적합한 채점 기준이 없는 것을 알 수 있다. 만약에 채점 기준에 적합도 지수가 부적합을

보인다면 이는 그 기준으로 채점할 경우 채점 편차가 불규칙적이어서 일관성 있는 채점 정보를 제공하지 못함을 의미한다. 또한 과적합을 보일 경우 독립적인 평가 기준으로 작용하지 못함을 의미한다. 그러나 이 두 영역은 모두 적합도 기준에 적절한 것으로 보아 채점자들이 일관성 있는 채점이 가능하고 서로 변별력 있게 독립적인 채점 기준으로 작용하고 있는 것으로 추론할 수 있다.

또한 분리 신뢰도 .96, 분리도, 4.45로 채점 기준들 자체의 차이를 보면 채점 기준들에 따라 곤란도에 차이가 있음을 볼 수 있으며, 고정된 카이검정 유의도 .00으로 채점 기준에 따라 곤란도에 있어서 차이가 있다는 것이 확인된다. 좀 더 자세히 살펴보면 곤란도를 나타내는 능력 추정치를 통하여 '정확성(초분절음)' 기준이 -.31, '정확성(분절음)' 기준이 -.16, 음운 유창성 기준이 .13, 이해명료성 기준이 .35순으로 곤란도가 높아짐을 볼 수 있다. 이는 상대적으로 정확성으로 초분절음 채점하였을 경우 점수를 받기 가장 쉽고 이해명료성으로 채점을 할 경우 점수 받기 가장 곤란함을 의미한다. 또한 이는 '이해명료성' 기준으로 채점하였을 때 가장 엄격하게 채점되고 '정확성으로 초분절음' 을 채점할 경우 좀 더 관대한 채점 경향을 보였음을 의미하는 것이기도 하다.[34)]

34) 이와 같은 결과는 영어 말하기 수행 평가에서도 유사하게 나타나고 있다. 진경애 외(2002)는 고등학교 말하기 수행 평가를 발음의 정확성, 유창성(머뭇거림, 휴지), 문법의 정확성, 담화적 능력으로 채점하여 분석한 결과 발음의 정확성, 담화적 능력, 유창성, 문법적 정확성 순으로 곤란도가 높이지는 것으로 나타났다.

⑤ 채점 척도 단면

다음으로 채점에서 사용한 6점 리컬트 채점 척도의 분석 결과를 살펴보면 다음 〈표 25〉과 같다.

〈표 25〉 채점 척도 국면 출력 정보

채점 척도	척도별 데이터			평균		외적합도 평균제곱	추정값		범주 최고치
	관찰치	%	누적	관측값	추정값		채점 범주	0.5 지점	
1	270	10	10	-3.72	-3.72	1.0	(-5.04)		100%
2	742	28	38	-2.28	-2.28	1.0	-2.86	-4.13	59%
3	703	27	65	-1.24	-1.24	1.0	-.89	-1.82	53%
4	445	17	82	.49	.49	.9	.85	-.02	51%
5	371	14	96	2.23	2.23	1.2	2.86	1.77	62%
6	107	4	100	3.22	3.22	1.0	(5.15)	4.21	100%

본 채점에 사용된 6점 리컬트 척도 사용을 분석해 보면 2점 척도 28%, 3점 척도를 27%, 4점 척도를 17%, 5점 척도를 14%, 1점 척도를 10%, 6점 척도를 4% 사용한 것으로 나타났다. 또한 높은 척도일수록 평균 측정값(Avge Measure)이 증가하면 각각의 척도가 적절하게 기능하고 있는 것으로 볼 수 있는데 1에서 6점 척도로 갈 수록 로짓값이 각각 -3.72, -2.28, -1.27, .54, 2.22, 3.19으로 증가하는 것을 볼 수 있다.

아래 〈그림 16〉 6점 척도의 확률 곡선으로도 척도가 타당하게 사용되고 있는지를 확인할 수 있다. Y축 맨 위에서 시작하는 1점 곡선부터 마지막 6점 곡선까지 각각의 점수를 받을 수 있는 수험자들의 확률 곡선이 비교적 동간으로 겹치지 않고 이동되고 있는 것을 확인할 수 있는데 이는 각각의 척도가 적절하게 기능하고 있음을 보여 주는 것이다.

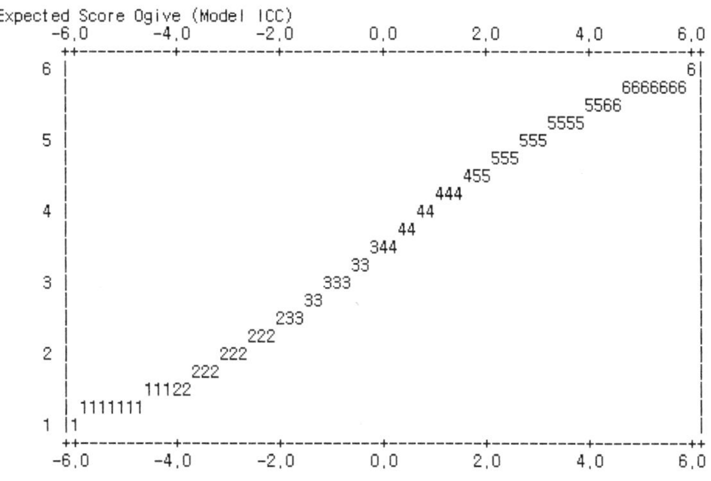

〈그림 16〉 6점 척도의 확률 곡선

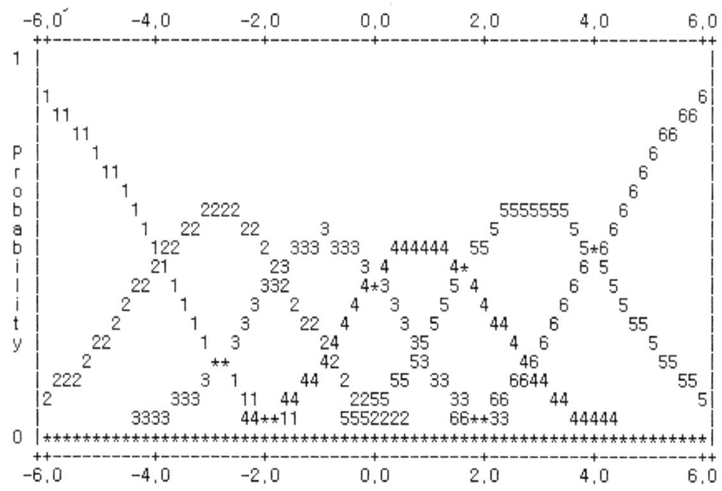

〈그림 17〉 6점 척도의 모형특성 곡선

또한 측정치 변화에 따른 6점 리컬트 채점 척도의 기대 점수를 위의 〈그림 17〉 '모형특성 곡선'으로 확인할 수 있다. Y축은 등급 척도이며, X축은 관찰값으로 측정치가 오른쪽으로 증가할수록 척도가 증가하고 있는 것을 볼 수 있다. 1에서 6점 척도까지 척도가 겹치지 않고 이동되고 있음을 볼 수 있는데 이는 척도간의 등급 차이가 타당하게 존재하고 있다는 것을 의미한다.

위의 채점 분석 결과를 바탕으로 6점 척도의 수험자 점수를 100점 만점의 점수로 환산하면 다음 〈그림 18〉과 같다. 100점 단위로 환산하여 보면 각 척도간의 점수 차이를 보다 명확하게 볼 수 있다. 척도1과 척도2는 0 ~ 21점, 척도2와 척도3은 21~41점, 척도3과 척도4는 41점~58점, 척도4와 척도5는 58점~ 78점, 척도 5와 척도 6은 78~100점으로 각각의 등급이 약 20점의 비교적 등간으로 사용되었음을 볼 수 있다. 이를 통하여 수험자 점수를 평가하는 평가 6점 리컬트 채점 척도가 채점자들에 의하여 일관성있고 타당하게 해석되어 사용되고 있음을 확인할 수 있다.

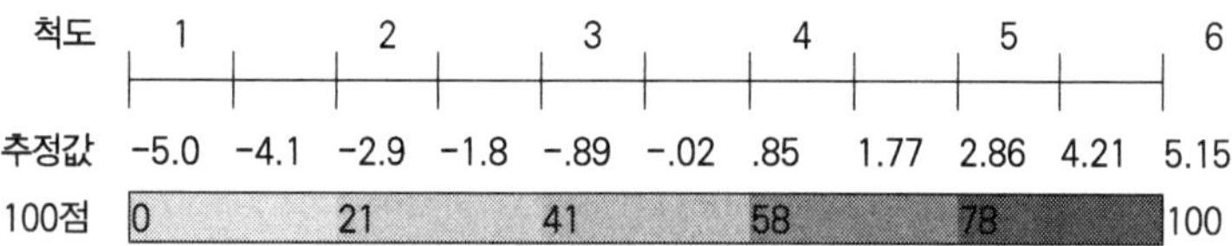

〈그림 18〉 다국면 라쉬모형에 근거한 6점 채점 척도의 100분위 환산 점수

1.3 분석 결과에 대한 논의

지금까지 다국면 라쉬 모형을 기반으로 사후 채점 타당도 검증을 실시하였다. 먼저 1차 채점 타당도 검증 과정에서는 채점 원점수에 영향을 미치는 채점 결과를 제외하고자 채점자 내, 채점자 간 신뢰도가 낮은 두 명의 채점자를 제외하였다. 이들 부적합 채점자로 나타난 채점자5와 채점자6의 경우 개인적인 면담을 실시한 결과 채점자5의 경우 개인 사정으로 인하여 채점에 집중하지 못하고 채점을 2주에 걸쳐 아주 조금씩 나누어 채점을 하였으며, 채점자6의 경우 하루에 채점을 하였으나 개인 사정으로 인하여 채점에 집중하지 못하고 급하게 하였다고 하였다. 채점자5의 경우 석사와 박사 모두 음운론 전공자임에도 불구하고 부적합 채점자로 내적 일관성이 부족한 채점자로 나타났는데 이는 음운론 전공자라고 할지라고 채점 환경, 상황이 채점 결과에 더 많은 영향을 미친다는 것을 유추해 볼 수 있다. 또한 음운론 전공자가 아니더라도 한국어 교육과 평가에서의 경험이 어느 정도 있다면 발음 능력을 채점하는 데 있어서 신뢰할 수 있는 채점을 할 수 있다는 것을 시사해 주는 것으로 볼 수 있을 것이다. 또 부적합 채점자인 채점자6의 경우 한국어 교육 경험이 가장 많은 채점자임을 볼 수 있다. 그러나 그럼에도 불구하고 너무 빠른 시간에 집중하지 않고 채점을 할 경우 신뢰할 수 없는 채점을 할 수 없음을 보여 주었다.[35)]

35) 채점자6은 이향(2012c)에서도 채점에 참여하였었다. 이 연구는 본 논문의 채점과 다른 시기에 이루어진 연구이며 이향(2012c)에서는 가장 채점자 내 신뢰도가 높은 채점자로 나타났었다. 본 연구자의 면담 결과 이향(2012c)채점 당시에는 여유를 가지고 하루 동안 채점을 하였다고 하였다. 이로 미루어 채점 기간과 채점에의 집중 여부가 채점 결과에 영향을 미침을 다시 한 번 확인할 수 있다.

이와 같은 결과로 볼 때 발음 능력을 채점하는 데 있어서 중요한 요인으로 채점 기간과 채점 방법(며칠에 걸쳐 하루에 얼마나 많은 채점자를 몇 시간에 걸쳐 채점을 할지)이 채점 결과에 큰 영향을 미치는 것을 알 수 있다. 이는 신뢰할 수 있는 채점 결과를 위해서는 채점자의 특성뿐만이 아닌 채점 기간과 채점 방법에 대한 적절한 통제도 이루어져야 함을 시사하는 것으로 볼 수 있다.

2차 채점 타당도 검증 과정을 통하여 부적합 채점자의 채점 결과를 제외하고 다시 한 번 다국면 라쉬 모형을 기반으로 한 분석을 실시하였다. 이를 통하여 평가 결과에 영향을 미칠 것이라고 가정한 수험자의 능력 수준, 채점자, 평가 과제, 채점 기준, 채점 척도의 타당성을 검증한 결과는 다음과 같다.

2차 사후 채점 타당도 검증 결과 채점자들의 채점자 간 일치도가 증가하였음을 확인하였으며, 2차 타당도 검증 대상의 채점자들은 채점자 내 일관성과 채점자 간 일관성을 갖추고 있는 것으로 나타났다. 이로 인하여 이들의 채점 결과를 신뢰할 수 있음을 확인하였다. 또한 채점자4의 경우 OPI 채점자 훈련 과정을 이수한 채점자이면서 음운론 전공자임에도 불구하고 다른 채점자들과 상대적인 채점자 내 일관성 여부에 있어서 커다란 차이가 나타나지 않는 것을 볼 수 있다. 이는OPI 채점자 훈련 과정이 본 실험에서 다루는 말하기 평가와는 그 평가 목표나 유형이 달라 요구하는 채점 방법이나 전략이 다르기 때문으로 추론해 볼 수 있다. 그러므로 채점자 훈련 여부와 발음 채점 결과에 있어서의 신뢰성 여부에 대하여서는 발음 채점자 훈련 과정을 설계하여 이를 실시한 후 다시 한 번 채점자 훈련 여부와 신뢰할 수 있는 채점 결과와의 상관 관계에 대한 연구가 향후 진행되어야 할 것

이다.[36)]

또한 채점자 간 엄격성의 차이는 큰 것으로 나타났다. 그러나 평가 과제 국면에 대한 분석 결과, 실험에 사용한 과제 유형별로는 난이도의 차이가 거의 없음을 발견하였다. 이를 통하여 낭독하기, 그림보고 묘사하기, 서술하기 과제는 수험자의 발음 능력을 측정하는 데 있어서 수험자가 느끼는 곤란도나 채점자의 엄격성에 차이가 없음을 알 수 있었다. 채점 기준 국면을 살펴본 결과, 정확성 기준의 초분절음→ 정확성 기준의 분절음 → 음운 유창성(발화 속도, 휴지) → 이해명료성(분절음과 초분절음)의 순으로 곤란도가 높아지는 것을 확인하였다. 이는 이해명료성 기준으로 분절음과 초분절음을 채점하는 경우 수험자가 점수 받기 가장 어렵다고 느끼거나, 채점자가 보다 더 엄격한 채점을 한다는 것을 의미한다. 특히 이해명료성과 정확성의 경우 같은 분절음과 초분절음을 채점하는 것임에도 불구하고 평가 기준의 변화에 따라 난이도가 달라지는 것을 확인하였다. 향후 이러한 결과의 원인을 보다 세부적으로 살펴볼 필요가 있을 것이다. 채점자들이

---

36) 채점자4의 경우 이향(2012c)에서 가장 신뢰할 수 있는 채점자였다. 이향(2012c)의 경우 분절음(자음, 모음, 음운 변화)을 정확성 기준으로 채점한 경우에 관한 연구로서 정확성 기준의 분절음 채점에 있어서는 상대적으로 음운론 전공자가 내적 일관성을 갖췄음을 보여 주었다. 그러나 본 논문의 실험은 청자의 발음으로 인한 이해의 난이도 정도를 기준으로 삼는 이해 명료성, 자연스러운 발화 속도와 휴지를 채점하는 유창성 기준 모두의 채점에 있어서의 신뢰성을 동시에 살펴보는 것으로서 정확성을 제외한 다른 기준의 채점에 있어서는 음운론 전공이라는 것이 아닌 전공자보다 더 신뢰할 수 있는 채점을 하는 것은 아닐 수 있음을 유추해 볼 수 있다. 즉 정확성 기준의 채점에 있어서는 Levis(2008)가 지적한 것처럼 음운론 전공자가 더 신뢰할 수 있는 채점을 하나 이외의 기준의 채점에 있어서는 전공 여부가 큰 영향을 미치지 않는 것으로 추론해 볼 수 있다. 그러나 이에 대한 정확한 해석은 추후 채점자들의 면담을 통한 채점 과정 분석 및 채점 기준별 채점 신뢰도 분석을 통한 보다 자세한 연구가 필요할 것이다.

채점을 하는 데 있어서 두 기준에 어떤 전략을 사용하지를 살핌으로써 이와 같은 차이가 분석적 채점과 총체적 채점의 차이인지 아니면 같은 구인에 대한 실제 평가 기준이 달라짐으로써 나타난 결과인지에 대한 명확한 분석이 있어야 할 것이다. 마지막으로 채점 척도에 대한 타당성 검증 결과 실험에 사용한 6점 척도가 비교적 동등한 간격으로 사용되고 있음을 확인할 수 있었으며 100분위 점수로 환산할 경우 약 20점의 간격으로 채점을 하고 있는 것을 확인하였다. 이로 6점 채점 척도가 채점자의 일관적인 채점을 가능하게 할 수 있는 적절한 척도 기준임을 의미하는 것으로 볼 수 있다.

평가 결과가 타당성을 지니려면 채점 과정이 타당해야 한다. 지금까지 다국면 라쉬 모형을 기반으로 평가 결과에 영향을 미칠 수 있는 국면들에 대한 타당성 검증을 통하여 구인들에 대한 평가 과정이 신뢰성과 타당성을 갖추고 있음을 확인하였다. 다음은 일반화가능도를 활용하여 채점 결과를 일반화할 수 있는 정도를 살펴보도록 하겠다.

2. 일반화가능도 이론에 근거한 채점 타당도 검증

앞 장에서도 기술했듯 일반화가능도 이론은 시험 결과에 영향을 주는 여러 국면(facet), 즉 평가 과제나 채점 기준 또는 채점자 등 시험 결과에 변수를 제공할 수 있는 요인들을 체계적으로 나누고 각 국면들이 시험 점수의 편차에 얼마나 영향을 미치는지 알아 볼 수 있도록 해 준다. 일반화가능도 이론을 활용한 분석은 일반화연구(G연구)와 결정연구(D연구)로 나눠진다. 일반화연구에서는 채점 결과에 나타나 있는 오차의 근원을 밝히고자 각 오차의 상대적인 크기를 추정하는 과정이고, 결정연구는 일반화연구에서 얻어진 정보를 이용하여 오차를 최소화함으로써 가장 최적화된 검사 조건을 찾아내는 과정이다. 여기에서는 앞에 1차 타당화 과정에서 제외한 채점자 두 명을 제외한 나머지 다섯 명의 채점자들의 채점 결과를 일반화가능도 이론으로 분석함으로써 오차 요인들을 고찰하여 본 채점의 타당도를 검증해 보고, 발음 범주 채점의 일반화가능도 계수를 고려한 최적화 조건을 탐색해 보고자 한다.

2.1 발음 평가의 오차 요인과 영향력 분석

일반화가능도 이론을 활용한 분석의 첫 단계인 일반화연구(generaliability study) 단계에서는 수험자의 시험 결과에 영향을 미쳤으리라고 판단되는 요인들을 분석한 다음 각 요인들이 시험 결과 분산에 미친 영향의 크기를 알아보는 분산성분(variance component) 분석을 실시하여 오차 요인을 분석하고, 이 분산 분석 결과를 이용하여 각 오차 요인이 전체에 미치는 영향력을 산출할 수 있다. 본 실험은 정확성과 이해명료성 기준으로 분절음과 초분절음, 음운 유창성 기준의 발화 속도와 휴지에 대한 오차 분석을 실시하였다. 이들 영역의 평가에 영향을 미칠 수 있는 오차요인으로 다음의 요소들을 설정하였다.

〈표 26〉 시험 점수에 영향을 미친 변산원

변산원	영향
P(Person)	수험자의 말하기 능력 차이
T(Task)	과제의 난이도 차이
R(Rater)	채점자의 엄격성과 관대함의 차이
pT	수험자와 과제 사이의 상호작용
pR	수험자와 채점자 사이의 상호작용
TR	특정 과제와 특정 채점자 사이의 상호작용
pTR, e	수험자, 과제, 채점자 사이의 상호작용과 무작위 오류

본 실험에서는 측정 목표가 피험자의 말하기 능력(p)이고 과제(T)와 채점자(R)의 두 국면(facet)으로 구성된 완전교차모형(fully crossed model)을 실시하였으며, 이는 Brennan(2001)이 제시한 표기로 p×i×r 설계에 해당한다. 여기서 채점자(R)와 과제(T)는 무선국면(random facet)으로 간주하여 세 과제와 다섯 명의 채점자가 무한히 많은 과제와 채점자 중에서 무작위로 추출되었다고 가정되었다.

〈표 27〉 분산성분 분석 결과

변산원	추정값(%)			
	정확성		이해명료성	음운 유창성
	분절음	초분절음	(분절음, 초분절음)	(발화속도, 휴지)
p	1.36(75%)	1.40(73%)	1.12(70%)	1.30(69%)
T	(0.0)(0%)	0.00(0%)	(0.0)(0%)	(0.0)(0%)
R	(0.0)(0%)	0.06(3%)	0.00(0%)	(0.0)(0%)
pT	0.03(2%)	0.02(1%)	0.04(3%)	0.06(3%)
pR	0.03(2%)	0.11(5%)	0.11(7%)	0.13(7%)
TR	0.05(3%)	0.03(2%)	0.05(3%)	0.08(4%)

pTR, e	0.32(18%)	0.30(16%)	0.27(17%)	0.32(17%)
전체	1.79(100%)	1.92(100%)	1.59(100%)	1.89(100%)

위 〈표 27〉을 보면 모두 수험자(p) 분산 성분 추정값이 가장 큰 것을 볼 수 있다. 이는 약 69% 이상의 분산이 피험자의 발음 능력의 차이에 의하여 설명되고 있는데 이는 본 평가 결과에 피험자의 발음 능력의 차이가 가장 많이 반영되고 있음을 보여주는 것이다. 즉, 여타의 다른 국면들, 즉 과제나 채점자 혹은 잔차의 영향보다는 수험자의 발음 능력의 차이가 평가 결과에 가장 많이 반영되었다는 것으로 볼 수 있다. 수험자 점수 분산은 측정 대상이며, 전집 점수 분산이므로 변동의 크기가 클 수록 일반화가능도 계수에 긍정적 영향을 미친다(김성숙 2001: 313).

각각의 평가 과제별 분산 성분을 살펴 과제(T)가 평가 결과에 미치는 변량이 0%로 거의 없는 것으로 나타났는데 이는 과제들 간의 난이도가 같다고 해석할 수 있다.[37] 채점자(R)가 평가 결과에 미치는 변량 또한 초분절 영역 3%를 제외하고는 거의 없는 것으로 나타났다. 이는 한 채점자가 과제에 반응하는 수준, 또는 채점자가 동일한 과제내에서 채점기준을 사용하는 수준이 크게 다르지 않은 것으로 해석할 수 있다(김성숙 2001). 또한 수험자와 과제 간의 상호작용(pT)으로 인한 변량은 정확성 기준의 분절음 영역이 2%, 초분절음 영역이 1%이며, 분절음과 초분절음을 이해명료도 기준으로 채점하였을 경우와 속도와 휴지를 음운 유창성 기준으로 채점하는 경우에는 3%로 나타났

37) 과제 성분이 0%보다 크다는 것은 과제들의 난이도가 다르다는 것을 의미한다(남명호 1996: 80).

다. 이는 전집에 있는 과제들 각각에 대해 피험자의 평균 점수의 순위의 차이가 어느 정도 존재함을 의미한다(남명호 1996). 과제와 채점자 간의 상호작용(TR)을 정확성 기준으로 채점한 경우 분절음 영역은 3%, 초분절음 영역은 2%으로 나타났으며, 이들(분절음과 초분절음)을 이해명료도를 기준으로 채점할 경우 3%, 유창성기준으로 발화속도와 휴지를 채점한 경우는 4%로 나타났다. 이는 과제에 따라 채점자가 준 점수의 차가 존재함을 의미한다. 채점자와 수험자 간의 상호작용(pR)은 정확성 기준으로 채점한 분절음은 2%, 초분절음은 5%이며, 이들을 이해명료도 기준으로 채점한 경우는 7%, 음운 유창성 기준으로 채점한 발화 속도와 휴지는 7%의 변량이 존재하여, 특정 수험자와 채점자 간의 상호작용이 적지 않게 평가 결과에 영향을 미치고 있음을 의미한다. 이는 서로 다른 평가자가 피험자에 대하여 같은 점수를 주고 있지 않음을 의미한다. 마지막으로 잔차(수험자, 과제, 채점자 사이의 상호작용과 무작위 오류, pTR, e)가 전체 변량에서 정확성 기준의 분절음은 18%, 초분절음은 16%, 음운 유창성과 이해명료도는 17%를 설명하고 있는데, 이는 본 연구에서 고려된 국면과 국면끼리의 상호작용 국면을 제외한 알 수 없는 오차원의 가능성이 존재하고 있음을 의미하는 것으로 볼 수 있다.

이를 평가 기준별로 살펴보면 수험자 국면과 잔차를 제외하고 정확성 기준으로 채점한 분절음은 '수험자(75%) → 과제와 채점자 간의 상호작용(3%) → 수험자와 과제 / 채점자와 수험자 간의 상호작용(2%) → 과제, 채점자(0%)' 순으로, 정확성 기준의 초분절음 채점은 '수험자(73%) → 채점자와 수험자의 상호작용(5%) → 채점자(3%) → 과제와 채점자의 상호작용(2%) → 수험자와 과제(1%) →

과제(0%)'의 상호 작용 순으로 평가 결과에 영향을 미치는 것으로 나타났다. 또한 분절음과 초분절음을 총체적 방식으로 이해 명료기준으로 채점할 경우 '수험자(70%) → 수험자와 채점자의 상호작용(7%) → 과제와 채점자의 상호작용 / 수험자와 과제의 상호작용(3%) → 과제, 채점자(0%)' 순으로 평가 결과에 영향을 미치는 것으로 나타났다. 그리고 발화 속도와 휴지를 음운 유창성 기준으로 채점한 경우 '수험자(69%) → 수험자와 채점자의 상호작용(7%) → 과제와 채점자의 상호작용(4%) → 수험자와 과제의 상호작용(3%) → 과제, 채점자(0%)' 순으로 채점 결과에 영향을 미치는 것으로 나타났다. 이로 미루어 보아 정확성 기준의 분절음 채점을 제외하고는 채점자와 수험자 간의 상호작용이 채점 결과에 가장 많은 영향을 미치는 것으로 나타났다. 이는 채점자들이 특정 수험자 간의 편향적인 채점을 했을 가능성을 시사하는 것으로 볼 수 있다. 정확성 기준으로 분절음을 채점한 경우는 과제와 채점자 간의 상호작용으로 인한 변량이 채점 결과에 가장 많은 영향을 미치는 것으로 나타났다. 이 또한 채점자와 특정 과제 간에 편향적인 채점이 이루어졌을 가능성이 있음을 보여 주는 것으로 보다 정확한 원인 규명을 위하여 향후 이에 대한 별도의 분석이 이루어져야 할 것이다.

2.2. 평가 점수의 일반화가능성 탐색

이상에서 살펴보았듯 일반화연구 결과를 통하여 각각의 변산원과 변산원의 분산추정치 그리고 전체 분산 성분에 차지하는 비율 등을 알아낼 수 있었다. 이와 같이 산출된 변산원과 관련한 오차분산의 크기는 일반화가능도 계수를 향상시킬 수 있도록 국면의 여러 가지 조건을 제시해 준다(남명호 1996). 여기서는 전 단계에서의 일반화연구를 통한 5명의 채점자의 채점 결과를 원점수로 사용하여 산출한 피험자, 과제, 채점자 국면의 분산성분 추정치를 근간으로 결정연구(Decision Study)를 실시하였다. 결정연구 설계에서는 연구 목적에 맞도록 모든 조건 또는 일부 조건을 조정하여 일반화를 원하는 전집을 정할 수 있다. 본 연구에서는 평가 영역별로 과제의 수와 채점자 수의 변화에 따라 일반화가능도 계수와 신뢰도 계수(phi)를 산출해 보았다. 또한 말하기 수행 평가의 현실성과 실현 가능성을 고려하여 채점자는 3명이내, 그리고 평가 과제는 10개 이하로 제한하였다.

1) 정확성 기준의 분절음과 초분절음의 결정연구 결과

가. 정확성 기준의 분절음 구인의 결정연구 결과

〈표 28〉 정확성 기준 분절음 구인의 결정연구 결과

P	R	T	일반화가능도 계수	의존도(신뢰도) 계수 phi
44	1	1	0.75834	0.73811
44	1	2	0.83916	0.82663
44	1	3	0.87007	0.86105
44	1	4	0.88640	0.87936
44	1	5	0.89649	0.89072
44	1	6	0.90335	0.89846
44	1	7	0.90831	0.90407
44	1	8	0.91207	0.90833

44	1	9	0.91501	0.91167
44	1	10	0.91738	0.91435
44	2	1	0.85465	0.84165
44	2	2	0.90810	0.90071
44	2	3	0.92744	0.92228
44	2	4	0.93741	0.93346
44	2	5	0.94351	0.94030
44	2	6	0.94761	0.94492
44	2	7	0.95057	0.94824
44	2	8	0.95279	0.95075
44	2	9	0.95453	0.95271
44	2	10	0.95593	0.95428
44	3	1	0.89243	0.88294
44	3	2	0.93367	0.92845
44	3	3	0.94827	0.94468
44	3	4	0.95575	0.95301
44	3	5	0.96029	0.95808
44	3	6	0.96335	0.96149
44	3	7	0.96554	0.96394
44	3	8	0.96719	0.96578
44	3	9	0.96848	0.96722
44	3	10	0.96951	0.96838

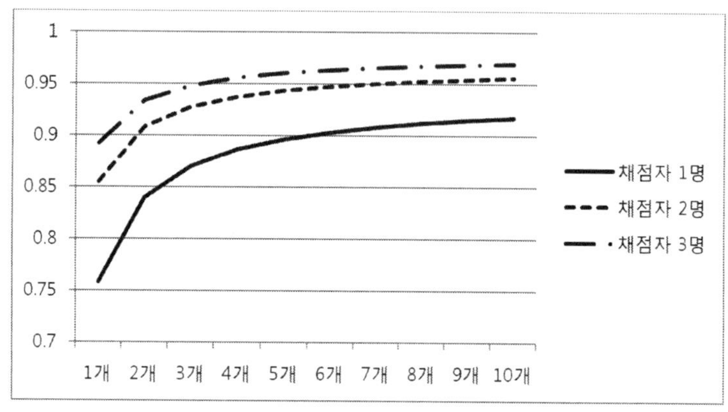

〈그림 19〉 정확성 기준 분절음 구인의 결정연구 결과

정확성을 기준으로 한 분절음에 대하여 현실적으로 가능하다고 판단되는 평가 과제의 수와 채점자의 수 이내에서 그 조합을 조정하여 본 결과 일반화가능도 계수가 대략 .7에서 .95 이상까지 확보할 수 있는 것을 볼 수 있다.[38)] 특히 과제 수를 한 개 증가시킬 때보다 채점자 수를 증가시키는 것이 일반화가능도 계수의 증가가 큼을 볼 수 있다. 예를 들어 과제 수를 한 개로 고정을 하고 채점자 수를 한 명에서 두 명으로 늘릴 경우는 일반화가능도 계수가 0.08631로 증가한 반면 채점자를 한 명으로 고정하고 과제를 한 개 더 늘린 경우 0.07082의 일반화가능도 계수의 증가를 볼 수 있다. 특히 〈그림 19〉를 보면 채점자

38) 본 실험 결과의 정확성을 기준으로 한 분절음과 초분절음의 일반화가능도 계수와 의존도 계수가 이향(2012a)에서의 지수보다 높음을 볼 수 있는데 이는 본 실험이 1차 타당화 과정을 통하여 부적합한 채점자들을 제외하였기 때문인 것으로 볼 수 있다. 이는 채점자의 채점 타당성 여부를 살펴 그 채점자들에 대한 적절한 조치를 취함으로써 평가 전체의 타당성을 높일 수 있음을 시사하는 것으로 볼 수 있다.

가 한 명일 경우 같은 과제의 수로 채점자가 두 명 이상이 채점한 결과보다 확보할 수 있는 일반화가능도 계수와 신뢰도 계수의 차이가 크게 낮음을 확인할 수 있다. 이는 분절음 채점에 있어서 채점자가 두 명 이상일 경우 효율적인 신뢰도와 일반화가능도 계수를 확보할 수 있음을 의미한다. 또한 채점자 수에 상관없이 과제의 수가 한 개에서 두 개로 증가할 때 가장 큰 일반화가능도 계수와 의존도 계수의 증가를 보이는 것을 볼 수 있다. 그리고 채점자가 한 명일 때는 과제가 두 개 이상이어야만 .8 이상의 일반화가능도 계수를 확보할 수 있으며 과제가 두 개 이상 증가하더라도 채점자가 두 명이고 과제가 한 개일 경우보다 낮은 일반화가능도 계수를 보인다. 그러나 채점자가 두 명일 경우 과제가 한 개라도 .85 이상의 일반화가능도 계수를 나타내는 것을 볼 수 있다. 채점자가 세 명일 경우 과제가 두 개 이상이면 .9 이상의 일반화가능도 계수를 확보할 수 있음을 확인할 수 있다. 또한 모든 경우에서 과제의 수가 다섯 개 이상 증가로 인한 일반화가능도 계수의 증가는 미미한 것을 볼 수 있다.

나. 정확성 기준의 초분절음 구인의 결정연구 결과

〈표 29〉 정확성 기준 초분절음 구인의 결정연구 결과

P	R	T	일반화가능도 계수	의존도(신뢰도) 계수 phi
44	1	1	0.76740	0.73038
44	1	2	0.84025	0.80344
44	1	3	0.86770	0.83115
44	1	4	0.88212	0.84573

44	1	5	0.89100	0.85473
44	1	6	0.89702	0.86084
44	1	7	0.90137	0.86525
44	1	8	0.90466	0.86859
44	1	9	0.90723	0.87121
44	1	10	0.90930	0.87332
44	2	1	0.86419	0.84016
44	2	2	0.91086	0.88876
44	2	3	0.92756	0.90623
44	2	4	0.93614	0.91523
44	2	5	0.94136	0.92071
44	2	6	0.94488	0.92441
44	2	7	0.94741	0.92706
44	2	8	0.94931	0.92906
44	2	9	0.95080	0.93063
44	2	10	0.95199	0.93188
44	3	1	0.90212	0.88447
44	3	2	0.93711	0.92137
44	3	3	0.94939	0.93437
44	3	4	0.95565	0.94100
44	3	5	0.95944	0.94503
44	3	6	0.96199	0.94773
44	3	7	0.96382	0.94967
44	3	8	0.96519	0.95114
44	3	9	0.96626	0.95227
44	3	10	0.96712	0.95319

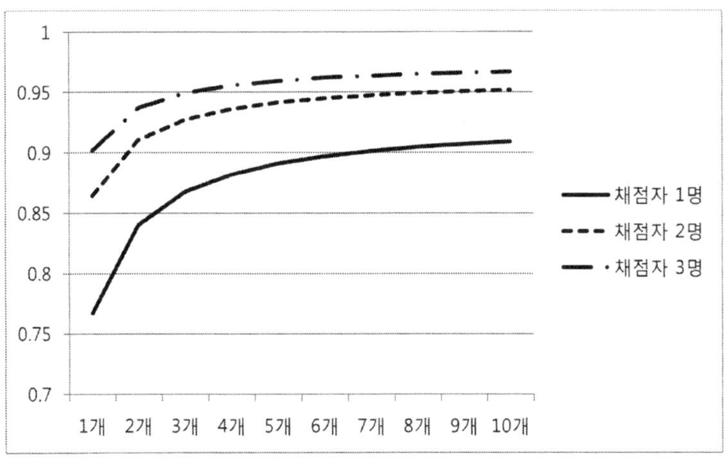

〈그림 20〉 정확성 기준 초분절음 구인의 결정연구 결과

정확성을 기준으로 초분절음을 채점하는 경우 현실적으로 가능한 평가 과제의 수와 채점자의 수 이내에서 그 조합을 조정하여 본 결과 일반화가능도 계수가 대략 .75에서 .95 이상까지 확보할 수 있는 것을 볼 수 있다. 이 경우 채점자가 한 명일 경우 같은 조건의 채점자 두 명, 세 명인 경우보다 과제 수의 증가에 따라 일반화 계수와 의존도 계수의 증가가 가장 큰 것을 볼 수 있으며, 특히 이 경우 과제가 세 개 이상은 되어야 채점자 두 명에 과제가 한 개일 경우에 확보할 수 있는 .85 이상의 일반화가능도 계수를 확보할 수 있음을 볼 수 있다. 또한 채점자가 세 명일 경우 과제가 한 개 이상만 되어도 .9 이상의 일반화가능도 계수를 확보할 수 있음을 확인할 수 있다.

또한 모든 경우에 있어서 과제 수를 한 개 증가시키는 것보다 채점자 수를 증가시키는 것이 일반화가능도 계수의 증가가 가장 큼을 볼 수 있다. 예를 들어 과제 수를 1개로 고정을 하고 채점자 수를 1명에서 2명으로 늘릴 경우는 일반화가능도 계수가 0.09679로 증가한 반면 채점자를 1명으로 고정하고 과제를 2개로 늘린 경우 .07264의 일반화가능도 계수의 증가를 볼 수 있다. 특히 〈그림 20〉을 보면 분절음의 경우와 마찬가지로 채점자가 한 명일 경우 같은 조건의 과제의 수의 채점자가 두 명이나 세 명인 경우보다 확보할 수 있는 일반화가능도와 신뢰도가 크게 낮음을 확인할 수 있다. 이는 채점자를 두 명으로 함으로써 효율적인 신뢰도와 일반화가능도 계수를 확보할 수 있음을 의미한다. 또한 채점자 수에 상관없이 과제의 수가 한 개에서 두 개로 증가할 때 가장 큰 일반화가능도 계수와 의존도 계수의 증가를 보이는 것을 볼 수 있다. 또한 분절음의 경우와 마찬가지로 다섯 개 이상 과제 수의 증가로 인한 일반화가능도 계수 계수의 변화는 미미한 것을 확인할 수 있다.

2) 이해명료성을 기준으로 한 분절음과 초분절음의 결정연구 결과

이해명료성으로 분절음과 초분절음을 총체적 분석 방식으로 채점한 결과에 대한 결정연구 결과를 보면 앞의 정확성을 기준으로 분절음과 초분절음에 대하여 분석적 채점을 했을 경우보다 전체적인 일반화가능도 계수가 낮아 상대적으로 일반화가능도 계수를 확보하기 어려운 것을 볼 수 있다.

〈표 30〉 이해명료성 기준 분절음과 초분절음 구인의 결정연구 결과

P	R	T	일반화가능도 계수	의존도(신뢰도) 계수 phi
44	1	1	0.72680	0.70320
44	1	2	0.80805	0.79270
44	1	3	0.83933	0.82782
44	1	4	0.85589	0.84657
44	1	5	0.86615	0.85824
44	1	6	0.87312	0.86619
44	1	7	0.87817	0.87197
44	1	8	0.88200	0.87635
44	1	9	0.88500	0.87979
44	1	10	0.88741	0.88256
44	2	1	0.82974	0.81414
44	2	2	0.88700	0.87767
44	2	3	0.90788	0.90111
44	2	4	0.91870	0.91330
44	2	5	0.9253	0.92078
44	2	6	0.92977	0.92583
44	2	7	0.93298	0.92947
44	2	8	0.93541	0.93222
44	2	9	0.93730	0.93437
44	2	10	0.93883	0.93610
44	3	1	0.87085	0.85934
44	3	2	0.91686	0.91019
44	3	3	0.93329	0.92851
44	3	4	0.94173	0.93794

44	3	5	0.94687	0.94370
44	3	6	0.95032	0.94758
44	3	7	0.95281	0.95036
44	3	8	0.95468	0.95247
44	3	9	0.95614	0.95411
44	3	10	0.95731	0.95542

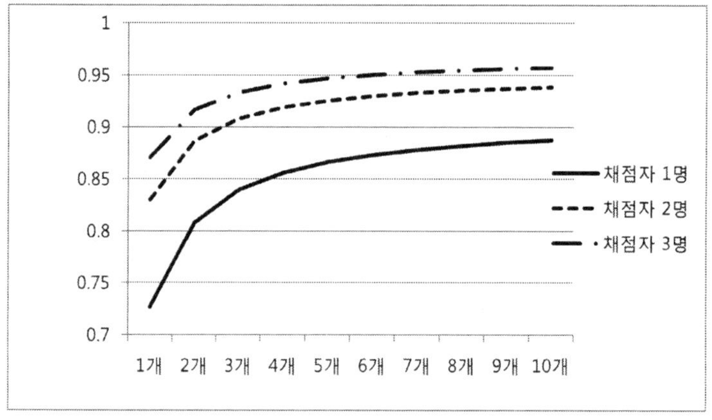

〈그림 21〉 이해명료성 기준 분절음과 초분절음 구인의 결정연구 결과

이해명료성 기준으로 현실적으로 가능한 평가 과제의 수와 채점자의 수 이내에서 그 조합을 조정하여 본 결과 일반화가능도 계수가 대략 .7에서 .95내외에서 변화하는 것을 볼 수 있다. 이 경우에도 채점자가 한 명일 경우 과제 수의 증가에 따라 가장 큰 일반화 계수와 의존도 계수의 변화가 가장 큰 것을 볼 수 있다. 또한 채점자가 두 명일 경우 과제가 한 개만 있어과 .8 이상의 일반화가능도 계수를 확보할 수 있으며, 세 명일 경우 과제가 한 개 이상만 되어도 .85 이상의 일반화

가능도 계수를 확보할 수 있음을 확인할 수 있다.

또한 이 경우에도 과제 수를 한 개 증가시킬 때보다 채점자 수를 증가시키는 것이 더 높은 일반화가능도 계수를 확보할 수 있음을 볼 수 있었다. 예를 들어 과제 수를 한 개로 고정을 하고 채점자 수를 한 명에서 두 명으로 늘릴 경우는 일반화가능도 계수가 0.10294로 증가하나 채점자를 한 명으로 고정하고 과제를 두 개로 늘린 경우 .08125의 일반화가능도 계수의 증가를 볼 수 있다. 또한 〈그림 21〉으로 채점자가 한 명인 경우는 같은 과제 수일 경우의 두 명 이상 채점자로 확보할 수 있는 일반화가능도 계수보다 크게 낮음을 볼 수 있다. 이는 채점자를 두 명 이상으로 함으로써 효율적인 신뢰도와 일반화가능도 계수를 확보할 수 있음을 의미한다고 볼 수 있다.

3) 유창성 결정연구 결과

발화 속도와 휴지에 대하여 유창성을 기준으로 채점할 경우의 결정연구 결과를 보면 앞의 정확성 두 영역 즉, 분절음과 초분절음을 분석적으로 채점했을 경우보다 전체적인 일반화가능도 계수가 낮음을 볼 수 있다. 분절음과 초분절음 영역으로 나누어 채점을 할 경우는 채점자가 한 명, 과제가 한 개라도 .75 이상의 일반화가능도 계수를 보이는 반면 음운 유창성 영역의 경우 .72의 일반화가능도 계수를 보여 이 경우 최소한 과제 2개 이상을 채점하도록 해야 .75 이상의 일반화가능도 계수를 확보할 수 있음을 볼 수 있다. 즉, 정확성 기준의 분절음과 초분절음보다 일반화가능도 계수를 확보하기 어려운 것을 알 수 있다.

〈표 31〉 유창성 기준의 발화 속도와 휴지 구인의 결정연구 결과

P	R	T	일반화가능도 계수	의존도(신뢰도) 계수 phi
44	1	1	0.72010	0.68960
44	1	2	0.80262	0.78331
44	1	3	0.83449	0.82047
44	1	4	0.85140	0.84041
44	1	5	0.86187	0.85284
44	1	6	0.86900	0.86134
44	1	7	0.87417	0.86751
44	1	8	0.87808	0.87220
44	1	9	0.88115	0.87588
44	1	10	0.88362	0.87885
44	2	1	0.82229	0.80203
44	2	2	0.88195	0.87017
44	2	3	0.90381	0.89552
44	2	4	0.91515	0.90877
44	2	5	0.92209	0.91690
44	2	6	0.92678	0.92241
44	2	7	0.93016	0.92638
44	2	8	0.93271	0.92938
44	2	9	0.93470	0.93173
44	2	10	0.93630	0.93362
44	3	1	0.86311	0.84812
44	3	2	0.91200	0.90356
44	3	3	0.92955	0.92369
44	3	4	0.93858	0.93409

44	3	5	0.94408	0.94045
44	3	6	0.94779	0.94473
44	3	7	0.95045	0.94782
44	3	8	0.95246	0.95014
44	3	9	0.95403	0.95196
44	3	10	0.95529	0.95342

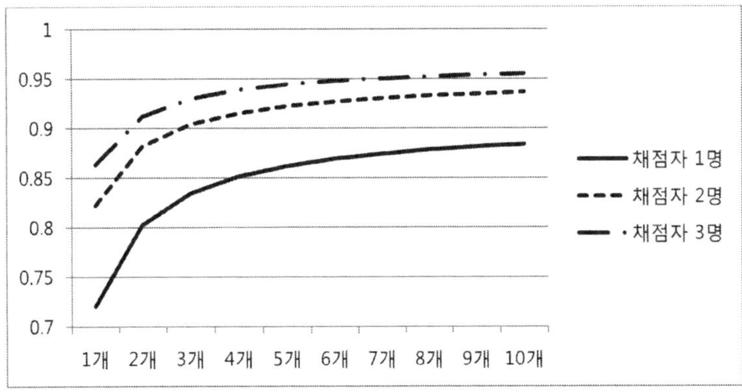

〈그림 22〉 음운 유창성 기준 발화 속도와 휴지 구인의 결정연구 결과

유창성 영역에서 현실적으로 가능한 평가 과제의 수와 채점자의 수 이내에서 그 조합을 조정하여 본 결과 일반화가능도 계수가 대략 .7에서 .95내외에서 변화하는 것을 볼 수 있다. 이 경우 채점자가 한 명일 경우 과제 수의 증가에 따라 가장 큰 일반화 계수와 의존도 계수의 변화가 가장 큰 것을 볼 수 있다. 특히 채점자가 한 명에서 두 명으로 증가할 때 0.10219의 일반화가능도 계수가 증가하여 가장 큰 신뢰도의 증가를 볼 수 있다. 또한, 채점자가 세 명일 경우 과제가 한 개 이상만 되어도 .85 이상의 일반화가능도 계수를 확보할 수 있음을 확인할

수 있다. 이는 채점자를 두 명 이상으로 함으로써 효율적인 일반화가능도 계수를 확보할 수 있음을 의미하는 것으로 볼 수 있다.

또한 모든 경우에 있어서 과제 수를 한 개 증가시킬 때보다 채점자 수를 증가시키는 것이 같은 조건에서 더 높은 일반화가능도 계수를 확보할 수 있음을 볼 수 있다. 예를 들어 과제 수를 한 개로 고정을 하고 채점자 수를 한 명에서 두 명으로 늘릴 경우는 일반화가능도 계수가 0.10219 증가하나 채점자를 한 명으로 고정하고 과제를 두 개로 늘린 경우 .08952의 일반화가능도 계수의 증가함을 볼 수 있다. 채점자가 한 명인 경우는 동일한 과제 수로 두 명 이상의 채점자가 채점함으로써 확보할 수 있는 일반화가능도 계수보다 크게 낮음을 볼 수 있다. 이는 채점자를 두 명 이상으로 함으로써 효율적인 신뢰도와 일반화가능도 계수를 확보할 수 있음을 의미한다고 볼 수 있다.

2.3. 분석 결과에 대한 논의

Kane(2006)은 '채점(scoring), 일반화(generalization), 추정(extrapolation), 함의(Implication)의 전 과정에 걸친 해석주의 논쟁과 타당화 논쟁 과정을 통하여 타당성에 대한 증거를 확보해야 한다고 하면서 평가 점수가 보편적 점수로 일반화할 수 있는가에 대한 검증에 대한 중요성을 강조하였다. 일반화가능도 이론은 채점 결과 점수를 일반화 시킬 수 있는 정도를 알려 줌으로써(신상근 2010), 일개 평가 결과, 즉, 점수가 보편적 상황에서 얼마나 일반화시킬 수 있는지에 대한 정보를 제공해 준다. 본고는 먼저 일반화가능도 이론을 활용한 수험자, 채점자, 평가 과제, 채점 기준 국면과 관련된 분산과 국면들의 상호작용에 관련된 분산을 추정하였다(권대훈 2010 참고). 그 결과 수험자 분산이 가장 큰 것으로 나타나 본 평가는 수험자의 능력 차이가 평가 결과에 가장 큰 영향을 미치고 있는 것을 확인할 수 있었다. 이는 평가 점수의 차이의 원인이 수험자 능력의 차이임을 의미하는 것으로 긍정적으로 해석할 수 있다. 또한 정확성 기준의 초분절음 채점을 제외하고는 채점자나 과제로 인한 통계적으로 유의미한 오차 요인은 없는 것을 확인하였다. 이는 앞의 다국면 라쉬 모형 분석을 통하여 1차 채점 타당성 검증 과정으로 채점에 있어서의 일관성이 부족한 채점자를 제외시킴으로써 어느 정도의 채점자 내 채점자 간의 일관성을 확보한 결과라고 볼 수 있다. 과제로 인한 변량 또한 없는 것으로 나타나 과제의 난이도 차이로 인한 오차 요인이 없는 것을 확인하였는데 이 또한 앞의 다국면 라쉬 모형의 분석 결과와 일치하는 것으로 볼 수 있다. 그러나 채점자나 수험자와 다른 국면들 간의 상호작용으로 인한 변량이 어느 정도 존재함을 확인하였다. 이는 채점자, 수험자, 과제 간의 상호작용으로 인한 편향성이 의심되는 결과이므로 후에 편향 분석의 필요함을 시사해 주는 것으로 볼 수있다.

다음으로 결정연구를 통하여 일반화가능도 계수를 통하여 평가 점수의 일반화가능성을 탐색해 보았다. 그 결과 평가 과제의 수를 늘리는 것보다는 채점자 수를 증가 시키는 것이 일반화가능도 계수를 증가시키는 데 효과적이며, 채점자가 한 명에서 두 명으로 증가할 때 일반화가능도 계수의 증가 폭이 가장 크며, 다섯 개 이상의 과제 수의 증가는 일반화가능도 계수에 미미한 영향을 줌을 확인할 수 있었다. 또한 같은 분절음과 초분절음 구인을 평가 기준만을 달리하여 정확성과 이해명료성으로 채점할 경우를 비교한 결과 이해명료성 기준으로 채점할 경우가 정확성을 기준으로 채점했을 경우보다 일반화가능도 계수가 상대적으로 낮은 것을 확인할 수 있었다. 또한 정확성, 이해명료성, 음운 유창성 기준의 발음 평가 조건 모두에서 채점자 두 명 이상 과제 세 개 이상이면 .8 이상의 일반화가능도 계수를 확보할 수 있었다. 또한 본고에서 살펴본 평가 조건 별 일반화가능도 계수는 현실성과 실용성을 고려한 말하기 수행 평가 개발 상황에서 최적의 타당도 조건을 찾는 데도 활용할 수 있을 것으로 기대할 수 있다.

V

결 론

결 론

본 장에서는 말하기 수행 평가에서의 발음 범주에 대한 이론 기반의 타당성 검증과 사전/사후 채점 타당도 검증에 대한 연구 결과를 요약하였다. 그리고 본 연구의 의의와 연구의 한계를 밝힘으로써 후속 연구에 대한 제안을 해 보고자 한다.

가. 요약

본 연구에서는 한국어 말하기 수행 평가에서 발음 범주 채점의 타당화 과정의 일부분으로서 이론 기반 타당도 검증과 채점 타당도 검증을 실시하였다. 먼저 지금까지의 말하기 수행 평가에 대한 선행 연구 결과를 토대로 한국어 말하기 수행 평가란 평가 도구의 과제를 통하여 유도된 수험자의 한국어 말하기 수행을 평가자가 평가 척도를 사용하여 채점하는 일련의 과정(이향 2012a)이라고 정의하였다. 그리고 말하기 수행 평가 도구를 개괄해 봄으로써 최근 말하기 평가 도구로 가장 많이 사용되는 컴퓨터 기반의 말하기 수행 평가가 소규모 평가뿐만 아닌 대규모의 평가에서도 적절함을 확인하였다. 다음으로 최근의 타당도 개념의 변화를 개괄함으로써, 단일화된(구인) 타당도 개념을 기반으로, 말하기 수행 평가의 타당도 검증을 '평가 결과의 해석을 위한 타당성의 증거들을 수집하는 일련의 과정'을 의미하는 '타당화 과정(validation)'이라고 보고 이를 발음 범주 채점의 타당도 검증에 적용해 보았다. 이를 위하여 본고에서는 Weir(2004)가 제안한 '말하기 수행 평가의 타당화 과정 틀'을 기반으로 하여 한국어 말하기 수행 평가에서의 채점 타당도 검증을 위한 이론 기반 타당도 검증과 채점 타당도 검증 과정을 설계하였다. 먼저 이론 기반 타당도 검증 과정으로 지금까지의 말하기 평가 관련 이론과 연구들을 고찰하여 말하기 수행 평가에서의 발음 범주의 위치와 독립성을 확인한 후, 발음 범주에서 평가 해야하는 구인들을 선정하였다. 그 결과 본고에서 선정한 발음 능력 측정을 위한 평가 구인은 분절음, 초분절음 중 억양 그리고 발화 속도와 휴지이다.

다음으로 채점 타당도 검증을 사전 채점 타당도 검증과 사후 채점 타당도 검증의 단계로 진행하였다. 먼저 사전 채점 타당도 검증을 통하여 발음 범주의 구인에 대한 평가 방법 즉, 채점에 사용할 채점 기준, 채점자, 평가 과제, 채점 방식과 채점 척도를 검토하고 발음 범주 채점을 위한 채점 기준표를 제안하였다.

사전 채점 타당도 검증 과정과 결과는 다음과 같다. 먼저 본고에서는 지금까지 한국어 교육에서 제안되어 온 발음 평가 기준을 정리한 결과 발음 채점 기준에 대한 통일된 논의를 찾을 수 없었다. 그래서 본고에서는 지금까지의 발음 교육과 발음 평가의 역사에서 사용되거나 제안되어 온 평가의 기준을 정리함으로써 발음 관련 구인들을 채점하기 위한 적절한 평가 기준을 검토해 보았다. 그 결과 분절음과 초분절음을 평가하는 데는 정확성과 이해명료성이라는 기준 모두 발음 평가 기준으로 사용될 수 있는 기준임을 주장하였다. 즉 이들 발음 평가 기준들은 이들 중 어느 하나를 버려야 하는 상호배타적인 관계가 아니며, 이들 기준이 평가의 목적에 따라 선택될 수 있는 기준이라고 보았다. 또한 발화 속도와 휴지는 음운 유창성을 기준으로 평가하는 것이 타당함을 확인할 수 있었다. 다음으로 말하기 수행 평가에서 채점자의 역할과 채점자의 영향에 대한 연구들을 검토함으로써 채점자 특성과 채점자 훈련 여부가 평가 결과에 영향을 미칠 수 있음을 확인하였다. 그러나 본고에서는 아직까지 한국어 말하기 평가에서의 채점자에 대한 연구가 미약한 현실적인 문제로 한국어 교육과 채점 경험을 근간으로 채점자를 우선적으로 선정할 것을 제안하였다. 다음으로 발음 범주를 채점할 평가 과제에 대한 이론과 연구들을 검토하였다. 본고는 발음 범주 채점에 한정한 논의이나 말하기 수행 평가를 전제로 하고 있으므로 평가 과제는 말하기 수행 평가에서 일반적으로 사용되는 과제에 대한 이론과 연구들에 대한 검토를 실시하였다. 이를 기반으로 본고에서 사용되어야 하는 과제가 '구인 기반의 해석 과제'로 구성되어야 하며, 수험자들의 수행을 통하여 평가하고자 하는 구인들이 도출 될 수 있는 과제가 적절함을 확인하였다. 다음으로 채점을 하는 데 있어서의 정확하고 일관적인 채점을 이끌어 낼 수 있는 채점 방식과 채점 척도를 검토해 보았다. 그 결과 정확성을 평가하는 데 있어서는 분석적 채점 방식으로, 이해명료성 기준을 채점하는 데 있어서는 총체적 방식으로 채점할 것을 제안하였다. 이해명료성 기준은 역사적으로 개개의 소리에 관심을 두는 '정확성' 기준에 반하여 제안된 기준으로써 의사소통에서의 청자의 이해의 용이성을 기반으로 한 개념이다. 이로 미루어 이해명료성을 채점하는 데 있어서 분절음과 초분절음을 분석적으로 채점하는 것은 모순되는 것이라고 보고 분절음과 초분절음에 대한 총체적 채점을 제안하였다. 마지막으로 발화 속도와 휴지는 둘이 상보적인 관계로 별개의 구인으로 보는 것이 무리가 있으므로 유창성 기준으로 총체적 채점을 할 것을 제안하였다. 다음으로 채점 유형에 있어서는 6점 리커트 채점 척도를 제안하였다. 이는 채점자가 채점 척도를 사용하는 데 있어서의 인지적 부담을 최소화하고 가장 세분화하여 채점할 수 있는 정도를 선택한 것이다.

지금까지 사전 채점 타당도 검증 과정을 통하여 제안한 채점 방법은 이론과 연구를 바탕으로 한 방안이다. 다음으로 본고에서는 앞서 제안한 채점 방법에 대한 객관적인 검증을 실시하였다. 이를 위하여 44명의 수험자를 대상으로 한 컴퓨터 기반의 실제 말하기 평가를 실시하여 일곱 명의 채점자에게 채점하게 하고, 이에 대한 채점 결과를 사용하여 사후 채점 타당도 검증을 실시하였다. 사후 채점 타당도 검증은 다국면 라쉬모형과 일반화가능도 이론을 기반으로 한 분석을 통하여 실제 채점 과정이 정확하고 일관성있게 이루어졌는지를 확인하고 평가 점수를 어떤 조건에서 어느 정도까지 일반화할 수 있는지를 살펴보았다.

먼저 1차 사후 채점 타당도 검증 과정으로 다국면 라쉬 모형을 사용한 분석 결과 두 명의 채점자가 채점에 있어서의 일관성이 부족한 채점자로 나타나 이들을 제외하고 2차 채점 타당도 검증 과정을 실시하였다. 그 결과 나머지 다섯 명의 채점자들은 채점자 내, 채점자 간 신뢰도를 갖춘 채점자들임을 확인하였다. 또한 발음 능력을 채점하는 데 있어서 채점자의 음운론 전공 여부보다는 채점 기간이나 채점 상황의 영향이 크다는 것을 확인하였으며, 한국어 교육과 평가에 어느 정도의 경험이 있는 채점자라면 일관성 있는 채점을 할 수 있음을 알 수 있었다. 수험자 국면을 살펴본 결과 본 평가가 수험자의 능력을 가장 많이 반영하고 있으며, 수험자 한 명을 제외하고는 평가 문항에 일관성이 없거나 과적합한 수험자는 없는 것으로 나타났다. 평가 과제 국면을 살펴본 결과 본 실험에 사용된 과제별로 난이도의 차이는 없으며, 각각의 과제가 독립적으로 변별력 있게 사용되었음을 확인하였다. 채점 기준을 살펴본 결과 이해명료성, 음운 유창성, 정확성의 분절음, 정확성의 초분절음의 순으로 곤란도가 낮아짐을 확인하였으며, 각각의 평가 기준이 독립적으로 변별력있게 사용되었음을 확인하였다. 마지막으로 사용된 6점 리컬트 채점 척도를 분석한 결과 100점 기준으로 환산할 때 약 20점의 등간으로 사용되고 있어 적절하게 작용하였다는 것을 확인하였다. 이와 같은 다국면 라쉬 모형을 활용한 분석을 통하여 앞서 사전 타당도 검증 과정을 통하여 제안한 평가 방법이 일관성있는 채점을 하는 데 타당함을 확인하였다.

다음으로 1차 사후 채점 타당도 검증으로 부적합 채점자로 나타난 채점자 두 명을 제외한 다섯 명의 채점 결과를 사용하여 일반화가능도 이론을 적용한 분석을 실시하였다. 그 결과 본 채점 결과의 점수에 가장 많은 영향을 준 변량은 수험자로 인한 것으로 나타나 평가 점수에 수험자의 능력에 의한 차이가 가장 많이 반영되어 있음을 확인함으로써 본 평가가 수험자의 발음 능력을 측정하는 데 타당하였음을 확인하였다. 또한 채점자, 과제의 수를 조절하여 채점 결과 점수의 일반화가능도 계수를 확인한 결과 채점자 두 명에 과제 세 개 이상이면 .9 이상의 높은 일반화가능도 계수를 확보할 수 있는 것으로 나타났다. 또한 과제의 수를 증가 시키는 것보다 채점자의 수를 늘리는 것이 점수의 일반화가능성을 높이는 데 효율적임을 확인하였다. 또한 본고에서는 현실적으로 가능한 범위 내에서 채점자 수와 과제의 수를 적절하게 조정하여 본고에서 제안한 채점 기준표를 사용하여 채점을 한 평가 결과 점수를 사용하여 이를 일반화할 수 있는 정도를 탐색해 보았다. 이를 통하여 주어진 평가 상황에서 필요한 만큼의 일반화가능도 계수를 확보할 수 있는 방안을 제시하였다.

나. 논문의 의의 및 앞으로의 과제

본 연구의 가장 큰 의의는 일반 목적의 말하기 수행 평가의 발음 범주 채점에서의 객관적으로 검증된 채점 방안을 제안했다는 데 있다. 이 연구에서는 지금까지의 말하기 수행 평가와 발음 평가와 관련된 이론과 연구를 검토함으로써 말하기 수행 평가에서의 발음 범주의 위치와 그 독립성을 확인하고, 수험자의 발음 능력 평가를 위해서는 6점 리커트 척도를 사용하여 정확성과 이해명료성을 기준으로 분절음과 초분절음을 평가하고, 발화 속도와 휴지에 대하여 음운 유창성을 기준으로 평가함으로써 일관성 있는 채점 결과를 얻을 수 있음을 확인하였다.

본고의 이러한 연구 결과가 한국어 평가 분야에서 시사하는 바는 다음과 같다.

첫째, 일반 목적 한국어 학습자의 말하기 수행 능력 중 발음 능력을 타당하게 평가하기 위한 이론적 타당도와 객관적 신뢰도를 갖춘 평가 타당화 모형을 제안하였다. 지금까지 한국어 교육에서는 말하기 수행 평가를 위해 개발된 실증적 검증 과정을 거친 채점 척도가 전무한 형편이며, 영어 교육에서 사용되고 있는 채점 척도를 적당히 번역하여 사용하는 경우가 대부분이었다. 이와 같은 상황에서 비록 본 연구가 발음 범주에 한정한 연구이나 본고에서 제안한 타당화 과정을 다른 평가 범주에도 적용함으로써 말하기 평가 범주 전체로 확장하여 적용해 볼 수 있다.

둘째, 최신의 양적 연구 방법을 써서 이론과 연구를 바탕으로 한 채점 방안의 실제적 타당성을 검증함으로써 객관적으로 검증된 채점 기준표 개발 연구의 절차를 제안하였다. 본고에서 사용한 다국면 라쉬 모형과 일반화가능도 이론은 최근의 외국어 평가에서 타당도 검증을 위하여 필수적으로 실시하여야 하는 분석 도구로 인정 받고 있는데 현재 한국어 교육에서는 몇 안 되는 연구들만이 이들 분석 방법을 사용한 타당도 검증을 시도하였다. 본고에서는 사전 채점 타당도 검증 과정을 통하여 제안한 발음 채점 방법을 사용하여 실제 말하기 수행 평가를 실시하고, 그 채점 결과를 이들 통계적 방법으로 분석하였다. 그 결과를 토대로 채점 과정의 일관성과 채점 결과의 일반화가능성을 확보할 수 있는 객관적으로 검증된 채점 방안을 제안하였다. 본고에서 사용된 평가 분석 도구와 분석 방법은 다른 평가 영역이나 다른 범주 분석을 위해서도 얼마든지 사용될 수 있으며 다양하게 활용될 수 있을 것이다.

셋째, 발음 평가의 기준으로 정확성과 이해명료성 모두가 독립적으로 변별력있게 사용될 수 있는 기준이라는 것은 발음 교육 현장에도 시사하는 바가 크다. 최근 의사소통 교수법의 강조와 함께 발음 교육에 있어서 정확성이라는 목표는 비현실적인 목표이며 지양되어야 하는 것으로 취급되고, 반대로 이해명료성이라는 목표가 지향되어야 하는 목표로 취급되고 있다. 그러나 본고에서는 정확성이라는 목표가 교육이 아닌 평가에서도 지양되어야 하는지에 대한 의문을 갖고 이에 대한 이론과 연구를 검토함으로써 정확성이라는 기준이 평가에서는 이해명료성과 함께 선택적으로 사용될 수 있는 기준으로 보고 이 기준이 과연 발음 평가에서 비현실적인 목표인지를 검증하여 보았다. 그 결과 정확성이라는 목표도 이해명료성과 함께 독립적으로 변별력있게 사용될 수 있는 평가 기준이라는 것을 확인하였다. 이는 정확성이라는 발음 교육의 목표가 현실적으로 도달하기 어려운 목표일 수는 있으나 평가에서는 평가 개발자나 평가 수요자 등의 필요에 따라 존재할 수 있는 발음 평가 기준임을 시사하는 것으로 볼 수 있다.

넷째, 채점자가 음운론 전공자가 아니더라도 같은 기준과 채점의 경향으로 일관성 있는 채점이 가능하다는 것을 발견하였다. Levis(2008)는 말하기 평가에서 발음 능력의 평가는 음운론 전문가가 채점을 하여야 한다고 주장하였다. 그러나 본고의 연구 결과 음운론 채점자가 아니더라도 일정한 교육 경험과 말하기 평가 채점 경험이 있는 채점자의 경우 신뢰할 수 있는 채점이 가능하다는 것을 발견하였다. 이는 실제 말하기 수행 평가의 채점자를 선정하는 데 있어서 시사하는 바가 크다고 할 수 있다.

다섯째, 말하기 수행 평가에서의 발음 범주 채점에 있어 채점자의 주관적 해석을 최소화할 수 있는 채점 기준표를 제안함으로써 이후로도 동일한 엄격성 수준으로 채점을 수행할 수 있을 것을 기대할 수 있다. 본고는 일반화가능도 이론을 사용하여 채점 결과가 일반화 될 수 있는 조건들을 탐색하였다. 이 결과를 바탕으로 주어진 상황에 맞추어 적절한 채점자와 과제의 수를 조정하여 본고에서 제안한 채점 방안을 사용함으로써 이후 누가 채점하느냐에 상관 없이 동일하게 일관성 있는 채점 결과를 얻을 수 있을 것으로 기대할 수 있다.

여섯째, 본 연구는 평가 도구로 컴퓨터 기반의 말하기 평가를 사용하여 컴퓨터를 사용한 말하기 평가의 가능성을 제시하였다. 최근 외국어 평가에서는 말하기 평가를 위한 평가 도구로 컴퓨터를 사용하는 사례들이 증가하고 있다. 한국어 교육에서도 KPT한국어 능력 시험이 컴퓨터를 기반으로 진행되고 있으나 아직까지 컴퓨터 기반의 평가에 대한 본격적인 논의는 진행되고 있지 않다. 본고에서는 말하기 평가 도구로서 컴퓨터를 사용하여 말하기 수행 데이터를 수집하고 그 데이터를 활용한 채점 타당도 검증을 실시함으로써 컴퓨터 기반 말하기 평가로도 타당성 있는 말하기 평가 결과를 도출하는 것이 가능하다는 것을 보여 주었다. 이는 본 연구가 향후 한국어 교육에 있어서 대규모의 공인된 말하기 평가 개발에 참고할 수 있는 자료로 활용될 수 있음을 시사한다고 볼 수 있다.

그러나, 본 연구는 과제의 타당도를 밝히는 '정황 타당도'에 대한 검증은 논외로 하였다. Weir(2004)는 정황타당도, 이론 기반 타당도, 채점 타당도는 상호작용한다고 지적한 바 있다. 그러므로 향후 과제의 정황 타당도에 대한 검증이 필요할 것이다. 또한, 본 연구에서는 채점자의 채점 결과를 양적인 분석을 하는 데 그쳤으나 보다 타당한 채점 과정 설계를 위해서는 수험자의 말하기 수행 데이터와 채점자의 채점 과정을 질적으로 분석하는 과정이 병행되어야 할 것이다. 수험자의 실제 말하기 수행 데이터에 대한 질적인 분석을 통하여 채점자의 채점 결과가 실제 수험자의 수행 데이터와 일치하는지 확인을 함으로써 채점 방안에 대한 수정과 보안을 하는 데 이용할 수 있을 것이다. 또한 채점자들의 채점 과정을 질적으로 해석하는 과정을 포함시킴으로써 채점자들이 채점 구인과 채점 기준, 채점 척도를 어떻게 해석하여 사용하고 있는지에 대한 정보를 얻어 이를 채점 기준표의 수정과 보안에 활용해야 할 것이다. 이 분야에 대한 후속 연구를 기대하는 바이다.

참/고/문/헌

- 강석한(2012), 영어 및 일본어 원어민 한국어 학습자의 초분절 요소에 의한 유창성 평가 비교 연구. 이중언어학, 50, 1-0.
- 강승혜(2005), 한국어 고급 말하기 평가 도구 개발 기초 연구-고급 말하기 토론 활동을 중심으로. 외국어로서의 한국어교육(구말), 30, 1-21.
- 강승혜 · 강명순 · 이영식 · 이원경 · 장은아(2006), 한국어 평가론, 서울: 태학사.
- 강승호 · 김양근(2004), 신뢰도(reliability), 서울: 교육과학사.
- 강유리(2005), 한국어 말하기 성취도 평가의 실태와 개선 방안 연구, 한양대학교 교육대학원 석사학위논문.
- 공일주(1993), 한국어 숙달 지침과 말하기 능력 측정에 대하여 교육한글 6, 91-118.
- 국립국어원(2012), 한국어능력시험의 CBT/INT 기반 말하기 평가를 위한 문항 유형 개발. 국립국제교육원.
- 권대훈(2010), 교육평가, 서울:(주)학지사.
- 권성미(2007), 한국어 단모음 습득에 대한 실험음성학적 연구. 이화여대 박사논문.
- 김경선 · 이규민 · 강승혜(2010), 일반화가능도 이론을 적용한 한국어 말하기 성취도 평가의 신뢰도와 오차요인 분석. 한국어교육, 21(4), 51-75.
- 김상경(2010), 한국어 CBT 말하기 평가의 개선 방안, 경희대학

교 석사학위논문.
• 김상수(2008), 한국어 학습자 발화의 유창성 판단에 관한 연구. 한국어 교육, 19(2), 1-16.
• 김선정(1999a), 영어 모국어 화자를 위한 발음 교육 방안. 한국어 교육, 10-2, 153-169.
• 김선정(1999b), 영어 모국어 화자를 위한 한국어 발음 교육 방안. 한국어 교육, 10(2), 153-169.
• 김성숙(1995), 논문문항 채점의 변동요인 분석과 일반화가능도 계수의 최적화 조건. 교육평가연구, 8(1), 35-57.
• 김성숙(2001), 채점의 변동요인 분석방법에 대한 고찰: 일반화 가능도 이론과 다국면 라쉬모형의 적용과 재해석. 교육평가연구, 14(1), 303-325.
• 김성숙(2011), 학문목적 기초 한국어 쓰기 능력 평가 척도 개발과 타당성 검증.
• 김성숙 · 김양분(2001), 일반화가능도이론, 서울: 교육과학사.
• 김양원(1993), 한국어 말하기 능력 평가 방안 연구. 고려대학교 교육대학원 석사학위 논문
• 김유정(1999), 한국어 능력 평가 연구 :숙달도 평가(korean proficiency Test)를 중심으로. 고려대학교 박사학위논문.
• 김은애(2006), 한국어 학습자의 발음 오류 진단 및 평가에 관한 연구. 한국어 교육, 17(1), 71-97.
• 김정숙 · 원진숙(1993), 한국어 말하기 능력 평가 기준 설정을 위한 연구. 이중언어학, 10, 이중언어학회, 24-33.
• 김정숙 · 이동은 · 이유경 · 최은지(2007), 한국어 표준 말하기

시험 측정 도구를 위한 기초 연구-모의 인터뷰 평가와 학습자 담화 분석을 중심으로. [모의 인터뷰 평가와 학습자 담화 분석을 중심으로], 한민족어문학회지, 51, 한민족어문학회, 229-258.

- 김정태(2008), 한국어 말하기 평가 개발 모형 및 시험타당도 검사 절차. 언어와 문화, 4(3), 47-76.
- 김지은(2012), 한국어 학습자의 구두 발표에 나타난 음성,음운적 요인에 대한 교사 인식 및 평가. 한국어교육, 23-4, 65-90.
- 남명호(1996), 수행 평가에 있어서 일반화가능도 이론의 활용. 교육평가연구, 9(2), 74-93.
- 노대규(1983), 외국어로서의 한국어 시험과 평가. 이중언어학회지, 1.
- 노대규(1986), 한국어의 발음 교육에 관한 연구:외국어로서의 한국어의 발음 교육을 중심으로. 연세대매지논총, 2, 1-33.
- 박기영(2009), 한국어 학습자를 위한 한국어 종결어미의 억양교육 방안-특히 양태 의미에 따른 억양 차이를 중심으로. 어문논집, 43, 7-30.
- 박성경(2007), 한국어 듣기 말하기 능력 평가 유형 개발 연구-성취도 평가를 중심으로-, 부산외국어대학교 교육대학원 석사학위논문.
- 박성원(2002), 인터뷰 담화 분석을 이용한 한국어 말하기 숙달도 평가 연구, 이화여자대학교 교육대학원 석사학위논문.
- 박승재(2009), 웹 기반 한국어 말하기 능력 평가 방안 연구, 선문대학교 교육대학원 석사학위논문.
- 박윤진(2007), 음운인식활동을 통한 한국어 발음 교육 방안. 경

희대 석사논문.
- 백순근(2002), 말하기 수행 평가: 이론적 측면, 서울: 교육과학사.
- 성상환(2005), 독일어 화자들의 한국어 습득시 나타나는 인지상의 전이와 간섭현상-한국어와 독일어의 파열음을 중심으로. 한국어 교육, 16-3, 207-226.
- 손영헌(2011), 인도인을 위한 한국어 교육 연구:발음 교육을 중심으로. 충북대 석사학위논문.
- 송인섭(2002), 신뢰도-일반화가능도 중심으로, 서울: 학지사.
- 신경철(1990), 외국어로서의 한국어교육과 덧음소 문제. 이중언어학, 6, 303-312.
- 신동일(2001a), 일반화가능도 이론 적용을 중심으로 한 말하기 평가도구 타당도 검증 연구. 응용언어학, 17(1), 199-221.
- 신동일(2001b), 채점 경향 분석을 위한 Rasch 측정모형 적용 연구. Foreign Language edycation, 8(1), 249-272.
- 신동일(2003a), Rasch 모형을 이용한 고등학교 영어과 말하기 및 쓰기 능력 등급기술표 개발, In 신동일(Ed.), 한국의 영어평가학1-시험 개발편(pp. 129-170), 서울: 한국문화사.
- 신동일(2003b), SLA 선행연구에 근거한 말하기 평가 척도 제안: 문법 영역 중심으로, In 신동일(Ed.), 한국의 말하기 평가학1-시험개발편(pp. 93-127), 서울: 한국문화사.
- 신동일(2003c), 영어과 평가에서 다차원구조와 모형에 관한 논의, In 신동일(Ed.), 한국의 영어 평가학1(pp. 3-25), 서울: 한국문화사.

- 신동일(2006), 한국의 영어평가학2: 말하기 시험편, 서울: 한국문화사.
- 신동일(Ed.)(2004), SLA 선행연구에 근거한 말하기 평가 척도 제안: 문법 영역 중심으로, 서울: 한국문화사.
- 신상근(2010), 외국어 평가의 이론과 실제, 서울: 한국문화사.
- 신지영(2008), 말하기의 조음 및 운율 요소에 대한 평가. 한국어학, 38, 109-143.
- 신호철(2003), 한국어 유음의 발음 교육에 대한 연구: 중국어 모어 화자를 중심으로. 국어교육학연구, 16, 253-272.
- 아쓰코 · 이노우에(2005), 일본어권 학습자를 위한 강세구 억양 교육 방안: 고급 단계 학습자를 중심으로. 고려대학교 석사학위논문.
- 양순임(2007), 연음규칙 적용에 따른 오류 분석-중국인 학습자의 중간언어를 대상으로. 한국어 교육, 18-3, 123-144.
- 양순임(2003), 유기음화와 관련된 한국어 발음 교육. 이중언어학, 22, 225-240.
- 양순임(2004a), 음절 말 자음과 관련된 변동규칙 교육 방안. 한국어교육, 15-3, 121-144.
- 양순임(2004b), 한국어 음절 초성의 발음 교육 방안. 국어교육, 113, 467-498.
- 양순임(2005), 한국어 음절 종성의 발음 교육. 국어교육, 117, 493-519.
- 오미라 · 이해영(1994), 외국어로서의 한국어 억양 교육. 한국말교육, 5, 109-125.

- 우인혜(1998), 한일 언어 비교를 통한 발음 교수법. 이중언어학, 15, 319-347.
- 원진숙(1992), 한국어 말하기 능력 평가 기준 설정을 위한 연구. 한국어문교육, 6, 101-134.
- 유키코 하세가와(1997), 일본 학습자에 대한 한국어 발음 지도법: 입문단계를 중심으로. 한국어교육, 8, 161-178.
- 유키코 하세가와(2005), 일본어를 모어로 하는 학습자에 대한 음조 교육의 효과-어두 파열음 및 파찰음의 발음을 중심으로. 한국어교육, 16-3, 379-404.
- 이경희 · 정명숙(1999), 일본인을 위한 한국어 파열음의 발음 및 인지 교육. 한국어교육, 10-2, 233-255.
- 이영식(1997), 최근 언어평가의 연구와 이론적 배경. 영어교육, 51(1), 221-246.
- 이영식(2004), 한국어 말하기 시험의 유형 및 채점 기준 설정을 위한 기초 연구. 한국어 교육, 15(3), 209-230.
- 이완기(2007), 영어 평가 방법론, 서울:(주)문진미디어.
- 이은하(2007), 학문 목적 한국어 학습자의 쓰기 말하기 수행 평가를 위한 분석적 채점척도 개발, 이화여자대학교 특수대학원.
- 이정희(2010), 인식 조사를 통한 한국어 구어 유창성의 개념 및 요인 연구. 한국어 교육, 21(4), 183-204.
- 이종은(1997), 한국어 발음 교수 방법과 모형. 교육한글, 10, 327-348.
- 이준호(2009), 한국어 말하기 수행 평가의 원리 및 방안 연구, 고려대학교.

- 이진선(2009), 한국어 의문문 억약 오류 분석 및 교육 방안 연구: 태국어권 한국어 학습자를 대상으로. 한국외대 석사논문.
- 이진영(2009), 한국어 말하기 성취도 평가의 단계별 유형과 기준 연구, 한양대학교 교육대학원 석사학위논문.
- 이쿠코 요시나가(2002), 한국어와 일본어의 자음 앞 비음에 관한 음성학적 비교 연구: 일본인의 한국어 자음 앞 비음 습득의 관점에서. 서울대 석사논문.
- 이향(2012a), 말하기 수행 평가에서 발음 범주 채점의 최적화 방안 연구-일반화가능도 이론을 활용하여-. 한국어교육, 23(2), 301-330.
- 이향(2012b), 한국어 말하기 수행 평가의 발음 범주 채점 기준에 따른 채점 신뢰도 분석 -다국면라쉬 모형을 활용하여- 제6회 세계한국학대회 [CD]. 한국학중앙연구원: 한국학중앙연구원.
- 이향(2012c), 한국어 말하기 수행 평가의 발음 범주 채점 방식에 따른 채점 신뢰도 분석-다국면 라쉬 모형을 활용하여-, 외국어로서의 한국어 교육, 37, 319~350.
- 이화여자대학교 언어교육원(2009), 말이트이는 한국어1, 서울: 이화여자대학교 출판부.
- 이희경 · 강승혜 · 김미옥 · 김제열 · 정희정 · 한상미 · 황인교(2002), 한국어 성취도 평가 문항 개발 연구. 외국어로서의 한국어 교육, 27, 341-416, 연세대학교 한국어학당.
- 장경희(2006), 말하기능력 측정도구 개발1. 국립국어원.
- 장소영 · 신동일(2009), 언어교육평가 연구를 위한 FACETS 프로그램, 서울: 글로벌콘텐츠.

- 장준호(2010), 한국어 말하기 능력 평가 도구 개발에 관한 연구, 중앙대학교 석사학위논문.
- 장향실(2008), 외국인 한국어 학습자를 위한 음운 규칙 항목 선정 연구, 한국언어문학, 65, 137-158.
- 전나영 · 한상미 · 윤은미 · 홍윤혜 · 배문경 · 정혜진 · 김수진 · 박보경 · 양수향(2007), 한국어 말하기 능력 평가 도구 개발 연구. 외국어로서의 한국어교육, 32, 259-338.
- 전은주(1997), 한국어 능력 평가 - 말하기 능력 평가 범주 설정을 위하여-. 한국어학, 6, 153-172.
- 전재호(1989), 미국에서의 한국어 교육: 자음체계의 차이에 따른 한미 2중 언어 교육. 이중언어학, 5, 29-42.
- 정광 · 고창수 · 김정숙 · 원진숙(1994), 한국어 능력 형가 방안 연구-언어숙달도의 측정을 중심으로. 한국어학, 1, 한국어학회, 481-538.
- 정명숙(2002), 한국어 억양의 기본 유형과 교육 방안. 한국어교육, 13-1, 225-241.
- 정명숙(2003a), 일본인과 중국인의 한국어 억양. 한국어 교육, 14-1, 233-241.
- 정명숙(2003b), 한국어 발음 교육을 위한 음성 DB 구축 방안. 말소리, 47(0), 51-72.
- 정명숙(2011), 한국어 발음 교육 연구의 성과와 관계. 이중언어학, 47(이중언어학회), 423-449.
- 정화영(2000), 한국어 말하기 숙달도 평가 방안-FSI Oral Proficiency Test 분석을 중심으로, 연세대학교 교육대학원.

• 조남민(2007), 한국어 학습자의 어중자음군 폐쇄지속성에 대한 연구. 이화여대 박사논문.
• 조재윤(2008), 일반화가능도 이론을 이용한 말하기 평가의 과제와 채점자 요인 최적화 조건에 관한 연구, 고려대학교 대학원.
• 지은림(1996), many-facet Rasch 모형을 적용한 대입 논술고사 채점의 객관성 연구. 교육평가연구, 9(2), 5-22.
• 지현숙(2004), 학습자 중심의 한국어 교육에서의 '대안적 평가'. 한국어 교육, 15(2), 233-252, 국제한국어교육학회.
• 지현숙(2006), 한국어 구어 문법 능력의 과제 기반 평가 연구, 서울대학교 교육대학원 박사학위논문
• 진경애·설현수(2002), 다국면 Rasch 모형에 의한 고등학교 말하기 수행 평가 분석. Foreign Languages Education, 9(2), 25-42.
• 채선희(1996), 논술시험 채점의 공정성과 효율성 확보 방안- 채점 과정의 엄격성과 FACETS 모형에 의한 채점결과 분석-. 교육평가연구, 9(1), 5-29.
• 최순재(2010), 한국인 화자 영어 발음의 명료도, 이해도 및 억양도, 한국교원대학교대학원.
• 최애란(2007), 한국 중학생 영어 학습자의 영어 발음 및 인지에 관한 연구: 정확성과 명료도의 측면에서, 이화여자대학교 교육대학원.
• 최연희(2002), 채점자 훈련이 영어 작문 채점에 미치는 효과에 대한 연구: FACETS 분석을 통한 신뢰도 변화 분석. Journal of the Applied Linguistics Association of Korea, 18(1), 257-292.
• 최현정(2009), 중국인 한국어 학습자의 강세 오류에 대한 실험음

성학적 고찰을 통한 운율 교육 방안. 고려대 석사논문.
- 토모토 신노(2007), 일본어권 한국어 학습자를 위한 억양 교육 방안: 접속구 경계 운율 구조를 중심으로. 연세대 석사논문.
- 한상미 · 윤은미 · 홍윤혜 · 배문경(2009), 컴퓨터 기반 한국어 말하기 숙달도 평가 도구 개발 연구. 외국어로서의 한국어교육(구 말), 34, 519-554.
- 황정규(1998), 교육측정, 평가의 새 지평, 서울: 교육과학사.
- 황현숙(2007), 중국인 한국어 학습자의 'ㅊ'받침과 모음 조사 결합에 의한 발음 실현 연구. 인문학연구, 34-3, 521-545.
- Abercrombie, D.(1949), Teaching pronunciation. ELT Journal, 3(5), 113.
- Alderson, J. C.(Ed.)(1991), Dis-sporting life. Response to Alastair Pollitt's paper:'Giving students a sporting chance'.
- Angoff, W. H.(Ed.)(1988), Validity: An evolving concept, England: Lawrence Erlbaum Associates.
- Arteaga, D. L.(2000), Articulatory Phonetics in the First-Year Spanish Classroom. The Modern Language Journal, 84(3), 339-354.
- Association American Educational Research, Association American Psychological, & Education, National Council on Measurement(1985), Standards for educational and psychological testing, Washington, DC: Authors.
- Association American Educational Research, Association American Psychological Education, National Council on

Measurement in, Educational(1999), Standards for educational and psychological testing, Washington, DC: American Educational Research Assn.

- Bachman, L. F.(1990), Fundamental considerations in language testing, Oxford Oxford University Press.
- Bachman, L. F.(2002), Some reflections on task-based language performance assessment. Language Testing, 19(4), 453.
- Bachman, L. F., Lynch, B. K., & Mason, M.(1995), Investigating variability in tasks and rater judgements in a performance test of foreign language speaking. Language Testing, 12(2), 238-257.
- Bachman, L. F., & Palmer, A. S.(1996), Language testing in practice, Oxford: Oxford University Press.
- Bamgbose, A.(1998), Torn between the norms: innovations in world Englishes. World Englishes, 17(1), 1-14.
- Barnwell, D.(1989), 'Naive'native speakers and judgements of oral proficiency in Spanish. Language Testing, 6(2), 152.
- Berk, R. A.(1986), Performance assessment: Methods & applications: Johns Hopkins University Press.
- Bialystok, E., & Smith, M.S.(1985), Interlanguage is not a state of mind: An evaluation of the construct for second-language acquisition. Applied Linguistics, 6(2), 101-117.
- Birdsong, D.(1999), Second language acquisition and the

critical period hypothesis, Mahwah, N.J.: Erlbaum.

- Bongaerts, T.(Ed.)(1999), Ultimate attainment in L2 pronunciation: The case of very advanced late L2 learners, Mahwah, NJ: Lawrence Erlbaum.
- Brazil, D., Coulthard, M., & Johns, C.(1980), Discourse Intonation and Language Teaching, London: Longman.
- Brennan, R. L.(2001), Generalizability theory: Springer Verlag.
- Brennan, R. L., & Johnson, E. G.(2005), Generalizability of performance assessments. Educational Measurement: Issues and Practice, 14(4), 9-12.
- Brown, A.(1995), The effect of rater variables in the development of an occupation-specific language performance test. Language Testing, 12(1), 1-15.
- Brown, G., & Yule, G.(1983a), Discourse Analysis. Cambridge Textbooks in Linguistics Series: Cambridge University Press.
- Brown, G., & Yule, G.(1983b), Teaching the spoken language(Vol. 102): Cambridge University Press Cambridge.
- Brown, H. D.(2004), Language assessment : principles and classroom practices, New York ; [London?]: Longman.
- Brown, J. D.(1997), Computers in language testing: Present research and some future directions. Language Learning & Technology, 1(1), 44-59.
- Brown, J. D.(2004), Performance Assessment: Existing Literature and directions for Research. Second Language

Studies, 22(2), 91-139.

- Brown, J. D., Hudson, T. D., Norris, J. M., & Bonk, W. J.(2002), An investigation of second language task-based performance assessments: Univ of Hawaii Pr.
- Brumfit, C.(1984), Communicative methodology in language teaching: The roles of fluency and accuracy(Vol. 129): Cambridge University Press Cambridge.
- C., Andrew D.(1991), Second Language testing, In M. Celce-Murcia(Ed.), Teaching English as a Second or Foreign Language(2 ed.): NewburyHouse.
- Canale, M.(1983a), From communicative competence to communicative pedagogy, In J. C. Richards & R. W. Schmidt(Eds.), Language and communication(pp. 2-27), London: Longman.
- Canale, M.(1983b), On some dimensions of language proficiency, In J. W. Oller(Ed.), Issues in language testing Reasearch(pp. 333-342), Rowley, MA Newbury House.
- Canale, M., & Swain, M.(1980), Theoretical bases of communicative approaches to second language teaching and testing. Applied Linguistics, 1(1), 1-46.
- Carey, M. D., Mannell, R. H., & Dunn, P. K.(2011), Does a rater's familiarity with a candidate's pronunciation affect the rating in oral proficiency interviews?, Language Testing, 28(2), 201-219.

- Carr, N. T.(2011), Designing and Analyzing Language Tests(Oxford Handbooks for Language Teachers), USA: Oxford University Press.
- Carr, N. T.(2008), Using Microsoft Excel® to Calculate Descriptive Statistics and Create Graphs. Language Assessment Quarterly, 5(1), 43-62.
- Carroll, j.(1981), Twenty-five years of research on foreign language aptitude, In K. C. Diller(Ed.), Individual Differences and Universals in Language Learning Aptitude(pp. 83-118), Rowley: MA: Newbury House.
- Celce-Murcia, M., Brinton, D., & Goodwin, J. M.(1996), Teaching pronunciation : a reference for teachers of English to speakers of other languages, Cambridge: Cambridge University Press.
- Chalhoub-Deville, M.(1995), Deriving oral assessment scales across different tests and rater groups. Language Testing, 12(1), 16-33.
- Chambers, F.(1997), What do we mean by fluency?, System, 25(4), 535-544.
- Chapelle, C. A.(2001), Computer applications in second language acquisition : foundations for teaching, testing and research, Cambridge: Cambridge University Press.
- Chapelle, C. A.(1999), Validity in language assessment. Annual Review of Applied Linguistics, 19(1), 254-272.

- Chapelle, C. A., & Douglas, D.(2006), Assessing language through computer technology, Cambridge: Cambridge Univ Press.
- Chen, C., Lee, S., & Stevenson, H. W.(1995), Response style and cross-cultural comparisons of rating scales among East Asian and North American students. Psychological Science, 6, 170-175.
- Chen, Y.(1982), Principles and methods of the teaching of pronunciation. Language learning & communication, 2, 75-76.
- Choi, I. C., Kim, K. S., & Boo, J.(2003), Comparability of a paper-based language test and a computer-based language test. Language Testing, 20(3), 295.
- Chomsky, N.(1965), Aspects of the Theory of Syntax(Vol. 119): The MIT press.
- Coniam, D.(2001), The use of audio or video comprehension as an assessment instrument in the certification of English language teachers: A case study. System, 29(1), 1-14.
- Crick, J. E., & Brennan, R. L.(1983), Manual for GENOVA: A generalized analysis of variance system. ACT technical bulletin, 43.
- Cronbach, L. J., Gleser, G. C., & Nanda, H.(1972), The Dependability of Behavioral Measurements : Theory of Generalizability for Scores and Profiles, New York: John Wiley.
- Cronbach, L. J., & Meehl, P. E.(1955), Construct validity in

psychological tests. Psychological bulletin, 52(4), 281.

- Cumming, A.(Ed.)(1996), Introduction: The concept of validation in language testing, Clevedon, UK: Multilingual Matters.
- Cumming, A., Grant, L., Mulcahy-Ernt, P., & Powers, D. E.(2004), A teacher-verification study of speaking and writing prototype tasks for a new TOEFL. Language Testing, 21(2), 107-145.
- Cutler, A., Dahan, D., & Van Donselaar, W.(1997), Prosody in the comprehension of spoken language: A literature review. Language and speech, 40(2), 141-201.
- Dale, P., & Poms, L.(1994), English pronunciation for international students, Englewood Cliffs, N. J.: Prentice Hall Regents.
- Dalton, C., & Seidlhofer, B.(1994), Pronunciation, Oxford: Oxford University Press.
- Darling-Hammond, L., & Snyder, J.(2000), Authentic assessment of teaching in context. Teaching and teacher education, 16(5-6), 523-545.
- Dauer, R. M.(1993), Accurate English: A Complete Course in Pronunciation, Englewood Cliffs: NJ: Regents/Prentice Hall.
- Davies, A.(Ed.)(1984), Simple, simplified and simplification: what is authentic?, London: Longman.
- Davies, A., Brown, A., C., Elder, Hill, K., T., Lumley, &

McNamara, T.(1999), Dictionary of language testing, In M. Milanovic(Ed.), Studies in Language Testing(Vol. 7), UK: Cambridge University Press.

- Davies, A., & Elder, C.(Eds.)(2009), Validity and Validation in Language Testing: Taylor & Francis.
- De Jong, W. N.(1977), On Validating a Pronunciation Test. ELT Journal, 31(3), 233-239.
- Derwing, T. M.(2003), What do ESL students say about their accents?, Canadian Modern Language Review/La Revue canadienne des langues vivantes, 59(4), 547-567.
- Derwing, T. M., & Munro, M. J.(1997), Accent, Intelligibility, and Comprehensibility. Studies in Second Language Acquisition, 19(01), 1-16.
- Derwing, T. M., & Munro, M. J.(2005), Second Language Accent and Pronunciation Teaching: A Research-Based Approach. Tesol Quarterly, 39(3), 379-397.
- Derwing, T. M., Munro, M. J., & Wiebe, G.(1998), Evidence in favor of a broad framework for pronunciation instruction. Language Learning, 48(3), 393-410.
- Dobbyn, M.(1976), An objective test of pronunciation for large classes. ELT Journal, 30(3), 242-244.
- Douglas, D.(2000), Assessing language for specific purposes, Cambridg: Cambridge University Press.
- Douglas, D.(1994), Quantity and quality in speaking test

performance. Language Testing, 11(2), 125.

- Douglas, D., & Selinker, L.(Eds.)(1993), Performance on a general versus a field-specific test of speaking proficiency by international teaching assistants, Alexandria: VA: TESOL Publication.
- Dufva, M., Niemi, P., & Voeten, M. J. M.(2001), The role of phonological memory, word recognition, and comprehension skills in reading development: From preschool to grade 2. Reading and Writing, 14(1), 91-117.
- Dufva, M., & Voeten, M. J. M.(1999), Native language literacy and phonological memory as prerequisites for learning English as a foreign language. Applied Psycholinguistics, 20(03), 329-348.
- Eckes, T.(2005), Examining rater effects in TestDaF writing and speaking performance assessments: A many-facet Rasch analysis. Language Assessment Quarterly: An International Journal, 2(3), 197-221.
- Eells, W. C.(1930), Reliability of repeated grading of essay type examinations. Journal of Educational Psychology, 21(1), 48.
- Elder, C., Iwashita, N., & McNamara, T.(2002), Estimating the difficulty of oral proficiency tasks: what does the test-taker have to offer?, Language Testing, 19(4), 347-368.
- Elliott, A. R.(1997), On the teaching and acquisition of pronunciation within a communicative approach. Hispania,

80(1), 95-108.

- Esling, J. H., & Wong, R. F.(1983), Voice quality settings and the teaching of pronunciation. Tesol Quarterly, 17(1), 89-95.
- Færch, C., & Phillipson, R.(1984), Learner language and language learning(Vol. 14): Multilingual Matters.
- ffrench, A.(2003), The change prcess at the process at the paper level. Paper 5, Speaking, In C. a. M. Weir, M(Ed.), Continuity and Innovation: Revising the Cambridge Proficiency Examination in English 1913–2002(pp. 367-471), Cambridge: UCLES/Cambridge University Press.
- Field, J.(2003), The fuzzy notion of 'intelligibility': A headache for pronunciation teachers and oral testers. IATEFL Special Interest Groups Newsletter, 34-38.
- Field, J.(2005), Intelligibility and the listener: The role of lexical stress. Tesol Quarterly, 39(3), 399-424.
- Fitzpatrick, R., & Morrison, E. J.(Eds.)(1971), Performance and product evaluation(Vol. 2), Washington, DC: American Council on Education
- Flege, J. E.(1987), A critical period for learning to pronounce foreign languages?, Applied Linguistics, 8(2), 162.
- Flege, J. E.(1984), The detection of French accent by American listeners. Journal of the Acoustical Society of America, 76(3), 692-707.
- Flege, J. E.(1980), PHONETIC APPROXIMATION IN SECOND

LANGUAGE ACQUISITION1. Language Learning, 30(1), 117-134.

- Flege, J. E., Yeni-Komshian, G. H., & Liu, S.(1999), Age Constraints on Second-Language Acquisition* 1,* 2. Journal of memory and language, 41(1), 78-104.
- Foster, P., & Skehan, P.(1996), The influence of planning and task type on second language performance. Studies in Second Language Acquisition, 18, 299-324.
- Framework, Common European(2001), Common European Framework of Reference for Languages: learning, teaching, assessment, Cambridge: Cambridge University Press
- Fulcher, G.(2000), The 'communicative' legacy in language testing. System, 28(4), 483-497.
- Fulcher, G.(1996a), Does thick description lead to smart tests? A data-based approach to rating scale construction. Language Testing, 13(2), 208.
- Fulcher, G.(2003), Testing second language speaking, Harlow: Longman.
- Fulcher, G.(1996b), Testing tasks: issues in task design and the group oral. Language Testing, 13(1), 23.
- Fulcher, G., & Davidson, F.(2007), Language testing and assessment, Abingdon, England ; New York: Routledge.
- Fulcher, G., & Márquez Reiter, R.(2003), Task difficulty in speaking tests. Language Testing, 20(3), 321-344.

- Gallego, J. C.(1990), The Intelligibility of Three Nonnative English-Speaking Teaching Assistants: An Analysis of Student-Reported Communication Breakdowns. Issues in Applied Linguistics, 1(2).
- Gass, S., & Varonis, E.M.(1984), The effect of familiarity on the comprehensibility of nonnative speech. Language Learning, 34(1), 65-87.
- Guiora, A.Z., Beit-Hallahmi, B., Brannon, R., Dull, C.Y., & Scovel, T.(1972), The effects of experimentally induced changes in ego states on pronunciation ability in a second language: An exploratory study. Comprehensive psychiatry, 13(5), 421-428.
- Gulikers, J.T.M., Bastiaens, T.J., & Kirschner, P.A.(2004), A five-dimensional framework for authentic assessment. Educational Technology Research and Development, 52(3), 67-86.
- Hahn, L. D.(1999), Native speakers' reactions to non-native stress in English discourse, University of Illinois at Urbana-Champaign.
- Hahn, L. D.(2004), Primary stress and intelligibility: Research to motivate the teaching of suprasegmentals. Tesol Quarterly, 38(2), 201-223.
- Hart, D.(1994), Authentic assessment: A handbook for educators: Addison-Wesley Pub. Co.
- Henning, G.(1983), Oral proficiency testing: comparative

validities of interview, imitation, and completion methods. Language Learning, 33(3), 315-332.

- Herrington, J., & Herrington, A.(1998), Authentic Assessment and Multimedia: How University Students Respond to a Model of Authentic Assessment. Higher Education Research and Development, 17(3), 305-322.
- Hieke, A. E.(1985), A componential approach to oral fluency evaluation. The Modern Language Journal, 69(2), 135-142.
- Higgs, T. V., & Clifford, R.(Eds.)(1982), The Push Toward Communication, IL: National Textbook Company.
- Hughes, A.(2003), Testing for language teachers, Cambridge: Cambridge Univ Press.
- Hughes, D. C., & Keeling, B.(1984), The use of model essays to reduce context effects in essay scoring. Journal of Educational Measurement, 21(3), 277-281.
- Hymes, D.(Ed.)(1972), On communicative competence, Oxford: Oxford University Press.
- Ioup, G., Boustagui, E., El Tigi, M., & Moselle, M.(1994), Reexamining the critical period hypothesis. Studies in Second Language Acquisition, 16(01), 73-98.
- Isaacs, T.(2008), Towards defining a valid assessment criterion of pronunciation proficiency in non-native English-speaking graduate students. Canadian Modern Language Review/La Revue canadienne des langues vivantes, 64(4), 555-580.

- Jenkins, J.(2000), The phonology of English as an international language: New models, new norms, new goals: Oxford University Press, USA.
- Jenkins, J.(1997), Testing pronunciation in communicative exams. Speak Out: IATEFL Newsletter, 20, 7-11.
- Jeong, T. Y.(2003), Assessing And Interpreting student English Oral Proficiency Using D-Voicing in an EFL Context, Ohio State University.
- Kane, M. T.(Ed.)(2006), Validation(4 ed. Vol. 4), Washington, D. C.: American Council on Education.
- Kenworthy, J.(1987), Teaching English pronunciation: Longman.
- Kenyon, D. M.(1992, Februaty 27th-March 1st). Introductory remarks at symposium on Development and use of rating scales in language testing. Paper presented at the 14th Language Testing Research Colloquium, Vancouver.
- Kenyon, D. M., & Malabonga, V.(2001), Comparing examinee attitudes toward computer-assisted and other oral proficiency assessments. Language Learning & Technology, 5(2), 60-83.
- Koponen, M., & Riggenbach, H.(2000), Overview: Varying perspectives on fluency, In H. Riggenbach(Ed.), Perspectives on fluency(pp. 5-24), Ann Arbor: University of Michigan Press.
- Ladefoged, P.(1982), A Course in Phonenitcs(2nd ed.) New York: Harcourt Brace Jovanovich

- Ladefoged, P.(2006), A Course in Phonetics(5th). Thomson Wadsworth.
- Lado, R.(1961), Language testing: the construction and use of foreign language tests: a teacher's book: Longmans.
- Lado, R.(1957), Linguistics across cultures: University of Michigan Press.
- Language), ACTFL(American council on the Teaching of Foreign(2012), ACTFL Proficiency Guidelines 2012.
- Leather, J., & James, A.(1996), Second Language Speech, In W. C. Ritchie & T. K. Bhatia(Eds.), Handbook of second language acquisition, San Diego: Academic Press.
- Lennon, P.(1990), Investigating fluency in EFL: A quantitative approach. Language Learning, 40(3), 387-417.
- Levis, J. M.(2005), Changing contexts and shifting paradigms in pronunciation teaching. Tesol Quarterly, 39(3), 369-377.
- Levis, J. M.(2008), Pronunciation and the assessment of spoken language, In R. Hughes(Ed.), Spoken English, applied linguistics and TESOL: Challenges for theory and practice.(pp. 245-270), London: Palgrave Macmillan.
- Linacre, J. M.(1989), Many-faceted Rasch measurement, Chicago IL: MESA press.
- Linacre, J. M., & Wright, B. D.(Eds.)(2004), Construction of measures from many-facet data, Maple Glove, MN: JAM Pess.
- Lukmani, Y.M.(1972), Motivation to learn and language

proficiency. Language Learning, 22(2), 261-273.

- Lumley, T., & McNamara, T.(1995), Rater characteristics and rater bias: Implications for training. Language Testing, 12(1), 54-71.
- Lunz, M. E., & Stahl, J. A.(1990), Judge consistency and severity across grading periods. Evaluation & the Health Professions, 13(4), 425.
- Luoma, S.(2004), Assessing speaking, Canbridge: Canbridge University Press.
- Lynch, B.K.(2003), Language assessment and program evaluation, Edinburgh, Scotland: Edinburgh University Press.
- Lynch, B.K., & McNamara, T.F.(1998), Using G-theory and many-facet Rasch measurement in the development of performance assessments of the ESL speaking skills of immigrants. Language Testing, 15(2), 158-180.
- Madsen, H. S.(1986), Evaluating a computer-adaptive ESL placement test. Calico Journal, 4(2), 41-50.
- Madsen, H. S.(Ed.)(1991), Computer-adaptive testing of listening and reading comprehension: The Brigham Young University approach, NewYork: NewBury House.
- Mcgarity, K.(2006), The Significance of Pronunciation of Consonants Sounds in English as an International Language. Language & Literature, 22(1), 175-193.
- McNamara, T.(1990), Item response theory and the validation

of an ESP test for health professionals. Language Testing, 7(1), 52-76.

• McNamara, T.(2000), Language testing, Oxford: Oxford University Press, USA.

• McNamara, T.(1996), Measuring second language performance, London: Longman

• Messick, S.(1995a), Standards of Validity and the Validity of Standards in Performance Asessment. Educational Measurement: Issues and Practice, 14(4), 5-8.

• Messick, S.(1995b), Validity of psychological assessment: Validation of inferences from persons' responses and performances as scientific inquiry into score meaning. American Psychologist, 50(9), 741.

• Messick, S.(Ed.)(1989), Validity(3 ed.), Ney York: Macmillan.

• Meyer, C.A.(1992), What's the difference between authentic and performance assessment. Educational Leadership, 49(8), 39-40.

• Morley, J.(1987), Current Perspectives on Pronunciation. Practices Anchored in Theory: TESOL, 1600 Cameron Street, Suite 300, Alexandria, VA 22314($14; $12, members).

• Morley, J.(1988), How many languages do you speak: Perspectives on pronunciation-speech-communication in EFL/ESL. Round Table on Languages, and Linguistics, and Literature, XI, 2, 1-34.

- Morley, J.(1991), The pronunciation component in teaching English to speakers of other languages. Tesol Quarterly, 25(3), 481-520.
- Morrison, DM, & Lee, N.(1985), Simulating an academic tutorial: A test validation study, In Y. P. Lee(Ed.), New directions in language testing(pp. 85-92), Oxford: Pergamon institude of English.
- Moss, P. A.(1996), Enlarging the dialogue in educational measurement: Voices from interpretive research traditions. Educational Researcher, 25(1), 20-29.
- Moyer, A.(2004), Age, accent, and experience in second language acquisition: an integrated approach to critical period inquiry(Vol. 7): Multilingual Matters Ltd.
- Moyer, A.(1999), Ultimate attainment in L2 phonology. Studies in Second Language Acquisition, 21(1), 81-108.
- Mullen, K. A.(1980), Rater reliability and oral proficiency examinations, In J. W. Oller & K. Perkins(Eds.), Research in language testing(pp. 91-101), Rowley,MA: Newbury House.
- Munro, M. J., & Derwing, T. M.(1999), Foreign Accent, Comprehensibility, and Intelligibility in the Speech of Second Language Learners. Language Learning, 49(s1), 285-310.
- Munro, M. J., & Derwing, T. M.(1995), Foreign accent, comprehensibility, and intelligibility in the speech of second language learners. Language Learning, 45(1), 73-97.

• Norris, J. M., Brown, J. D., Hudson, T. D., & Yoshioka, J.(1998), Designing second language performance assessments, Honolulu: Second Language Teaching and Curriculum Center, University of Hawaii at Manoa.

• North, B.(2000), The development of a common framework scale of language proficiency, NewYork: Peter Lang.

• North, B.(1993). The development of descriptors on scale of language proficiency. Paper presented at the NFLC Occasional Papers, Washington DC.

• North, B., & Schneider, G.(1998), Scaling descriptors for language proficiency scales. Language Testing, 15(2), 217-262.

• O'Malley, J.M., & Pierce, L.V.(1996), Authentic assessment for English language learners: Practical approaches for teachers: Addison-Wesley Pub. Co.

• Ortega, L.(2009), Understanding second language acquisition, London: A Hodder Arnold Publication.

• Palm, T.(2008), Performance assessment and authentic assessment: A conceptual analysis of the literature. Practical Assessment, Research & Evaluation, 13(4), 1-11.

• Paradowska, A. I.(2002), 폴란드인의 한국어 모음의 발음과 청취에 대한 실험음성학적 연구. 서울대학교 박사학위논문.

• Pennington, M. C.(1989), Teaching Prounounciation from the Top Down. RELC Journal, 20(1), 20-38.

• Pennington, M. C., & Richards, J. C.(1986), Pronunciation

revisited. Tesol Quarterly, 20(2), 207-225.

• Plough, I. C., Briggs, S. L., & Van Bonn, S.(2010), A multi-method analysis of evaluation criteria used to assess the speaking proficiency of graduate student instructors. Language Testing, 27(2), 235-260.

• Pollitt, A., & Hutchinson, C.(1987), Calibrating graded assessments: Rasch partial credit analysis of performance in writing. Language Testing, 4(1), 72-92.

• Prator, C. H., & Robinett, B. W.(1985), Manual of American English Pronunciation, NewYork: Holt, Rinehart and Winston.

• Rasch, G.(1980), Probabilistic models for some intelligence and attainment tests Chicago: University of Chicago Press.

• Reeves, T. C., & Okey, J. R.(Eds.)(1996), Alternative assessment for constructivist learning environments, New Jersey: Educational Technology.

• Rothman, R.(1995), Measuring up: Standards, assessment, and school reform, San Francisco, CA: Jossey-Bass.

• Schumann, J. H.(1986), Research on the acculturation model for second language acquisition. Journal of Multilingual & Multicultural Development, 7(5), 379-392.

• Schumann, J. H.(1976), Second language acquisition: The pidginization hypothesis. Language Learning, 26(2), 391-408.

• Scovel, T.(2000), A critical review of the critical period research. Annual Review of Applied Linguistics, 20(1), 213-

223.

- Scovel, T.(1969), FOREIGN ACCENTS, LANGUAGE ACQUISITION, AND CEREBRAL DOMINANCE1. Language Learning, 19(3 4), 245-253.
- Scovel, T.(1988), A time to speak: A psycholinguistic inquiry into the critical period for human speech: Newbury House New York.
- Shepard, L. A.(1993), Evaluating test validity. Review of research in education, 19, 405-450.
- Shohamy, E.(1983), Interrater and intrarater reliability of the oral interview and concurrent validity with cloze procedure in Hebrew, In J. W. Oller Jr(Ed.), Issues in Language Testing Research(pp. 229-236), Rowley, MA: Newberry House.
- Shohamy, E.(2001), The power of tests: A critical perspective on the uses of language tests, Harlow: Pearson Education.
- Skehan, P.(1998), A cognitive approach to language learning: Oxford University Press.
- Skehan, P.(2002), Theorising and updating aptitude. Individual differences and instructed language learning, 2, 69-94.
- Smith, L. E., & Nelson, C. L.(1985), International intelligibility of English: Directions and resources. World Englishes, 4(3), 333-342.
- Snow, C.E., Burns, M.S., & Griffin, P.(1998), Preventing reading difficulties in young children: National Academies Press.

- Spolsky, B.(1995), Measured words: Oxford University Press.
- Swain, M.(1993), Second language testing and second language acquisition: Is there a conflict with traditional psychometrics?, Language Testing, 10(2), 193-207.
- Taylor, C., Kirsch, I., Jamieson, J., & Eignor, D.(1999), Examining the Relationship Between Computer Familiarity and Performance on Computer Based Language Tasks. Language Learning, 49(2), 219-274.
- Taylor, D.S.(1988), The meaning and use of the term 'competence'in linguistics and applied linguistics. Applied linguistics, 9(2), 148-168.
- Torrance, H.(1995), Evaluating authentic assessment: Problems and possibilities in new approaches to assessment, UK: Open University Press.
- Upshur, J. A., & Turner, C. E.(1995), Constructing rating scales for second language tests. ELT Journal, 49(1), 3-12.
- Upshur, J. A., & Turner, C. E.(1999), Systematic effects in the rating of second-language speaking ability: Test method and learner discourse. Language Testing, 16(1), 82-111.
- Valette, R.M.(1977), Modern language testing(Second edition ed.), New York: Harcourt Brace Jovanovich, Inc.
- Weigle, S.C.(1994), Using FACETS To Model Rater Training Effects. Draft.
- Weigle, S.C.(1998), Using FACETS to model rater training

effects. Language Testing, 15(2), 263.

- Weigle, S.C.(2002), Assessing writing, Cambridge: Cambridge University Press.
- Weir, C. J.(2004), Language testing and validation: an evidence based approach, England: Palgrave Macmillan.
- Weir, C. J.(Ed.)(1988), Construct validity(Vol. 1): The British Council and the University of Cambridge Local Examination Syndicate.
- Weir, C. J.(1993), Understanding and developing language tests, New York and London Prentice Hall International.
- Wesche, M.(1981), Language aptitude measures in streaming, matching students with methods, and diagnosis of learning problems, In K. C. Diller(Ed.), Individual differences and universals in language learning aptitude(pp. 119-139), Rowle: Newbury House Publishers
- White, E.M.(1995), An apologia for the timed impromptu essay test. College Composition and Communication, 46(1), 30-45.
- Widdowson, H.G.(1989), Knowledge of language and ability for use. Applied linguistics, 10(2), 128-137.
- Wiggins, G.(1990), The Case for Authentic Assessment. ERIC Digest. Eric Digests.
- Wigglesworth, G.(1993), Exploring bias analysis as a tool for improving rater consistency in assessing oral interaction. Language Testing, 10(3), 305-319.

- Wigglesworth, G.(Ed.)(2001), Influences on performance in task-based oral assessments, London: Longman.
- winters, L. S.(1978), The effect of differing response criteria on the assessment of writing compretence(Report to National Instite of Education), Los Angeles: CA.
- Wong, R.(1986), Does pronunciation teaching have a place in the communicative classroom. Georgetown University Round Table on Languages and Linguistics, 226-236.
- Wright, B. D., & Linacre, J. M.(1991), A user's guide to BIGSTEPS Rasch-model computer programs version 2.2., Chicago IL: MESA Press.
- Yoshida, H.(2004), An Analystic Instrument For Assessing EFL Pronunciation, Temple University.
- Yu, E.(2006), A comparative study of the effects of a computerized English oral proficiency test format and a conventional SPEAK test format, The Ohio State University.

부록1. 2차 사후 채점도 검증 수험자 출력 정보

2차 채점 타당도 검증 수험자 출력 정보

Total Score	Total Count	Obsvd Average	Fair-M Avrage	Measure	Model S.E.	Infit MnSq	Infit ZStd	Outfit MnSq	Outfit ZStd	Estim. Discrm	Correlation PtMea	Correlation PtExp	Nu	Examinee
66	60	1.10	1.09	-5.36	.43	.95	.0	.88	-.1	1.03	.20	.11	35	35
85	60	1.42	1.41	-3.62	.24	1.14	.8	1.14	.8	.86	.20	.20	24	24
103	60	1.72	1.71	-2.74	.21	.82	-1.0	.81	-1.1	1.21	.05	.23	44	44
104	60	1.73	1.73	-2.69	.21	1.49	2.5	1.49	2.5	.37	.02	.24	43	43
119	60	1.98	1.98	-2.09	.19	.85	-.7	.85	-.8	1.16	.18	.25	41	41
125	60	2.08	2.08	-1.87	.19	.71	-1.7	.70	-1.7	1.32	.10	.25	37	37
127	60	2.12	2.11	-1.80	.19	.83	-.9	.84	-.8	1.18	.38	.25	8	08
127	60	2.12	2.11	-1.80	.19	.77	-1.3	.78	-1.2	1.24	.50	.25	25	25
129	60	2.15	2.15	-1.72	.19	1.28	1.4	1.31	1.6	.70	.45	.25	6	06
129	60	2.15	2.15	-1.72	.19	.69	-1.8	.68	-1.9	1.34	.47	.25	7	07
129	60	2.15	2.15	-1.72	.19	1.15	.8	1.14	.8	.83	-.02	.25	34	34
131	60	2.18	2.18	-1.65	.19	1.11	.6	1.13	.7	.86	.34	.26	19	19
131	60	2.18	2.18	-1.65	.19	.72	-1.6	.73	-1.5	1.28	.47	.26	20	20
133	60	2.22	2.21	-1.58	.19	.76	-1.3	.77	-1.3	1.25	.57	.26	21	21
133	60	2.22	2.21	-1.58	.19	1.01	.1	1.01	.0	.98	-.04	.26	39	39
149	60	2.48	2.48	-1.04	.18	1.01	.1	1.02	.1	1.00	.15	.27	36	36
149	60	2.48	2.48	-1.04	.18	.90	-.5	.90	-.4	1.11	.23	.27	40	40
151	60	2.52	2.51	-.97	.18	.79	-1.2	.80	-1.1	1.22	.21	.27	42	42
154	60	2.57	2.56	-.88	.18	.98	.0	.98	.0	1.08	.27	.27	15	15
159	60	2.65	2.65	-.72	.18	1.21	1.1	1.19	1.0	.82	.37	.27	22	22
172	60	2.87	2.86	-.31	.17	1.04	.2	1.05	.3	.94	.45	.28	3	03
172	60	2.87	2.86	-.31	.17	.88	-.6	.89	-.5	1.14	.26	.28	5	05
176	60	2.93	2.93	-.19	.17	1.37	1.9	1.40	2.0	.58	.38	.28	4	04
176	60	2.93	2.93	-.19	.17	1.06	.4	1.08	.4	.91	.15	.28	29	29
178	60	2.97	2.96	-.13	.17	.97	-.1	.96	-.1	1.05	.23	.28	38	38
179	60	2.98	2.98	-.10	.17	1.07	.4	1.08	.4	.91	.29	.28	1	01
183	60	3.05	3.05	.02	.17	1.12	.7	1.12	.7	.85	.27	.28	11	11
187	60	3.12	3.11	.13	.17	1.09	.5	1.09	.5	.89	.45	.28	27	27
190	60	3.17	3.17	.22	.17	1.11	.6	1.12	.7	.89	-.14	.28	28	28
192	60	3.20	3.20	.28	.17	.69	-1.9	.69	-1.8	1.32	.28	.28	18	18
199	60	3.32	3.32	.48	.17	.80	-1.1	.81	-1.1	1.20	.59	.28	2	02
230	60	3.83	3.84	1.38	.17	.75	-1.5	.75	-1.5	1.28	.19	.28	13	13
251	60	4.18	4.19	2.00	.17	1.14	.8	1.13	.7	.81	.21	.28	30	30
252	60	4.20	4.20	2.03	.18	.71	-1.8	.70	-1.8	1.32	.21	.28	31	31
259	60	4.32	4.32	2.25	.18	2.12	4.8	2.18	5.0	-.15	.01	.27	23	23
261	60	4.35	4.36	2.31	.18	.91	-.4	.91	-.4	1.08	.10	.27	17	17
266	60	4.43	4.44	2.47	.18	.91	-.4	.91	-.4	1.08	.31	.27	14	14
275	60	4.58	4.59	2.77	.19	.84	-.8	.84	-.8	1.12	.15	.26	12	12
275	60	4.58	4.59	2.77	.19	1.40	1.9	1.40	1.9	.66	.41	.26	16	16
297	60	4.95	4.95	3.58	.20	.98	.0	.98	.0	1.03	.42	.24	33	33
293	58	5.05	5.05	3.81	.21	.81	-1.0	.79	-1.1	1.19	.12	.24	9	09
305	60	5.08	5.09	3.90	.20	1.07	.4	1.07	.4	.90	.18	.24	32	32
313	60	5.22	5.22	4.24	.21	.78	-1.3	.78	-1.3	1.27	.37	.23	10	10
326	60	5.43	5.44	4.85	.22	.90	-.6	.90	-.5	1.13	.21	.22	26	26
185.0	60.0	3.09	3.09	.00	.19	.99	-.1	1.00	-.1		.25		Mean (Count: 44)	
67.2	.3	1.13	1.13	2.24	.04	.26	1.3	.27	1.4		.17		S.D. (Population)	
68.0	.3	1.14	1.14	2.27	.04	.26	1.3	.27	1.4		.17		S.D. (Sample)	

Korean Pronunciation Assessment for Foreign Language Speakers

The primary goal of speaking performance assessment is to predict an examinee's speaking ability in terms of real-life communication, which is based on scores that measure an examinee's speaking ability. To that end, the elements such as language construct, measuring process, and measuring results (or scores) should all be valid. With that being said, what does the term "valid assessment" really mean?

The concepts of "validity" has been unified into the term "construct validity." Thus, the validity of educational assessment has also been defined as the extent to which an assessment can accurately indicate the level of an examinee's linguistic knowledge or ability (construct) through the assessment score (Weir, 2004, p. 12). Such a change in the concepts of validity has brought needed attention to the issue of how to verify the validity of the assessment as well as how to verify the final language assessment score, per se (Weir, 2004, p. 12).

In addition, the types of evidence used to provide validity of assessment methods have diversified after Messick's model (1989) was applied to language assessment in 1990's. Thus, based on all the evidences collected, the "verification of validity" (referred to as "validation" hereinafter) has been recognized as a due course for reaching a final conclusion (Shin, Dong-Il, 2003c). According to Weir (2004), a validation process for speaking performance assessment should be categorized into five specific steps: "theory-based validity," "scoring validity," "context validity," and "criterion-related validity."

In this study, based on the process suggested by Weir (1988), both theoretical and empirical validations were conducted by using "theory-base validity" and "scoring validity" processes, which focused solely on the "pronunciation" category of the speaking performance assessment. This was aimed at recommending valid rating methods for measuring the examine's pronunciation abilities.

To do this, research was conducted on theory-based validation processes by using the renowned communication models in the field of foreign language education. In addition, the status of "pronunciation" category in studies related to speaking evaluation in the field of Korean speaking education, was examined. As a result, it was reconfirmed that pronunciation ability is a critical category that must be included as an independent part of the speaking performance evaluation. Also, it was discovered that the concepts of pronunciation category that have been suggested in past studies pertaining to Korean language education were vague. Moreover, there were inconsistencies in the meaning of constructs used, and how to measure the constructs that are supposed to be graded from the pronunciation-specific point of view.

Based on the thorough research analysis, this study selected the "segments," "suprasegment," "speech speed," and "pause" as the constructs for Korean speaking pronunciation evaluation. In addition, "phoneme," "syllable," and "phonological change," were included in the segment construct; and the "intonation" was included in the suprasegment construct.

Based on the above, this study suggests using specific rating methods for such constructs through pre-scoring validation processes. Through a quantitative analysis process, the suggested rating methods were objectively validated by using a post-scoring validation process.

As a theory-based pre-scoring validation process, the criterion, rater, task, rating method, and scale were examined. Based on the results, this paper finds that 'accuracy', 'intelligibility', and 'fluency' can be selectively used for evaluating pronunciation criterion.

This paper also reaffirmed the examiner can have the greatest impact on the evaluation results. Therefore, the examiner will have to be experienced in teaching Korean language and rating speaking performances. Given that this paper was focused on evaluating general speaking performance rather specific speaking performance, "construct-based task" is recommended for rating pronunciation ability. Additionally, in order to properly evaluate the quality of speech, it is highly recommended that the task and time given to answer be sufficient in length.

For rating the segment and suprasegment based on accuracy,

analytic rating method is recommended. Also, the holistic rating method is recommended for the same two constructs based on "intelligibility." Furthermore, with respect to rating the "speed" and "pause" of speech acts based on "phonological fluency," the holistic rating method' is recommended. Finally, the '6-point Likert scale' is recommended for rating all criterion.

Using the aforementioned methods, computer-based speaking performance assessments were conducted, and seven raters were assigned to grade them. Based on these key rating results, post-rating validation using Multi-Facet Rasch Analysis and Analysis using Generalizability Theory was conducted.

As a result of running the Multi-Facet Rasch Analysis, two raters were disqualified, and the analysis was re-conducted. Subsequently, it was confirmed that the suggested rating criterion were used independently and effectively for rating each of the constructs. Also, that scores of the raters showed "inter-rater consistency" as well as "intra-rater consistency." Additionally, the raters' severity vastly varied. The level of task difficulty also seemed to be rising based on: "suprasegment rating based on accuracy;" "segment rating based on accuracy;" "speech speed and pause rating based on phonological fluency;" and "segment and suprasegment rating based on intelligibility."

Regardless of the level of difficulty, evaluation tasks, such as "read aloud," "describing picture," and "narration" all seemed to be working independently and effectively. As for the 6-point Likert scale, relatively the same intervals were exhibited amongst the raters, which indicated that they shared the same understating on use of scale.

The five raters' results were evaluated based on the Generalizability Theory. The results showed that the primary error in assessment was based on the individual examinee' factor.

Finally, a Decision Study was conducted to examine generalizability coefficients of the rated scores. As a result, it was discovered that using two or more raters for each examinee was more efficient than using one rater for each examinee with more tasks. This means that once these conditions were met, consistent rating results could be achieved even when various raters.

In conclusion, this seminal study helped to further identify the scope of speaking performance assessment for validating pronunciation rating methods. Although this study was limited in scope, the author believes that the validation processes used is also applicable to other evaluation categories. More importantly, this research and the results are expected to play a complementary role when used as reference data for developing speaking performance assessments and designing rater training courses.

찾아보기

ACTFL OPIc(ACTFL Oral Proficiency Interview by computer) · · · · 55
ACTFL(American Council on the Teaching Foreign Language) · 15
CAT(컴퓨터 적응 평가)방식 · · · · 99
COPI(Computerized Oral Proficiency Instrument) · · · · · · · · · · · · 53
DVOCI(Digital Video Oral Communications Instrument) · · · · · · · 53
ESPT(English Speaking Proficiency Testing) · · · · · · · · · · · · · · 99
FSI(U.S. Department of State Foreign Service Institute) · · · · · · 15
IELTS(International English Language Testing System) · · · · 99
KPT(Korean Proficiency Test) · · 22
MATE(Multimedia Assisted Test of English) · · · · · · · · · · · · · · 98
TOEIC Speaking은 TOEIC(Test Of English for International Communication) · · · · · · · · · · · · · · 99
가치 함축성 · · · · · · · · · · · · · · 64
간접 평가(indirect test) · · · · · · 52
간접적 평가(indirect assessment) 47
결과 타당도(consequential validity) · · · · · · · · · · · · · · · · · · · 68
결정연구(Decisions study) · · 201
결정연구(D연구) · · · · · · · · · 236
계수(validity coeffieints) · · · · · 63
고부담 시험 · · · · · · · · · · · · · 49
고위험 평가 (High-Stakes test) · 73
공인 타당도(concurrent validity) 60, 61
과적합 채점자 · · · · · · · · · · 211
과적합(overfit) · · · · · · · · · · 219
과정 중심의 평가 · · · · · · · · · · · 45
과제 국면 · · · · · · · · · · · · · 225
과제 기반 평가 · · · · · · · · · · · · 45
과제 기반의 해석 · · · · · · · · · · 162
과제 난이도 · · · · · · · · · · · · · 160
과제 유형 · · · · · · · · · · · · · 160
과제에 초점을 둔 평가 · · · · · · · 162
관련성/유용성 · · · · · · · · · · · · 64
구두접근법(Oral approach) · · 106

구인 기반 해석 · · · · · · · · · · 162
구인 타당도 · · · · 12, 60, 63, 64, 65
구인에 기반을 둔 평가 · · · · · · 162
국지성 · · · · · · · · · · · · · · · · 62
규준 참조 평가 · · · · · · · · · · · 48
기준 타당도(criterion-related validity) · · · · · · · · · · · · · · · 60, 63
난이도 · · · · · · · · · · · · · · · 214
내용 타당도(content validity) 60, 62
내적 일관성 신뢰도 접근법(internal consistency reliability approach) · 72
내적적합도 제곱평균(Infit MnSq) 219
능력 추정치(Measure) · · · · · 219
능력 추정치의 오차(Model S.E.) 219
능숙도 운동(proficiency movement) · · · · · · · · · · · · · · · · · · · 92
능숙도 평가 · · · · · · · · · · · 48, 61
다국면 라쉬 모형 · · · · · · · · · 195
단일성 · · · · · · · · · · · · · · · · 62
담화 기반의 접근법(discourse-based approach) · · · · · · · · · · · 111
대담자 효과 · · · · · · · · · · · · · 58
대안 평가(alternative test) · · · · 44
대조분석가설 · · · · · · · · · · · 107
동질성 계수(coefficient of homogeneity) · · · · · · · · · · · · · · · · 73
동형 신뢰도(alternate form reliability) · · · · · · · · · · · · · · · · · · · 77
드러나지 않는 구인(construct of undre-representation) · · · · · 70
리컬트 척도 · · · · · · · · · · · · 172
말하기 숙달도 인터뷰 시험(SOPI) 53
면대면 평가 · · · · · · · · · · · · · 52
모형 일치도(Agree Exp) · · · · 222
모형 적합도 · · · · · · · · · · · · 207
문법 번역식(Grammer/ Translation method) 교수법 · · · · · · · · 106
문제은행 · · · · · · · · · · · · · · 54
문항특성 곡선 · · · · · · · · · · 207
반분 신뢰도 측정 방법 · · · · · · · 72
발음 채점 기준 · · · · · · · · · · 120
발음 평가 구인 · · · · · · · · · · 103
발화 속도(speech rate) · · 115, 116, 145
배치 평가 · · · · · · · · · · · · · · 48
병렬문제 실시 방법 · · · · · · · · · 72
보편성 · · · · · · · · · · · · · · · · 62
부적합 채점자 · · · · · · · · · · 211
부적합(misfit) · · · · · · · · · · 219

분리 평가/통합 평가 · · · · · · · · · 48
분리성 · · · · · · · · · · · · · · · · · 62
분산성분(variance component) 분석 · · · · · · · · · · · · · · · · · · 237
분절음 · · · · · · · · · · · · · · · · 106
사전 타당화 · · · · · · · · · · · · · 67
사회적 결과 · · · · · · · · · · · · · 64
사회적 영향력(effect on society) 77
사후 타당화 과정 · · · · · · · · · · 67
상관 없는 구인(construct irrelevance) · · · · · · · · · · · · · · · · · · · 70
성취도 평가 · · · · · · · · · · · · · 48
속도 시험 · · · · · · · · · · · · · · 49
수용가능성 · · · · · · · · · · · · · 127
수행 기반 평가(performance-based assessments) · · · · · · · · · · · 46
수행 평가 · · · · · · · · · · · · · · 44
수험자(Examinee) · · · · · · · · · 215
수험자 국면 · · · · · · · · · · · · 218
수험자 능력 · · · · · · · · · · · · 214
수험자의 원점수(Row score) · · · 74
순응적인 알고리즘 · · · · · · · · · · 54
신뢰도 계수(reliability coefficient) · · · · · · · · · · · · · · · · · · 71, 245
신뢰도(reliability) · · 61, 62, 63, 71
신뢰도(Reliability)값 · · · · · · · 220
실기 시험(performance-based test) · 44
실용성 · · · · · · · · · · · · · · · · · 58
실제 관찰 일치도(Exact Obs) · 222
실제 상황 평가(authentic test) · · 44
실제 의사소통 (actual communication) · · · · · · · · · · · · · · · · · 94
양적(quantitative) 검증 · · · · · · 34
어휘-통사적 유창성(lexical-syntactic fluency) · · · · · · · · · · · · · 145
억양 · · · · · · · · · · · · · · · · · 112
언어 교육 개혁 운동(Reform movement) · · · · · · · · · · · · · · · 106
언어 기술(Language skill) · · · · 82
언어 습득 센터(Language Acquisition Resource Cener, LARC) · · · · 53
엄격성 · · · · · · · · · · · · · · · · 214
역량 시험 · · · · · · · · · · · · · · 49
역류 효과(washback effect) · 70, 77
예측 타당도(predictive validity) 60, 77
외국인 악센트(accentedness) · 128, 141
외부 타당도(external validity) · · 76
외적합도 제곱평균(Outfit MnSq) 219

유창성(fluency) · · · · · · 121, 144
음운 친숙성(interlanguage phonology familiarity) · · · · · · · · 152
음운적 유창성(phonological fluency) · · · · · · · · · · · · 116, 121, 145
의미적 유창성(sementic fluency) 145
의사소통 능력(communicative competence) · · · · · · · · · · · · · 93
의사소통 모델 · · · · · · · · · · · 90
의사소통 수행(communicative performance) · · · · · · · · · · · · 93
의사소통 접근법 · · · · · · · · · 110
의사소통적 언어 능력(CLA: Communicative language ability) · · · 95
의존도 계수 · · · · · · · · · · · · 245
이론 기반 타당도 · · · · · · · · · 13
이론에 기초한 타당도(theory-based validity) · · · · · · · · · · · · · · 68
이해 가능성(comprehensibility) 139
이해 명료한 발음(intelligibility principle) · · · · · · · · · · · · · · · 121
이해명료성(Intelligibility) · 137, 139
인터넷 기반 평가 · · · · · · · · · · 49
일반성(generality) · · · · · · · · · 61
일반화 가능성 · · · · · · · · · · · 83
일반화가능도 계수 · · 205, 239, 245
일반화가능도 이론(Generalizability theory) · · · · · · · · · · 201, 236
일반화가능성 연구(Generalization study) · · · · · · · · · · · · · 201
일반화연구(G연구) · · · · · · · 236
자기 평가(self-assessment) · · 53
자연주의적 교수법(Natural Method) · · · · · · · · · · · · · · · · · · 106
저부담시험 · · · · · · · · · · · · · 49
적합도(Fit) · · · · · · · · · · · · · 219
전신반응 교수법(Total Physical Response) · · · · · · · · · · · · · 106
전통적 방식 평가 · · · · · · · · · · · 48
정확성(Accuracy, Native-like pronunciation) · · · · · · · 125, 121
정황 타당도(context validity) · · 68
조음 속도(the rate of articulation) · · · · · · · · · · · · · · · · 116, 145
조음 유창성(articutory fluency) 145
준거 참조 평가 · · · · · · · · · · · 48
준거 타당도(criterion validity) · · 68
지필 평가 · · · · · · · · · · · · · · 49
직접 교수법(Direct Method) · · 106
직접평가(direct test) · · · · · 44, 52

진단 평가 · · · · · · · · · · · · · · · 48
진실성(integrity) · · · · · · · · · · · 78
진점수(true score) · · · · · · · · · 72
질적(qualitative) 검증 · · · · · · · · 34
질적인 연구 방법 · · · · · · · · · · 156
차별 타당도(differential validity) · 77
참평가(True assessment) · · · · 45
채점 기준 단면 · · · · · · · · · · · 228
채점 기준(Criterion) · · · · · · · · 215
채점 기준표 · · · · · · · · · · · 82, 169
채점 방식 · · · · · · · · · · · · · · 169
채점 지침 · · · · · · · · · · · · · · 193
채점 척도 단면 · · · · · · · · · · · 230
채점 척도(Scale) · · · 169, 171, 215
채점 타당도(scoring validity) 13, 62, 68
채점의 일관성 · · · · · · · · · · · 210
채점자 · · · · · · · · · · · · · 150, 214
채점자 간 신뢰도 · · · · · · · · · · · 71
채점자 국면 · · · · · · · · · · · · · 221
채점자 내 신뢰도 · · · · · · · · · · · 71
채점자 내 일관성 · · · · · · · · · · 211
채점자 신뢰도(Scorer reliability) · 71
채점자 신뢰성 · · · · · · · · · · · 156
채점자 엄격성 · · · · · · · · · · · 223
채점자 적합도 분석 · · · · · · · · 209
채점자 훈련 · · · · · · · · · · · · · 153
채점자(Rater) · · · · · · · · · · · 215
채점척도 · · · · · · · · · · · · · · 214
청각구두식 교수법(Audiolingualism) · · · · · · · · · · · · · · · · · · 106
초분절음 · · · · · · · · · · · · · · 110
총괄평가 · · · · · · · · · · · · · · · 49
추정 오차(Model S.E.) · · · · · 221
충실성(fidelity) · · · · · · · · · · · · 46
측정 단면도 분포도 · · · · · · · · 214
측정 오류(measurement error) · 74
측정척도(Measr: Measure) · · 215
컴퓨터 기반 평가(Computer Based Testing: CBT) · · · · · · · · 49, 52
컴퓨터 적응 시스템(CAT) · · · · · 56
컴퓨터 친숙도 · · · · · · · · · · · · 57
크론바흐 알파(Cronbach's alpha)계수 · · · · · · · · · · · · · · · · · · 73
타당도 · · · · · · · 12, 59, 60, 63, 78
타당화 · · · · · · · · · · · · · · · · 65
타당화 과정 · · · · · · 12, 13, 59, 66
태도(attitude) · · · · · · · · · · · 128
퍼듀 구어 숙달도 평가(OEPT) · · 53
편향 분석 · · · · · · · · · · · · · · 211

편향성 · · · · · · · · · · · · · · · · · · 77
평가 과제 · · · · · · · · · · · · · · 157
평가 기준 · · · · · · · · · · · · · · 122
평가 도구 · · · · · · · · · · · · · · · 52
평가 매체 · · · · · · · · · · · · · · · 49
평가 범주 · · · · · · · · · · · · · · 100
평가 세역(test specification) · · · 97
평가 척도(채점 지침서, 채점 기준표) · 50
평가도구 · · · · · · · · · · · · · · · 50
평가의 틀(assessment framework) · 97
평가의 효율성 · · · · · · · · · · · · 54
평가자 · · · · · · · · · · · · · · · · · 50
평가-재평가 방법 · · · · · · · · · · 72
포트폴리오 · · · · · · · · · · · · · · 46
표준오차(standard error of measurement-SEM) · · · · · · · · · · · · 74
표준화된 내적적합도(Infit ZStd) 219
표준화된 외적적합도(Outfit ZStd) 219
프로젝트 · · · · · · · · · · · · · · · 46
해석 가능성(interpretability) · · 139
형성 평가 · · · · · · · · · · · · · · · 49
확률 곡선 · · · · · · · · · · · · · · 230
후광 효과 · · · · · · · · · · · · · · 193
휴지 · · · · · · · · · · · · · · · · · 115

저자 | 이 향

- 이화여자대학교 인문사회과학대학 국어국문학과 졸업
- 동 대학교 교육대학원 외국어로서의 한국어교육 전공 교육학석사
- 동 대학교 인문사회과학대학 국어국문학과 문학박사
- 이화여자대학교, 서울시립대학교, The State University of New York, Korea 등 강사 역임
- 현재 George Mason University, Korea 조교수

〈주요 연구〉

- 한국어 말하기 평가 등급 기술을 위한 기초 연구-담화 능력 등급 기술자 선정과 해석 범주 설정 단계를 중심으로- (언어연구, 2015)
- 발음 평가에 있어서 정확성, 유창성, 이해명료성, 이해가능성 기준 간의 영향 관계 연구(언어와 문화, 2013)
- 한국어 말하기 평가의 발음 영역 채점에서의 채점자 특성에 따른 채점 경향 연구 -한국어 교육 경험과 전공을 중심으로-(외국어로서의 한국어교육, 2013)
- 한국어 말하기 수행평가의 발음 범주 채점 방식에 따른 채점 신뢰도 분석 -다국면 라쉬 모형을 활용하여-(외국어로서의 한국어교육, 2012)
- 말하기 수행 평가에서 발음 범주 채점의 최적화 방안 연구 -일반화가능도 이론을 활용하여-(한국어교육, 2012)

한국어 발음 평가 연구

초판 인쇄 | 2017년 6월 29일
초판 발행 | 2017년 6월 29일

저 자 이 향

책임편집 윤수경

발 행 처 도서출판 지식과교양
등록번호 제 2010-19호
주 소 서울시 도봉구 쌍문1동 423-43 백상 102호
전 화 (02) 900-4520 (대표) / 편집부 (02) 996-0041
팩 스 (02) 996-0043
전자우편 kncbook@hanmail.net

ISBN 978-89-6764-076-7 93700

정가 24,000원